本成果得到中国人民大学

"统筹推进世界一流大学和一流学科建设"

专项经费支持

新·闻·传·播·学·文·库

数据新闻

新闻报道新模式

Data Journalism

A New Style of

News Reporting

许向东 / 著

中国人民大学出版社
·北京·

总　序

自 1997 年国务院学位委员会将新闻传播学擢升为一级学科以来，中国的新闻传播学学科建设突飞猛进，这也对教学、科研以及学术著作出版提出了新的、更高的要求。

继 1999 年中国人民大学出版社推出"21 世纪新闻传播学系列教材"之后，北京广播学院出版社、华夏出版社、南京大学出版社、中国社会科学出版社、新华出版社等十余家出版社纷纷推出具有不同特色的教材和国外新闻传播学大师经典名著汉译本。但标志本学科学术水平、体现国内最新科研成果的专著尚不多见。

同一时期，中国的新闻传播学教育有了长足进展。新闻传播学专业点从 1994 年的 66 个猛增到 2001 年的 232 个。据不完全统计，全国新闻传播学专业本科、专科在读人数已达 5 万名之多。新闻传播学学位教育也有新的增长。目前全国设有博士授予点 8 个，硕士授予点 40 个。中国人民大学新闻学院、复旦大学新闻学院等一批研究型院系正在崛起。北京大学和清华大学的新闻传播学教育以高起点、多专业为特色，揭开了这两所百年名校蓬勃发展的新的一页。

北京广播学院（后更名为中国传媒大学——编者注）以令人刮目相看的新水平，跻身中国新闻传播教育名校之列。武汉大学新闻与传播学院等以新获得博士授予点为契机所展开的一系列办学、科研大手笔，正在展示其特有的风采与魅力。学界和社会都企盼这些中国新闻传播教育的"第一梯队"奉献推动学科建设的新著作和新成果。

进入新世纪以来，随着以互联网为突破口的传播新媒体的迅速普及，新媒体与传统媒体的联手共进，以及亿万国人参与大众传播能动性的不断强化，中国的新闻传媒事业有了全方位的跳跃式的大发展。人民群众对大众传媒的使用，从来没有像今天这样广泛、及时、须臾不可或缺，人们难以逃脱无处不在、无时不有的大众传媒的深刻影响。以全体国民为对象的新闻传播学大众化社会教育，已经刻不容缓地提到全社会，尤其是新闻传播教育者面前。为民众提供高质量的新闻传播学著作，已经成为当前新闻传播学界的一项迫切任务。

这一切都表明，出版一套满足学科建设、新闻传播专业教育和社会教育需求的高水平新闻传播学学术著作，是当前一项既有学术价值又有现实意义的重要工作。"新闻传播学文库"的问世，便是学者们朝着这个方向共同努力的成果之一。

"新闻传播学文库"希望对于新闻传播学学科建设有一些新的突破：探讨学科新体系，论证学术新观点，寻找研究新方法，使用论述新话语，摸索论文新写法。一句话，同原有的新闻学或传播学成果相比，应该有一点创新，说一些新话，文库的作品应该焕发出一点创新意识。

创新首先体现在对旧体系、旧观念和旧事物的扬弃上。这种扬弃之所以必要，人文社会科学工作者之所以拥有理论创新的权利，就在于与时俱进是马克思主义的理论品质，弃旧扬新是学科发展的必由之路。恩格斯曾经指出，我们的理论是发展的理论，而不是必须背得烂熟并机械地加以重复的教条。一位俄国作家回忆他同恩格斯的一次谈话时说，恩格斯希望俄国人——不仅仅是俄国人——不要去生搬硬套马克思和他的话，而要根据自己的情况，像马克思那样去思考问题，只有在这个意义上，"马克思主义者"这个词才有存在的理由。中国与外国不同，新中国与旧中国不同，新中国前 30 年与后 20 年不同，在现在的历史条件下研究当前中国的新闻传播学，自然应该有不同于外国、不同于旧中国、不同于前 30 年的方法与结论。因此，"新闻传播学文库"对作者及其作品的要求是：把握时代特征，适应时代要求，紧跟时代步伐，站在时代前列，以马克思主义的理论勇气和理论魄力，深入计划经济到市场经济的社会转型期中去，深入党、政府、传媒与阅听人的复杂的传受关系中去，研究新问题，寻找新方法，获取新知识，发现新观点，论证新结论。这是本文库的宗旨，也是对作者的企盼。我们期待文库的每一部作品、每一位作者，都能有助于把读者引领到新闻传播学学术殿堂，向读者展开一片新的学术天地。

创新必然会有风险。创新意识与风险意识是共生一处的。创新就是做前人未做之事，说前人未说之语，或者是推翻前人已做之事，改正前人已说之语。这种对旧事物旧体系旧观念的否定，对传统习惯势力和陈腐学说的挑战，对曾经被多少人诵读过多少年的旧观点旧话语的批驳，必然会招致旧事物和旧势力的压制和打击。再者，当今的社会进步这么迅猛，新闻传媒事业发展这么飞速，新闻传播学学科建设显得相对迟缓和相对落后。这种情况下，"新闻传播学文库"作者和作品的一些新观点新见解的正确性和科学性有时难以得到鉴证，即便一些正确的新观点新见解，要成为社会和学人的共识，也有待实践和时间。因此，张扬创新意识的同时，作者必须具备同样强烈的风险意识。我们呼吁社会与学界对文库作者及其作品给予最多的宽容与厚爱。但是，这里并不排斥而是真诚欢迎对作品的批评，因为严厉而负责的批评，正是对作者及其作品的厚爱。

当然，"新闻传播学文库"有责任要求作者提供自己潜心钻研、深入探讨、精心撰写、有一定真知灼见的学术成果。这些作品或者是对新闻传播学学术新领域的拓展，或者是对某些旧体系旧观念的廓清，或者是向新闻传媒主管机构建言的论证，或者是运用中国语言和中国传统文化对海外新闻传播学著作的新的解读。总之，文库向人们提供的应该是而且必须是新闻传播学学术研究中的精品。这套文库的编辑出版贯彻少而精的原则，每年从中国人民大学校内外众多学者的研究成果中精选三至五种，三至四年之后，也可洋洋大观，可以昂然耸立于新闻传播学乃至人文社会科学学术研究成果之林。

新世纪刚刚翻开第一页，中国人民大学出版社经过精心策划和周全组织，推出了这套文库。对于出版社的这种战略眼光和作者们齐心协力的精神，我表示敬佩和感谢。我期望同大家一起努力，把这套文库的工作做得越来越好。

以上絮言，是为序。

童　兵

2001 年 6 月

序

技术发展与传媒业变革不断推进新闻业务的改革和探索，数据新闻就是一个近年来被探索的新领域。我的同事许向东老师的这本新著《数据新闻：新闻报道新模式》，为这个新领域的探索增添了一份重要的学术成果，也为新闻学院的相关业务课程教学提供了新的资源。

2013年夏季，许向东赴美访学，在密苏里新闻学院系统进修了"数据新闻基础""计算机辅助报道"和"信息图表"等课程。他对这次难得的深造机会格外珍惜，边听课边收集整理资料与案例，为回国后承担新课程的教学任务做准备。访学回来后，他又边教学边到新华社等多家国内重要媒体调研，参与媒体的实践，将实践中所获得的研究成果用于教材的编写，于2015年7月出版了《信息图表编辑》一书。这是国内新闻传播领域第一本关于信息图表的专业教材，理论讲授与实践操作相得益彰，加上图文并茂，颇受欢迎。

时隔不到两年，许向东的研究领域再有拓展，撰写出版这部《数据新闻：新闻报道新模式》，其勤奋努力的精神令人感佩。

作者围绕当前新闻界的热点——数据新闻，全面梳理了新闻业界的实践探索和学界的研究进展，提出了自己的独到见解。与已有的研究成果不同的是，这本专著呈现出更加开阔的研究视野和更加深入的学理思考：

——梳理精确新闻、计算机辅助报道发展到数据新闻的动因及脉络，分析数据新闻的本质、传播优势和特征。

——从研究大数据技术对传媒业的影响切入，探索数据新闻的兴起如何改变传统新闻的生产理念，推动媒介融合发展及传媒机制的变革。

——对当前广泛应用的数据可视化的发展历程、优势、类型和呈现方式（包括信息图表），进行梳理与研究。

——通过中外数据新闻现状的对比和反思，分析其差异及其产生原因，并对数据新闻生产中面临的技术、人才、成本等困境予以探讨，对数据新闻涉及的安全、法律、伦理等问题提出对策。

——探索数据新闻发展中的新技术即传感器新闻、无人机新闻、自动化新闻（机器人新闻）的运用现状、优势、发展趋向以及存在的问题。

——探讨数据新闻从业者的业务素养，考察我国数据新闻人才的培养模式，阐释教育理念、教学特征、课程设置，分析中美高校数据新闻教学的差异，进一步明确培养复合型人才的发展方向。

在对与数据新闻相关的方方面面的梳理、探索和研究中，作者首先精读了大量相关文献资料，力求厚积薄发。与此同时，作者深入相关媒体和院校进行实地调研，收集、整理第一手资料，使论点言之有据。作者通过应用"图表"，使概念化的内容、枯燥的数据变得简明易懂，增强了本书的趣味性和可读性，令人耳目一新。这也说明作者在调研、整理资料时是下了一番功夫的。

作者认为，在当今科学技术飞速发展的新形势下，新闻传播方式不仅丰富多彩，而且新闻的采、编、发只需数分钟甚至几秒钟即可完成。传感器、无人机、智能机器人等已崭露头角，移动互联网也在不断改变着新闻传播格局。但是，作为新闻从业者、新闻教育工作者，仍然应当坚持其职业操守、道德和规则不动摇，对有关法律法规应有敬畏之心，对最能代表社会总量的广大人民群众（包括受众）要有尊重之心。

在数据新闻的生产、传播、运营模式和新闻人才培养等热点、难点问题上，作者保持了清醒的头脑，强调一切发展应从我们的国情、具体实际出发，要有责任、有担当，反对"一窝蜂""一阵风"，以一种倾向掩盖另一种倾向的做法，认为新闻业务改革、新闻教育变革等都要一步一个脚印，好中求快，稳步推进。

常言道：文如其人。阅读本书，我们可以感受到，作者正沿着"做人宽厚、低调，做学问扎实、精到"的求索之路前行。衷心祝愿作者在学术道路上有更多的收获。

是为序。

蔡 雯

2017 年 3 月

目 录

绪 论

一、"大数据"的崛起

"大数据"（big data）的概念，最早出现在美国社会思想家、未来学家阿尔文·托夫勒（Alvin Toffler）在其 20 世纪 80 年代的名著《第三次浪潮》中，书中写道："如果说 IBM 的主机拉开了信息化革命的大幕，那么'大数据'则是第三次浪潮的华丽乐章。"

进入 21 世纪后，随着互联网、移动互联网、物联网、传感器等的广泛应用，信息传播快速发展。海量的、结构化和非结构化的数据，以及人们对传递、交互速度的需求，使得传统的计算机软件和存储设备变得力不从心，而大数据战略在此背景下应运而生。

2011 年，麦肯锡全球研究所在一份报告中指出：数据已经渗透到每一个行业和业务职能领域，逐渐成为重要的生产因素；而人们对于海量数据的运用将预示着新一波生产率增长和消费者盈余浪潮的到来。①

2012 年，随着云计算平台的推广与应用，大数据得到快速的发展，并引起各类媒体的关注，与大数据相关的技术与应用开始初见端倪。②

2013 年，人们迎来了大数据元年，这标志着大数据真正开始走向应用。

说到这里，"大数据"到底是什么呢？

---

① 李德伟，顾煜，王海平，徐立．大数据改变世界［M］．北京：电子工业出版社，2013：70.

② 杨池然．跟随大数据旅行［M］．北京：机械工业出版社，2014：17.

关于"大数据"，目前业界尚未达成一致的概念，但却有两个比较认同的观点：一是"大数据超出了常用硬件环境和软件工具在可接受的时间内为其用户收集、管理和处理数据的能力"[①]。二是"大数据是指大小超出了典型数据库软件工具收集、存储、管理和分析能力的数据集"[②]。这些观点同时也暗示了随着技术的进步，现在的"大数据"，或许在将来就不再是大数据了。

"大数据"之所以成为当今话语体系中的关键词，并引起高度关注，就在于其能够创造"意料之外"的价值。借助大数据技术，个人、企业乃至政府，都可以从中获益。对个人而言，大数据的价值体现在日常生活当中，例如我们出行必看天气和交通情况，气象部门可以通过采集到的数据预测未来几天内的天气状况，提醒我们做好防范和准备，交通数据可以告诉我们道路拥堵情况，帮助我们选择最佳路线。对企业而言，通过挖掘数据，可以发现潜在的市场，为生产销售提供决策，创新发展模式，推动企业快速高效发展。对政府而言，通过网络媒体、社交媒体了解社会舆情，掌控社会动态，可以有效提升政府的管理效率和水平，在正确决策的基础上建设智慧型社会。

二、数据新闻的研究价值和意义

信息社会是不断生产信息和消费信息的社会，每时每刻都产生海量数据，人们逐渐意识到了大数据的重要性和价值，开始把大数据作为宝贵的资源加以利用。新闻传播领域也看到了大数据的价值，开始把大数据引入新闻报道，拓展新闻传播的生产与销售模式。

[①] Adrian M. Big Data：It's Going Mainstream and It's Your Next Opportunity [J]．Teradata Magazine，2011，5（1）：3-5.

[②] Mckinsey Global Institute. Big Data：The Next Frontier for Innovation，Competition and Productivity [R]．2011.

从 2010 年阿姆斯特丹的第一届国际数据新闻圆桌会议，到 2012 年"全球数据新闻奖"的设立，再到《数据新闻手册》的出版，传媒业在全球范围内掀起了探索数据新闻的浪潮。

发轫于大数据兴起背景的数据新闻，融合了数据挖掘、数据可视化等诸多领域的新成果，推进着新闻传播业的革新，随着其经典作品的不断诞生，引起了业界学界的关注，自然而然地成为新闻传播界的热门话题。

笔者以"数据新闻"为篇名，在中国知网（CNKI）上搜索了从 2013 年至 2016 年的学术文章和硕士学位论文，论文篇数的分布情况如图 0－1 所示：

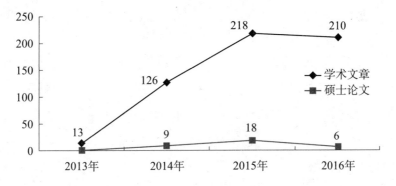

图 0－1　2013 年至 2016 年数据新闻研究论文篇数

起步于 2013 年的数据新闻研究至今方兴未艾，从侧面也反映出数据新闻实践的蓬勃发展。数据新闻是一个跨学科的交叉性前沿领域，是新闻业应对大数据浪潮主动求变的结果，体现了多种新闻理念的融合。数据新闻是一种新的新闻生产过程，也是一种新的新闻思维方式。新闻与数据的相遇，不仅带来了新闻生产流程与机制的变革，也带来了传媒机构和新闻教育的变革。因此，对我国数据新闻的理念、实践以及由此引发的新闻人才培养模式的改革进行深入探索，有着较高的学术价值和现实意义。

三、文献综述

为了更精准地把握当前国内外学界对数据新闻的研究状况、进度，以及业界的实践情况，笔者对几家数据库、学术谷歌（Google Scholar）和中国知网上的相关文献进行了搜索与梳理，以求厘清数据新闻研究的脉络与发展趋向。

1. 国外的数据新闻研究

国外数据新闻研究起源的具体时间难以考证，但是根据现有文献来看，欧洲新闻学中心和开放知识基金会于 2011 年共同发表的《数据新闻手册》可以说是数据新闻研究的里程碑，正是此书掀起了数据新闻研究的热潮。而始于 2012 年的"全球数据新闻奖"的评选活动，则成为数据新闻实践成果的标杆，推进数据新闻研究和实践的持续发展，之后的 2013 年至 2016 年，数据新闻的研究热度不减，保持着比较稳定的增长态势。

通过在 Elsevier、PQDT、ProQuest 三个数据库和 Google Scholar 上对"data Journalism""data-driven journalism""data news"几个关键词进行检索，笔者发现，前两年的研究主要集中在对大数据环境下这种新的报道方式及其实际操作的介绍，并对其发展趋势进行预测。具体而言主要涵盖了三个方面的内容：

一是介绍数据新闻的概念、原则和基本操作。这一类的研究成果试图从多个层面和角度对数据新闻的理念和实践予以全面的关注。最具代表性的是欧洲新闻学中心、开放知识基金会 2011 年发表的《数据新闻手册》和调查报道中心 2013 年发表的《数据新闻》，其研究重点主要集中于数据新闻的介绍、理念解读以及一般操作的讲解等。这类文献与数据新闻实践的相关度最高，从数量上来说占有主导性地位。

二是对经典案例的展示和分析。这种研究以具体的实践个案为研究对象，对数据新闻生产流程的操作和服务等进行解读，对新闻传媒业有一定的借鉴价值。例如，《卫报》的西蒙·罗杰斯（Simon Rogers）以案例研究的方式，围绕其供职的《卫报》的数据新闻实践，撰写了多篇案例分析，提供了大量的研究素材和研究成果。

三是对数据新闻潜在问题研究及未来发展的预测性研究。问题性研究主要集中于涉及个人隐私的数据的采集、挖掘与发布，探讨如何应对个人信息的泄露所引发的事端等。预测性研究主要包括那些展望数据新闻发展的研究成果，不仅有立足于现状对未来发展的预测，也有体现数据新闻理念的研究成果。

在 2015 年，国外数据新闻的研究方向相对集中，表现出纵深开掘的特点，国内有学者对此进行了梳理：一是在业务层面探讨数据处理技术和数据新闻报道技巧，它们是业务研究的两个主要方向。作为一种颇具特色的新闻报道方式，数据新闻报道技巧类议题逐年增多，显示出从新闻传播本体出发，关注数据新闻发展的意识正在增强；数据处理技术类议题逐年减少，验证了数据新闻赖以发展的关键技术已日渐成熟。二是从价值层面对数据新闻的社会影响展开研究。一些学者从价值层面讨论了数据新闻带来的社会影响，此类议题涉及数据获取和使用的合法性，以及新闻工作理念的转变等。三是一些学者开始关注数据新闻与世界民主、开放政府与社区安全、数据使用与记者道德、数据获取权与隐私权保护等话题，从而揭示数据新闻对促进社会发展，提高政府和公民责任的重要意义。四是从运营层面探讨数据新闻的赢利模式。有学者将数据新闻未来赢利模式概括为可视化效果付费、数据访问权付费，以及数据分析服务付费三种模式。①

2. 国内的数据新闻研究

国内学者关于数据新闻的研究始于引入和介绍数据新闻这一概念，并且多数选择了客观介绍国外文献中的主流观点，较少个人概括。有的学者从数据新闻生产流程或其与传统新闻的区别入手，来阐释对数据新闻的见

---

① 钟瑛，李苏 . 数据新闻的发展现状、问题及对策［J］. 新闻与写作，2015（8）：28.

解。有的学者关注数据新闻的实践活动，将目光对准了《卫报》《纽约时报》等媒体的数据新闻经典报道，结合案例着重介绍数据新闻的生产流程。有的学者则将研究的重点放在了数据可视化上，并以国内四大门户网站及财新网的数据图表来阐述数据新闻的可视化呈现情况。有的学者还结合国外案例，探索了国外数据新闻可视化团队的构建，以及成员分工与主要技能等。另外，数据新闻的兴起给新闻教育带来的影响也为新闻传播学者所关注。有学者认为，专业设置将有新的路径、学生需要懂得数据和掌握数据分析与呈现的技能、师资需要外派学习和全面引进。[①] 有学者在这种观念的基础上进一步提出，新闻传播教育要从培养理念、课程设置、专业技能等方面入手，从传统的学理讲授向着"复合专业教育"的方向发展。[②] 不难看出，2013 年、2014 年数据新闻的研究基本处于引入阶段，研究较为单薄，系统性不足，特别是缺乏权威性的原创成果。

到了 2015 年，随着媒介融合的不断深入，以及新媒体、传统媒体创新步伐的加快，数据新闻在业界的实践进一步拓展，从而带动了国内研究，表现出专项性、纵深性特色，同时也有横向拓展的趋势。当前数据新闻研究的关注点主要有如下内容：

一是持续关注国外领军媒体（如《卫报》《纽约时报》以及 ProPublica 等）的数据新闻实践，探寻可资借鉴的经验。一些学者除对近几年全球数据新闻奖的获奖作品及其分类变化进行研究外，还积极探讨数据新闻编辑室的组织结构、运作流程，分析一些具有影响力的专题和栏目，进而找出我国数据新闻实践中的问题与不足，且通过借鉴国外经验提出改进的建议。

---

① 祝建华. 大数据时代的新闻与传播学教育：专业设置、学生技能、师资来源 [J]. 新闻大学，2013（4）：132.
② 高雁. 大数据时代下的新闻专业教育反思 [J]. 新闻知识，2014（1）：92.

　　二是围绕"数据可视化"的话题进行更精细化的探索。有学者从数据来源、信息图表类型与应用方式等角度进行阐述；也有学者针对财经媒体、时政报道的可视化进行专项研究；也有学者借助案例探索可视化的创新策略，以及如何运用视觉元素和新媒体手段来呈现新闻；还有学者考察了欧美新锐媒体的数据可视化团队的构建方式、分工和技能等。

　　三是继续探讨对数据新闻从业者的素养要求和人才培养问题。有学者明确提出熟悉数据和统计知识，具备分析与整合大数据的能力，以及掌握视觉化的操作技能是提升从业者数据素养的关键点。有学者建议通过在媒体内部开展培训，组建数据新闻团队，或通过在新闻院系设置相关课程（统计方法、视觉设计以及计算机编程等），持续、稳定地培养数据新闻人才。

　　四是剖析数据新闻对传统新闻的影响，探讨数据新闻的发展前景。学者们围绕数据新闻对传统新闻理念的冲击、对传统新闻制作流程的影响、对传统新闻生产模式的再造等展开研究。有学者发现，数据新闻体现出的专业性和深度化成为专业媒体区别于公民新闻的一大竞争优势，并将在一定程度上改变新闻行业结构。也有学者认为，数据新闻强化了新闻报道的某些领域，弥补了传统新闻报道的弱势，是对传统新闻报道的补充，在某种程度上重塑了新闻专业主义理念，但仍不能取代传统新闻报道。

　　五是一些学者围绕数据新闻在网络媒体和电视中的应用展开研究，阐述因刊发介质的不同，数据新闻的具体呈现形式各具特色。也有学者聚焦于财经新闻和调查性报道中数据新闻的实践，从分析其使用的特点和方式、应用原则及现存问题着手，结合案例提出建设性意见。

　　六是反思数据新闻在实践中存在的问题。有学者认为，尽管数据新闻蓬勃发展，但依然存在对大数据的认识误区及专业化缺失的现象，给新闻传播带来不良影响。主要表现在唯数据论，脱离新闻本质，数据品质影响新闻专业理念，技术决定论导致报道缺乏人文关怀，个性化服务泄露隐私，以及数据新闻人才短缺、数据资源获取受限、赢利模式不清晰等，这些问题均为阻碍数据新闻发展的瓶颈。在反思的同时，学者们也提出了一些相应对策。

从整体上看，数据新闻的研究如火如荼、成果丰硕，但细究起来"羽翼未丰"。展望大数据时代和媒介融合的发展态势，需要我们进一步完善对数据新闻的研究。

当前研究的问题主要表现在两个方面：一是高度不够，内容同质化突出。研究的视野局限于就事论事，微观研究、实务研究较多，在宏观层面与媒介融合的发展背景结合较少。在国内外数据新闻研究中，案例同质化严重，研究视角缺乏创新，内容分析雷同。二是深度不够，研究方法较单一。多为停留在表层的描述性探讨，缺乏定性和定量分析，实证研究几乎空白。受众分析、传播效果涉及甚少，这就导致数据新闻的研究缺乏系统性和全景性。两方面的不足使得我国数据新闻的研究成果理论基础不扎实，难免会降低对实践的指导价值。

数据新闻研究尽管存在这样或那样的问题，但是，无可辩驳的是，国内外的前期研究已经在广度和深度上有了较大的拓展，所取得的成果为本研究奠定了良好的基础。

通过梳理近三年数据新闻的相关文献，我们发现，国内更多的是案例研究，重点放在对国内外数据新闻生产模式的分析，或者对国内外个案的探讨上，整体上看，数据新闻的理论框架还不够完善。鉴于此，本研究的首要任务是丰富数据新闻理论的研究价值，以理论指导实践为目标，推进数据新闻的理论趋于完整、成熟，进而提升其实践的应用价值。

另外，当前数据新闻的传播效果研究相对薄弱，尤其是对不同类型受众的传播效果研究不够，即缺乏对受众接受心理变化的研判。受众是新闻传播的归宿，忽视受众，仅从点击率和业内的自我评价来评判新闻内容的优劣，无异于孤芳自赏，缺乏内容生产的科学依据。从研究方法的角度看，基于科学实验和量化基础的分析更少，这些都影响了研究结论的说服力和现实指导性。因此，深入探索受众的认知心理、态度及再传播行为，有着重要的现实意义。

从研究的现实指导性看，特别是具体到我国传媒的发展路径，对数据新闻的本土化研究至关重要。数据新闻能否帮助传统媒体实现转型，找到新的增长点值得探讨。而恰恰在这些纵深性问题的探索上，目前的研究力度不够，当然，这些问题也是本研究拓展的空间所在。

随着科技发展，传感器、无人机以及智能化技术等开始进入新闻生产领域。它们通过大数据算法，以前所未有的方式传递着新闻信息，而学界对这些新兴技术在数据新闻领域的应用方式、特点与前景，以及由此带来的安全、法律及伦理等问题尚未深入研究，这些内容也将纳入本研究的范围。

实际上，任何事物都不可能完美无缺，否则就很难再有上升的空间，数据新闻也不例外。其自身的成熟度和使用者的水平，以及数据开放等外部环境因素，都影响到数据新闻的传播效果。因此，深入开展数据新闻的批判性研究，意义重大。

四、研究的思路、方法与主要章节

1. 研究思路

本研究从梳理数据新闻的发展历程入手，梳理数据新闻的历史延续性及演变脉络，进而探讨数据新闻对我国传媒不断变革、寻求创新的影响。在分析数据新闻的生产流程及其总体特点的基础上，考察在媒介融合环境下，我国数据新闻实践的本土化发展策略。通过案例研究和媒体调研，探讨数据可视化策略与新技术对数据新闻发展的影响。在对比分析中外数据新闻差异的前提下，考察数据新闻在我国传媒业的发展潜力，针对数据新闻实践中的难点、问题与困境，开展评判性研究，并提出建设性对策。数据新闻实践与新闻教育有机结合，对于改进新闻人才培养模式具有重要的现实意义。本研究将在对比分析中外数据新闻教育的基础上，探寻适合我国的新闻人才培养路径。

2. 研究方法

一是文献研究：围绕课题查阅相关中外文献，梳理国内外数据新闻发展现状、前期研究成果，把握业界和学界的最新进展。

二是调研访谈：选取国内媒体和新闻院校进行调研，访谈相关人员，获得第一手资料，直观地了解数据新闻的实践和教学情况。

三是案例分析：剖析典型个案（包括获得全球数据新闻奖的国内外作品），形成对某一共性问题的较为深入、透彻的认识，以案例证实理论，以理论指导实践。

3. 主要章节

第一章，从精确新闻到数据新闻。梳理精确新闻、计算机辅助报道发展到数据新闻的动因及脉络，不仅考察前两者产生的媒介环境与社会背景，还包括三者之间继承、兼容与超越的相互关系，以及它们在我国传媒业中的实践特点、生产流程及存在问题，并从社会、技术、呈现、用户等角度分析数据新闻的传播优势、本质与特点。

第二章，大数据技术与新闻传媒业。本研究从大数据技术对传媒业的影响切入，探索数据新闻的兴起如何改变传统的新闻生产理念，如何推动媒介融合的发展和传媒机制的变革。大数据技术应用于数据新闻的各个生产环节，不仅促进了新闻信息的采集、拓展了报道角度和范围，为预测性报道带来了发展契机，也提高了新闻编辑在整个新闻传播活动中的效率。另外，本章在分析传统赢利模式将使数据新闻发展陷入困境及借鉴欧美数据新闻多元赢利模式的基础上，探寻适合我国数据新闻发展的多元赢利模式。

第三章，我国数据新闻的生产实践。本章从大数据技术对新闻传媒的形态变化和格局走势的影响切入，探索数据新闻的生产理念与生产流程，以及在新闻源、产品质量与拓展生产模式等方面的创新。在深入研究我国数据新闻生产的现状、特点与现存问题的基础上，探索我国的数据新闻本土化策略。经过对国内数据新闻报道作品及其生产流程的考察发现，确立科学的生产规范和专业的生产标准有助于保障我国数据新闻职业态度和专业水准。最后，本研究从政府数据开放、传媒数字化建设、媒介融合的总体规划和产品链构建的角度，探索适合我国传媒业的数据新闻发展策略。

第四章，数据新闻的可视化研究。本章在详细梳理中外数据可视化发展历程的基础上，分析了数据可视化的价值和应用方式以及对传统新闻叙事方式的影响。对不同类型媒体的数据可视化及其常用呈现方式进行研究后发现，我国的数据新闻可视化具有独立性、多样化及多媒体传播等特征，但在数据源、视觉设计和内容挖掘等方面存在不足。本章还对当前应用较广泛的可视化方式——互动式信息图表进行了研究，对互动式信息图表的类型和应用特征进行了梳理，进一步凸显了这种可视化方式的优势。

第五章，中外数据新闻比较与新闻传媒业的反思。首先，对国内外数据新闻编辑室的构成、运行机制，数据新闻的选题类型及其变化进行了对比，进而分析了中外数据新闻在数据来源、呈现方式、传播渠道等方面的差异及其原因。其次，根据目前数据采集的特点和个人数据所面临的非法采集、过度分析等问题，从立法、行业和技术等层面提出了保护个人数据的策略。最后，厘清了人们对大数据的认识误区，分析了大数据应用中的逻辑障碍，并对数据新闻生产中面临的时间、技术、人才、成本等困境进行了分析，并提醒新闻从业者对"伪数据"的危害性要有足够的认识。

第六章，新技术对数据新闻发展的影响。随着科技的发展，新闻媒体对数据信息的依赖与日俱增，通过各种类型的传感器、搭载传感器的无人机等获得数据信息，在分析整合之后，将其以一定的方式融入新闻报道，来完成"讲故事"的新闻生产模式日渐流行。特别是近两年，国内外一些主流媒体将这些新技术应用于新闻生产之中，个别媒体还因此获得了新闻大奖。近几年，新闻从业者对新技术的认知不断深化，传感器、无人机乃至精通大数据算法的智能软件（机器人）已在数据新闻报道中崭露头角，这些新技术的应用在新闻传播领域引发了一些法律和伦理问题，并引起新闻业界和学界的关注，本章对此将予以探索。

第七章，数据素养与数据新闻教育。大数据环境及数据新闻的崛起，对新闻从业者的职业素养提出了新的要求：具备一定的数据素养，既要有对数据的敏感性，也要有获取数据、解读数据和呈现数据的能力。本章在概述数据素养培养路径的基础上，考察了我国的数据新闻人才培养模式，从宏观和微观的视角发现存在的问题。此外，以哥伦比亚大学新闻学院和密苏里大学新闻学院的数据新闻教学模式为研究对象，在分析两所院校教学特色的基础上，结合我国新闻院校的教学改革情况，分析我国数据新闻人才的培养，为大数据环境下培养我国新闻人才提供借鉴和参考。

五、研究的创新点与重点

1. 研究的创新点

在研究思路上，着眼于当前数据新闻的前沿动态，梳理国内外的研究成果，构建较为完整的数据新闻理论体系，并通过研究数据新闻的重要实践环节及最新发展状况，探索出适合我国的数据新闻发展路径以及数据新闻人才培养模式。

在研究内容上，首先，探索数据新闻的本土化生产模式，比较分析中外数据新闻实践的差异及其原因，从认识误区、逻辑障碍等层面反思数据新闻实践中的困惑，具有较高的学术价值与实践指导性；其次，对新技术（传感器、无人机、自动化写作软件）在数据新闻中的应用及其影响予以考察，体现出本研究的前沿性；最后，从提升数据新闻从业者数据素养的视角出发，探索大数据时代的新闻人才培养模式，体现出研究成果的应用价值。

2. 研究重点

一是构建我国数据新闻传播理论的框架。目前，数据新闻的研究看似一片火热，但学理层面仍未形成体系。数据新闻理论的完整性、成熟度在很大程度上影响着其实践操作的应用价值。另外，数据新闻承载了传媒业对传统新闻拓展的众多期许，也给传统媒体带来了新的发展契机与变革。因此，认真梳理数据新闻的历史演变、内容生产、发展路径、实践困境及人才培养等，搭建较为完整的数据新闻的理论研究框架，有助于实现该研究的多维价值，凸显数据新闻的学术价值和现实意义。

二是探索媒介融合背景下我国数据新闻的本土化发展策略。媒介融合所形成的传播平台多元化、复合化，为数据新闻的发展奠定了基础，同时，数据新闻也成为传统媒体在媒介融合背景下的创新模式之一。在梳理欧美传统媒体开发数据新闻的动因、工作流程、发布平台及其经验的基础上，从宏观、微观层面考察数据新闻对我国传媒业的影响及其发展潜力。通过媒体调研，探索我国传媒业借助大数据技术，在数据挖掘、新闻应用、专业服务和跨界生产等方面，如何完善数据新闻的生产模式和实现本土化的发展路径。

三是分析数据新闻中的新技术应用及其影响。新技术在新闻传播发展史上发挥着重要作用。每一种与传播相关的新技术的诞生，都推动着传媒的变革。与大数据相关的传感器、无人机和自动化写作软件等，也进入了数据新闻生产环节。无论是在获取数据、处理数据和发布数据等阶段，都在推进这种新型报道样式的发展。但是，作为新生事物，这些新技术的使用规则、技术标准还尚待规范，在实践中难免会引发难以预料的问题，比如一些法律、伦理问题等。因此，有必要通过考察新技术在当前数据新闻报道中的应用情况，分析由此产生的新问题，并提出建设性的应对策略。

四是探索我国数据新闻的人才培养模式。随着数据新闻在业界的不断拓展，传媒业人才需求的变化与新闻传播教育的传统模式出现不相适应的现象。本研究通过对比分析中外数据新闻教育的现状和教学模式，考察中外数据新闻教育改革的主要类型、典型案例、经验与问题等，围绕着教育资源配置、专业调整、课程设置、实践教学等核心环节，探索适合我国新闻教育和传媒实践特点的数据新闻人才培养模式。

总体而言，本研究尝试着对数据新闻的现状、问题及发展有一个较全面的描述、阐释和探索。

第一章　从精确新闻到数据新闻

按照历史的发展进程，从 20 世纪 60 年代精确新闻学的产生、发展，经过 60 年代末的计算机辅助报道，直至 2012 年前后数据新闻的兴起，这种通过收集分析数据，用数据报道新闻、传播信息的方式得到了全面拓展，并在国内外的新闻传播活动中风靡一时。

第一节　数据新闻的概念、兴起与特征

数据技术带来的变革不仅影响了政治、经济、社会等领域，也深刻影响了新闻传播的生产方式和发展方向，特别是促成了"数据新闻"的崛起。梳理其定义，考察其兴起的原因、背景，剖析其特征，不仅有助于规范今后的新闻生产实践，也有助于明确学术研究的目标与方向。

一、数据新闻的概念

1. 何为数据

数据（data）指的是对事实观察和记录的结果，是对客观事物的逻辑归纳，是用于表示客观事物的、未经加工的原始素材。[①]

与数据最接近的一个概念是"信息"。信息是被赋予了意义和目标的数

---

① 此处关于"数据"的定义，来自百度百科（http://baike.baidu.com/link? url＝ywY3Z0y6 _ R8r-vFzh8hNz38CK7xHYOlo0G9Pv43y8yKxgHPhx2AlLS0lj2jgNjP0fYe4AbQB334AkcjiK-SlDu0prbokGLw OkwpQZbSWalG）。

据。信息和数据的区别在于信息是有用的、有意义的，可以回答诸如谁、什么、哪里、多少、什么时候等问题，因此可以赋予数据生命力，辅助用户决策或行动。[①] 数据是信息的表现形式和载体，可以是符号、文字、数字、语音、图像、视频等。数据和信息是不可分离的，数据是信息的表达，而信息则是数据的内涵。

知识也是数据，它是被处理、组织、应用或付诸行动的信息。知识又是框架化的经验、价值、情境信息、专家观察和基本直觉的流动的混合，它提供了一个环境和框架，用于评估和融入新的经验和信息。[②]

我们在日常生活、工作中见到的数据，基本上属于数字数据，即各种统计或测量数据，这是按数据的表现形式划分的。除了数字数据外，还有模拟数据，即由连续函数组成，是指在某个区间连续变化的物理量。模拟数据又可以分为图形数据（点、线、面）、符号数据、文字数据和图像数据等。在新闻传播领域，数据除了指数值，更多的是指承载信息的文字符号和音视频符号，尤其是进入大数据时代，对数据概念的解读变得更为宽泛了。英国《卫报》总编辑艾伦·拉斯布里杰说："数据，不仅是信息时代的新产物，也是数字工业、金融业和商业革命的核心。就其精髓而言，它更像是真相与事实的集大成者。"[③] 他明确指出了数据对于信息交流、新闻传播的价值与意义。

2. 数据新闻概念的提出

"Data-driven journalism is the future"（数据驱动新闻是未来趋势）这句出自"互联网之父"蒂姆·伯纳思-李的表述，曾被无数次地转载和引用，它推进了数据新闻进入公众的视野。那么，什么是数据新闻？

---

① 陈为，沈则潜，陶煜波，等. 数据可视化 [M] . 北京：电子工业出版社，2013：24.
② 陈为，沈则潜，陶煜波，等. 数据可视化 [M] . 北京：电子工业出版社，2013：25.
③ 罗杰斯. 数据新闻大趋势：释放可视化报道的力量 [M] . 岳跃，译. 北京：中国人民大学出版社，2015：序言.

　　简单地说，就是用数据做新闻（I could answer，simply，that it is journalism done with data①）。这个表述过于简洁，尚不能清楚地解读其中所蕴含的内容。但是，关于"数据新闻"的定义，目前在新闻传播界采用最多的依然是欧洲新闻学中心和开放知识基金会共同编写的、作为集大成者的《数据新闻手册》中的表述："与其他类型的新闻区别或许在于将传统的新闻敏感和使用数字信息讲述一则好故事的能力相结合而带来新的可能性，这些可能性会出现在新闻报道的任何一个阶段，比如使用电脑程序自动处理信息收集和组合的步骤，而这些信息来自政府、警察局和其他公民机构，数据新闻能够帮助记者使用数据图表讲述一个错综复杂的故事。"②

　　数据驱动新闻是一个在 2009 年就开始使用的术语，描述的是在分析和过滤大型数据集的基础上，创建一个新闻故事。这个过程的主要驱动力是新的可用的资源，如开源软件和公开的数据。③ 从新闻业务的流程来看，数据驱动新闻是深入挖掘数据的一个过程，包括收集、筛选和结构化数据，依照特定报道目的实现信息过滤，通过可视化技术呈现信息。④

　　2010 年 8 月，"德国之声"著名记者米尔科·劳伦兹（Mirko Lorenz）在阿姆斯特丹召开的第一届国际数据新闻会议上提出："数据驱动新闻是一种新闻流程，主要包括抓取、筛选和重组，过滤掉无用信息，并通过可视化方式呈现新闻故事。"⑤ 在《2013 世界报业创新报告》中，数据新闻的定义是："依赖数据标准化采集、整理、分析和查询结构化和非结构化的数据库以确定模式、趋势、统计偏差和异常现象的新闻业。其可以用大量详细

---

　　①②　Gray J，Bounegru L，Chambers L. The Data Journalism Handbook：How Journalism Can Use Data to Improve the News ［M］. O'Reilly，2012：Chapter1，Introduction，p. 2.

　　③　https：//en. wikipedia. org/wiki/Data-driven＿journalism.

　　④⑤　Lorenz M. Data Driven Journalism：What Is There to Learn，in Innovation Journalism Conference. Stanford，CA：2010.

依据支持传统新闻业，有时甚至可以预测未来行为模式或事件。"①

国内学者郭晓科认为，数据新闻是计算传播学的一个具体应用，通过挖掘和展示数据背后的关联与模式，运用丰富的、具有互动性的可视化手段，为记者创造了新的可能：将传统的新闻嗅觉与运用规模庞大的数据信息报道新闻结合起来。② 学者章戈浩认为，"数据新闻指的是通过分析与过滤所获得的数据，从而创作出新闻报道的方式"③。中国人民大学的方洁从新闻呈现形态、新闻生产流程和新闻行业发展的角度，认为"数据新闻"的内涵就是"基于数据的抓取、挖掘、统计、分析和可视化呈现的新型新闻报道方式"。从广义上看，"数据新闻"是在大数据时代新闻学发展形成的新领域，它代表未来新闻业发展的一个大方向，并包含以下基本特征：以服务公众利益为目的；以公开的数据为基础；依靠特殊的软件程序对数据进行处理，开掘隐藏于宏观、抽象数据背后的新闻故事；以形象、互动的可视化方式呈现新闻。④

在 2012 年第三届中国传媒领袖大讲堂上，香港城市大学的祝建华教授则从工具的角度提出，数据驱动新闻是用来分析和过滤海量新闻数据的工具，它通过对数据进行整合，从而挖掘新闻。⑤ 数据驱动新闻中所用数据是公开的，所用工具资源是共享的，旨在把事件发生背后的趋势和意义以融合的方式完整呈现给受众。⑥

---

① 赵新乐. 告诉你正在改变的报业世界［N/OL］.（2014 - 03 - 06）［2017 - 05 - 15］. http：//news. xinhuanet. com/zgjx/2014-03/06/c_133165665_2. htm.

② 郭晓科. 大数据［M］. 北京：清华大学出版社，2013：30.

③ 章戈浩. 作为开放新闻的数据新闻：英国《卫报》的数据新闻实践［J］. 新闻记者，2013（6）：7.

④ 方洁，颜冬. 全球视野下的"数据新闻"：理念与实践［J］. 国际新闻界，2013（6）：76.

⑤ 祝建华. 数据驱动新闻：大数据时代传媒核心竞争力［EB/OL］.（2012 - 07 - 18）［2017 - 05 - 15］. http：//media. people. com. cn/n/2012/0718/c120837-18543917. html.

⑥ 祝建华. 什么是"数据驱动新闻"［EB/OL］.（2012 - 07 - 18）［2017 - 05 - 15］. http：//media. people. com. cn/n/2012/0718/c120837-18543914. html.

也有学者认为，数据新闻是以数据为中心，密切围绕数据来组织报道，同时与数据相关的各种技术在新闻生产中都被赋予了重要地位。具体而言，数据新闻在形式上以图表、数据为主，辅之以必要的少量文字；在实际操作中，记者主要通过数据统计、数据分析、数据挖掘等技术手段或是从海量数据中发现新闻线索，或是抓取大量数据拓展既有新闻主题的广度与深度，最后依靠可视化技术将经过过滤后的数据进行融合，以形象化、艺术化的方式加以呈现，致力于为读者提供客观、系统的报道以及良好的阅读体验。①

纵观中外学界、业界精英们的观点，我们可以看出数据新闻存在的价值就在于挖掘出数据背后的意义。数据新闻的生产过程就是不断提炼信息，把庞杂的数据组织、梳理为清晰易懂的新闻故事，帮助受众从中获取有益的信息。

3. 大数据时代的数据新闻

数据新闻使新闻生产的过程更加精细化，除了采集传统的文字、音视频外，还包括运用社会科学的方法抓取数据、处理数据、可视化数据等。它是在多学科的技术手段下，应用丰富的、交互性的可视化效果展示新闻事实，把数据与社会、数据与个人之间的复杂关系用可视化手段向公众展示出来，以客观、易于理解的报道方式激发公众对公共议题的关注与参与。②

斯坦福大学的杰夫·麦吉（Geoff McGhee）教授从 2009 年就开始研究数据新闻。他认为现在的新闻越来越和数据有关，媒体有责任向公众解释那些复杂难懂的数据。同时，他对数据新闻做出了如下描述：

---

① 文卫华，李冰．大数据时代的数据新闻报道：以英国《卫报》为例［J］．现代传播，2013（5）：139.

② 郭晓科．大数据［M］．北京：清华大学出版社，2013：30.

- 数据的爆炸式增长使得我们需要工具来进行分析。
- 可视化方面的专家正在开发工具帮助普通人更好地理解数据。
- 记者们则努力做到如何应用数据使新闻报道更具说服力。
- 有经验的数据图表设计师能够把数据引入新闻学。
- 在一个连线世界中，数据越来越成为个人表达的载体。
- 数据将会实时推陈出新，挑战我们理解、分析和展示数据的能力。
- 新工具的出现将会使创建在线可视化技术变得更加容易。
- 数据分析的重要性不亚于视觉展示，现有工具可以帮助其实现。①

传统新闻与大数据相遇产生了数据新闻，对数据的运用增加了传统新闻内容的丰富性和形式的新颖性。尽管有数据的新闻不一定是数据新闻，但是，数据新闻产生于大数据时代，没有大数据就没有数据新闻。

二、数据新闻兴起原因的分析

1. 社会发展：大数据时代的到来

美国统计学家、质量管理理论的奠基人爱德华·戴明有一句名言："我们信赖上帝。除了上帝，任何人都必须用数据来说话。"随着大数据时代的不断推进，美国人对于"上帝"的态度可能会越来越纠结，而对"数据"将会越来越"迷信"。② 正如 2012 年 2 月，《纽约时报》记者史蒂夫·洛尔（Steve Lohr）在采访哈佛大学定量社会研究所主任加里·金（Gary King）时，被采访者说："这是一场革命，我们现在做的只是冰山一角，但是由于庞大的数据新来源而带来的定量化方法，将横扫学界、商界和政界，所有

---

① Mcghee G. Journalism in the Age of Data [EB/OL]. [2017-05-15]. http://datajournalism.stanford.edu/.
② 涂子沛. 大数据：正在到来的数据革命，以及它如何改变政府、商业与我们的生活 [M]. 3版. 桂林：广西师范大学出版社，2015：62.

领域都将被触及。"①

随着信息技术的飞速发展，数据剧增引起了社会发展方式的质的变化。海量数据的产生使人们通过提取全面、精确的信息，做出正确的决策，从而提升了人类发展的自主性。因此，不仅政府部门在尝试用数据来决策、来管理，金融业、IT 业和营销业也开始关注起大数据的价值了。

事实上，新闻传媒业在一定程度上也受到了大数据技术的影响。这主要体现在：大数据技术渗透到新闻生产的核心环节，大数据技术重树新闻质量标杆，大数据技术进一步提升受众反馈的价值，大数据技术拓展用户分析的广度与深度。在大数据技术等因素的推动下，新闻业务将实现一些方向性调整，如趋势预测性新闻和数据驱动型深度报道分量的增加，数据呈现、分析与解读能力的提高，新闻生产中跨界合作的增强等都是明证。②

2. 传播格局：媒介融合持续拓展

近年来，在媒介竞争加剧和网络技术普及的环境中，传统媒体开始尝试与新兴媒体"跨界"合作。一批跨媒体、跨行业、跨地区的大型传媒集团相继成立，标志着媒介融合实践成功起步。从 2012 年开始，全媒体实践引领国内媒介融合的发展，全媒体生产、全媒体流程、全媒体运营等概念逐步深入人心。

在开放性的数据平台上，不同媒体的从业者可以根据自身需求制作出不同类型的新闻报道。面对同一条新闻，纸质媒体可以采用文字加图片的形式，增加新闻的可读性和深度。电视媒体可以采用视频的形式，增加新闻的现实感和画面感。网络媒体可以采用多媒体的形式采写新闻，增强新闻的互动性与融合性：在第一时间发布微博，做到"快"，接下来进行后续

---

① Lohr S. The Age of Big Data［EB/OL］.（2012 - 07 - 12）［2017 - 05 - 15］. http：//www. nytimes. com/2012/02/12/sunday-review/big-datas-impact-in-the-world. html？pagewanted＝all.

② 彭兰 ."大数据"时代：新闻业面临的新震荡［J］. 编辑之友，2013（1）：7-10.

报道，做到"全"，最后利用访谈类、评论类等形式对事件进行讨论和反思，做到"深"。①此外，开放式数据平台有利于公众从被动的受传者转变为主动的传播者，他们也可以通过开放的数据，参与到新闻调查中，根据自己的需要，挖掘数据背后的故事。

在大数据时代，数据就是资源。媒体可以通过与企业、政府合作共享数据，用重新筛选和挖掘媒体既有的资料等方式完成数据的采集，再把检索到的内容根据需要采写成数据新闻，发布到报纸、电视、PC 端和移动端上。大数据技术使得媒介融合的新闻生产由"发生了什么"和"为什么发生"在纵深上拓展为"将会发生什么"。新闻报道从事后跟进、同步报道，发展为事前预测，从而形成新的新闻生产模式。

3. 政治环境：政府开放数据运动的推进

政府开放数据是指政府及其控制的实体所产生的对政府活动、公共事务和普通民众有影响的数据资源在"脱敏"后予以开放，包括天气数据、GPS 数据、金融数据、教育数据、交通数据、能源数据、医疗数据、政府投资数据、农业数据等。这些原始数据本身并没有明显的价值，但经过分析、挖掘之后，可以产生巨大的价值。

2009 年 1 月，美国总统奥巴马签署了《开放透明政府备忘录》，要求建立更加开放透明、参与合作的政府。同年，数据门户网站（Data.gov）上线，美国行政管理和预算局向白宫提交的《开放政府令》获批准。2011 年 9 月 20 日，巴西、印度尼西亚、墨西哥、挪威、菲律宾、南非、英国、美国等 8 个国家联合签署《开放数据声明》，成立开放政府合作伙伴组织。截至2014 年 2 月 10 日，全球已有 63 个国家加入开放政府合作伙伴组织。② 全球开放数据运动由此展开。

---

① 曾一，石磊. 数据新闻：媒体融合新路径［J］. 青年记者，2015（5）：64.
② 李苑. 全球政府开放数据运动方兴未艾［N］. 中国电子报，2014-02-25.

目前，我国虽然还没有具体的法律推动实施政府开放数据，但是在2012年党的十八大报告中提到了建设透明、高效的服务型政府的要求。2015年9月，我国颁布了《促进大数据发展行动纲要》，明确提出要加快推进政府开放数据共享，促进数据的利用创新。

具有价值的数据大部分集中在政府、大型企业以及互联网巨头手中，分散的数据无法实现信息的既有价值，只有予以开放，其价值才能得以最大限度的实现。从海量、繁杂的数据中发现新闻并分析其意义，对普通人而言是一项难度较大的工作，但是，新闻媒体有能力从政府开放的数据中挖掘出新闻。可以说，开放数据与数据新闻的发展相辅相成，开放数据为数据新闻提供了数据来源，而媒体的数据新闻作品也有助于政府进一步开放数据。

4. 科技进步：云计算和开源软件的支持

数据正变得越来越重要，这并不是因为数据的量大，而是我们拥有了工具和能力去分析数据，找出模式、结构并揭示趋势。[①] 数据新闻体现了大数据技术对新闻生产流程的改造，使新闻的生产效率、呈现形式都发生了较大的变化。

云计算（cloud computing）是大数据发挥其价值的关键所在，没有云计算技术的成熟，就不能说大数据时代的真正到来。在数据新闻生产中，数据的获取与分析同样离不开云计算。云计算是一种基于因特网的超级计算模式，这种模式提供可用的、便捷的、按需的网络访问，进入可配置的计算资源共享池（包括网络、服务器、存储、应用软件、服务）。[②] 云计算

---

① McCandless D. What Is Data Journalism at the Guardian? ［N］. (2013 - 04 - 04) ［2017 - 05 - 15］. http：//www. guardian. co. uk/news/datablog/video/2013/apr/04/ what-is-data- journalism-video.

② 关于"云计算"的概念来自百度百科（http：//baike. baidu. com/link? url＝pQ7A5OPe0 WRC7fY9Md7FF1XlFe7 _ OrMpp2GGBELfGc-WkBHAZLsB7MdezvumNb5jHxKRgELoW3dZcDDEE Qe14QxzacJghaxnBtLfZKrUDvK9UdA3G37QFkcM5vQMuctm）。

的好处主要是提供了最可靠、最安全的数据存储中心；它对用户端的设备要求最低，使用起来很方便，可以轻松实现不同设备间的数据与应用共享。

开源（open source）就是开放源代码。其意义就在于开放源代码、信息共享和自由使用。它的理念是追求"自由、分享"。获得源代码的人可自由地再将此源代码散布，在散布时，必须随附完整源代码或是可让人方便地事后取得源代码。开源软件的高质量、低成本、适应性强促进了开源市场的成熟，这就为数据新闻的生产奠定了技术基础。数据新闻从业者所搜索到的网络数据一般是 CSV、PDF 格式，利用 Scrapy 可以快速从网络当中提取结构化数据，DocHive 可以帮助我们从 PDF 文档中提取数据，OpenRefine 可以自动对数据内容实现数据排序、自动查找重复条目并完成数据记录，而在可视化阶段有更多的开源软件可供选择。

三、数据新闻的特征

无论如何来定义数据新闻，收集数据、处理数据和呈现数据是不可回避的三个重要环节，因此，从生产流程的视角来阐释数据新闻的特征具有一定的说服力与合理性。

第一，通过解读数据，阐释新闻事件对个人的影响。从收集数据、挖掘数据到呈现数据，数据新闻的最终目的是帮助媒体报道新闻事件的同时，在数据和个人的生活及工作之间构建关联性。例如对一些公共政策实施或修订的报道，通过分析数据的变化，揭示其内涵，让受众在新闻报道中找到属于自己的故事。

第二，相对于传统新闻报道，信息源以开放数据为主。数据来源的多样性和数据体量的庞大是数据新闻面临的现实情况。成功的数据新闻报道都是在海量数据中找到吸引受众的模式，辅以漂亮且功能性的呈现方法，把新闻信息传达给受众的。从获得数据的直接性与间接性来看，一方面，新闻媒体通过调查或者众包等方式直接从受众手中获得数据，但是获取成本和工作量较大。另一方面，依靠政府、企业和数据公司的数据多是基于管理需要或者商业营销而收集的，尽管数据的清理环节必不可少，但它们仍然占据着数据源的主体。

第三，可视化是讲故事的新方法。可视化就是依据视觉原理，把复杂的信息形象化，使其易于快速被识别和记忆，这是数据新闻的主要呈现方式。"一幅图画最伟大的价值就在于它能够使我们真正看到许许多多我们期望看到的东西。"① 可视化的目的是传达信息，具体的可视化方式取决于能否帮助受众解决问题，因此，功能性是第一位的，其次才是美观。同时，还要使受众在数据集中找到相关信息，从而使媒体的观点清楚地表达出来。

第四，数据新闻团队的角色多元，分工精细。传统新闻的采制团队在"一专多能"理念的影响下，体现出日趋小型化的发展趋势。而在数据新闻中，小团队是比较常见的，5 至 8 人，分工明确。小团队除了固定模式外，有时成员分散在其他业务部门，以柔性管理来组建团队。每个数据新闻团队的工作流程有所不同，但主要角色大致有项目负责人、数据记者、数据分析师、程序员、设计师等。数据新闻更能够体现出团队意识、团队精神。

第二节　精确新闻与计算机辅助报道

任何事物的产生发展都和以往的事物有着方方面面的联系，数据新闻也不例外。目前看，它虽然引领了传媒业的潮流，但它并不是新事物。数

---

① Hoaglin D C, Mosteller F, Tukey J W. 探索性数据分析［M］. 陈忠琏，郭德媛，译. 北京：中国统计出版社，1998：32.

据新闻和新闻传媒发展史上的计算机辅助报道、精确新闻学有着密切联系。"从精确新闻的出现，到电脑辅助新闻的兴起，发展到数据库新闻以及数据驱动新闻。这一演化过程并不是替代而是一种增量关系。"①

一、社会科学研究方法和精确新闻

精确新闻产生于 20 世纪 60 年代的美国，指的是记者在采访时，运用调查、实验和内容分析等社会科学研究方法，来收集资料、查证事实，从而报道新闻。② 其特点是用精确的数据、概念来分析新闻事件，尽可能避免主观的、人为的错误，使新闻报道更加客观、公正。创始人是美国新闻学者菲利普·迈耶（Philip Meyer），这一新闻流派的名称，也源于创始人所著的《精确新闻学》一书。

1. 精确新闻的产生及其优势

20 世纪 60 年代的美国社会混乱且动荡不安，反主流文化、反战运动、女性主义的崛起、西班牙裔和奇卡诺运动、新左派、犯罪、太空探索等，成为当时美国社会状况的关键词。美国新闻业发展到 20 世纪中期，出现了集团化的趋势，少数报系控制着多数媒体，而这些报系又由金融寡头掌控，这使得宣扬"新闻自由""客观报道"的新闻媒体经常陷入尴尬境地。新闻业的弊病在社会动荡中日益显露，新新闻主义与精确新闻作为新闻业谋求自救的出路应运而生。

新新闻主义是伴随着"反主流文化"产生的。新新闻主义认为，传统新闻平淡的话语形式和呆板的报道结构已经无法揭示事实的真相，主张在新闻报道中运用小说的写作技巧和文学笔调才能准确地反映客观事实，由

---

① 祝建华. 数据新闻的前世今生［EB/OL］.（2014 - 07 - 10）［2017 - 05 - 15］. http：//media. people. com. cn/BIG5/n/2014/0710/c386639-25265252. html.

② 肖明，丁迈. 精确新闻学［M］. 北京：中国广播电视出版社，2002：2.

此导致其作品有着明显的小说化、个体化的倾向。在写作过程中，新新闻主义经常借助特定人物来描述所见所闻、所思所感，甚至在作品中运用人物间对话、内心独白来抒发记者的主观感受、情绪和观点。新新闻主义"允许记者采用艺术手法的方式使其从客观束缚中释放出来，从而让记者转变为讲故事的人"①。新新闻主义在突破传统新闻束缚上采取的是一种矫枉过正的方式，许多观念及方法违背了新闻规律。比如，它允许在新闻报道中融入内心独白和"合理想象"，就违背了新闻真实性与客观性原则。另外，新新闻主义还追求全面反映客观世界，试图对人物行为和事件的前因后果进行详尽报道，而这将耗费大量时间和精力，导致媒体不能快速地向受众反映最新的社会变动。也正是这些致命缺陷，导致新新闻主义在20世纪70年代就逐渐归于平寂了。

精确新闻的确立同样是出于对当时新闻界呆板、僵化的报道模式的不满。时任《底特律自由报》记者的菲利普·迈耶对新新闻主义进行了深入研究后认为，将文学手法引入新闻报道，就是将新闻推向了艺术。因此，他主张"将社会科学与行为科学的研究手法应用于新闻实践的报道"②，即把传统新闻报道技巧与社会科学研究方法，诸如问卷调查、内容分析、控制实验、田野调查等融为一体，以一种新的方式反映社会现实。恰巧在1967年，底特律发生了种族骚乱，菲利普·迈耶与另外两位社会科学家采用随机抽样的方法，访问了暴乱地区的437位黑人居民，将所得资料输入电脑进行分析，结果显示，受过大学教育的人与高中没毕业的人一样有可能参加骚乱，相比南方长大的黑人，北方土生土长的黑人更多地参与骚乱。分析结果见表1-1：

---

① Meyer P. The New Precision Journalism [M]. Indiana University Press，1991：23.

② Meyer P. Precision Journalism：A Reporter's Introduction to Social Science Methods [M]. Rowman & Littlefield，2002：2.

表 1 - 1   **《底特律自由报》1967 年骚乱调查表**

教育程度		
	辍学	高中	大学
骚乱参与者（%）	18	15	18
非参与者（%）	82	85	82
合计	100	100	100

童年生活地区	
	南方	北方
骚乱参与者（%）	8	25
非参与者（%）	92	75
合计	100	100

　　菲利普·迈耶根据调查获得的数据为《底特律自由报》撰写了一系列报道，有力地批驳了之前盛行的关于骚乱原因的刻板成见，揭示了黑人骚乱的深层次原因，受到新闻界的广泛关注，使该报获得 1968 年普利策新闻奖的地方新闻奖，精确新闻也由此而得名。

　　精确新闻的主要特征体现在采集信息方式的改变上，由传统的个人观察转向运用社会科学和行为科学的研究方法，由此来增强获取信息的信度和效度。

　　传播学者麦康伯（McCombs，通常译为麦考姆斯）等人曾经用分类的方法，说明精确新闻报道与传统新闻报道方法的不同。他们把记者观察事情的方法分成两个层面：第一，直接观察与间接观察；第二，系统观察与非系统观察。[①]

　　● 直接观察是记者到达新闻事件第一现场所进行的观察。

　　● 间接观察则是通过访谈访问当事人，还原第一现场。

　　● 非系统观察是访谈一些新闻当事人和相关人员，信息量只能反映个别的观点或事件的侧面。

---

　　① 罗文辉. 精确新闻报道 [M]. 台湾：正中书局，1991：3-4.

● 系统观察则是尽可能完全地采访到与新闻事件相关的人员，尽可能多地占有信息并反映事件全貌。①

在报道中，大多数媒体主要依赖新闻源来获取信息，但是，新闻源所提供的信息无论在广度还是深度上，都有一定的局限性。再加上媒体刊播时间、空间的限制，有时无法为受众提供足够全面的信息来解疑释惑。因此，较好的解决方法是把科学引入新闻领域。借助科学的信息搜索、分析工具来揭示事实。甚至有学者认为"新闻学本身就是一门科学……一个合格的、有责任感的记者就是一位实践型的科学家……探寻隐藏事实和找到捉摸不定的真相需要的是一些有技术的测量方法，这些测量方法像适合一位经过训练的物理学家一样，适合一位经过训练的记者"。因为，科学家和记者都是"向着同样的目标前进，满足人类分享知识和理解的共同需求"②。的确，精确新闻报道就是科学的新闻学。

2. 新闻客观性：精确新闻的核心价值观

世界是可以被认识的，但认识世界是需要过程的。可知论认为世界是可以为人所认识的，世界上只有尚未被认识的事物，不存在不能认识的事物，以此作为新闻传播的理论基点，报道者同样有充分的理由相信，通过努力可以认识客观世界，并通过客观的表达方式，将客观事实传达给受众。新闻客观性（journalistic objectivity）是指一个由理想、假设、实践和制度混杂在一起的体制，而不仅仅是指一个报道原则。客观性是意识到新闻报道中的"主观"，从而要求事实与价值分开的一种专业理念和道德准则。③可知论揭示了新闻客观性成立的理论基础，但是，媒体作为受众认识世界

①　章永宏，黄琳. 重建客观：中国大陆精确新闻报道研究［M］. 北京：中国书籍出版社，2013：3.

②　Cranberg L. Plea for Recognition of Scientific Character of Journalism［J］. Journalism Educator，Winter 1989：46-49.

③　童兵，陈绚. 新闻传播学大辞典［M］. 北京：中国大百科全书出版社，2014：12.

的"窗口"，在传播信息的过程中受到各种因素的影响，比如社会因素、新闻体制、传播者业务水平和受众的个体偏见等。因此，围绕媒体能否保持客观，准确地反映社会现实，有坚信者亦有质疑者。

从传统新闻报道的操作层面看，新闻客观性要求新闻传播遵循一整套原则如真实性、准确性、完整性等；要求记者遵循职业操守，包括中立、公平和独立，避免党派性和个人偏见，力求公正和平衡等。另有主张认为客观性在新闻实践中难以实现。记者报道什么，如何报道，强调哪些细节，忽略哪些细节，都不可避免地带有报道者的价值观和主观判断。①

与传统新闻报道方式相比，精确新闻的核心特质在于科学方法的运用。也正是科学方法所具有的系统性、完整性特征，确保了新闻信息的准确、全面和客观，表现出在新闻收集加工阶段的优势。所谓的"精确"就是对新闻客观性的坚守和强调。精确新闻将通过社会科学方法获取的"数据"作为报道的核心内容，强调"科学的中立"，突出采集信息、分析信息的方法和技术，其目的就是在强化新闻的客观性。尽管不同学派对于科学是否真的能够准确地反映客观存在持有不同观点，但并不影响人们对于科学客观性的信念。

3. 精确新闻报道需要的知识与技能

精确新闻采用了不同于传统新闻生产的社会科学方法，对从事这种新闻报道的生产者而言，不仅要掌握新闻传播的基本理论和业务技能，还需要熟悉社会科学的研究方法、常用的统计软件，并具有把研究成果转化为对受众有启迪作用的新闻报道的能力。

第一，掌握社会科学的研究方法和研究程序。研究方法主要解决研究的途径问题。社会科学的研究方法常见的有三种类型：调查研究、实验研究和文献研究。其中的调查研究是最常见的研究方法。一般是从调查对象

---

① 童兵，陈绚. 新闻传播学大辞典［M］. 北京：中国大百科全书出版社，2014：143.

的总体中抽取一定数量的样本，采用问卷收集量化资料，并用统计软件进行数据分析，得出结论。实验研究对于探索社会现象之间的因果关系有着重要意义。通过精心设计，在高度控制的条件下，有意改变一些因素，借此证明变量之间是否存在因果关系。文献研究是通过收集、分析以文字、音视频、数据等形式存在的信息资料，用来探索社会行为、社会现象的方法。其中的内容分析是一种对于传播内容进行客观、系统和定量的描述的研究方法，其实质是对传播内容所含信息量及其变化的分析。运用这些方法收集、分析与报道题材相关的新闻信息，保障了信息传播的系统性、准确性。精确新闻报道如同搞社会学类的研究项目，第一步确定研究（报道）选题，即研究对象。选题既是一个过程也是一个结果。选题的确定使报道主体与报道客体之间的关系得以建立。第二步文献综述，熟悉、分析与选题相关的文献，评估研究（报道）的价值和意义。第三步提出研究假设或研究目的，主要确定研究的内容，明确研究是要解决什么问题，是对某种社会现象做出解释，还是对已经发生的事实做出解读，并对尚未发生的事做出预判。第四步运用社会科学方法收集资料，并对其进行分析，最后将研究结论或发现撰写为新闻稿。

第二，掌握一定的统计学知识和方法。随着信息技术的快速发展和统计软件的日益完善，新闻传播领域与统计学的关系日渐密切。统计学的方法不仅应用于新闻传播的科研项目研究，也应用于新闻报道实践。传统新闻对事实信息的加工采用的是定性的文字叙述，随着报道理念、采集方式的变革，定量方法融入了新闻信息的加工过程，形成定性描述和定量统计相结合的报道模式。因此，如何运用好数学方法，以数据来阐释、说明、分析新闻事实、新闻现象，掌握统计学的知识就显得格外重要。精确新闻所采用的社会科学的研究方法就是各种社会调查手段和统计学方法的融合，尤其是统计学方法的引入，弥补了传统调查性报道在信息加工手段上的不严谨，从而使新闻的内容更准确。统计研究过程的起点是数据，终点是探索到客观事物总体内在的数量规律性。^① 在新闻报道中，我们常常会对通过抽样法获得的数据进行总体性的推断，这就需要以描述统计为基础，从样本信息中推断出总体特征。对于描述统计，我们要运用数据和图表来描述数据的集中趋势和离散程度，对分类数据进行简单的分析；对于推理统计，我们要了解概率分布、抽样分布、假设检验等。描述统计的精髓在于由繁变简、由多变少帮助我们整理思路，看清问题；而推论统计的精髓在于以小见大，以已知说明未知，以有限推断无限。^② 此外，方差分析、相关分析、回归分析、信效度的检验方法和聚类分析等统计分析方法，在新闻传播领域，尤其是在精确新闻报道中常常用到。新闻从业者不在于非要成为统计学专家，而在于正确地应用各种统计分析方法，利用相应的统计软件处理数据。

第三，掌握精确新闻报道的操作规范与写作要点。依据新闻素材的来源，精确新闻分为"反应性精确新闻"和"主动性精确新闻"。"反应性精确新闻"是指新闻记者、新闻媒体直接采用本媒体外的其他社会机构或社会组织的调查统计数据与结果所做的相关新闻报道；"主动性精确新闻"是指新闻媒体、新闻记者不依赖别的社会组织或调查机构，而是自己应用社会科学研究与调查方法进行新闻采访与写作所做的新闻报道。^③ 无论是哪种类型，都离不开对相关数据的分析和应用，以及如何向受众呈现数据，便于其相信和理解，这就涉及如何规范报道的操作的问题：

● 交代数据的来源。新闻报道不仅要呈现数据结果，还要告诉受众数据是怎么来的，使受众了解数据的精确性与代表性。

● 交代数据获取的方法。调查所采取的方法，影响到被调查者的代表

---

① 肖明，丁迈．精确新闻学［M］．北京：中国广播电视出版社，2002：344.
② 曾秀芹，张楠．新闻传播统计学基础［M］．厦门：厦门大学出版社，2015：9.
③ 黄淑敏．精确新闻：新闻实务对量化研究方法的借鉴与拓展［J］．兰州大学学报（社会科学版），2015（3）：118.

性和调查结果的准确性，也就关系到报道的可信性。交代调查方法，有利于受众对调查结果的可靠性做出判断。

● 交代存在的抽样误差率。采取抽样调查的方法难免产生误差，误差率越小，调查结果的准确度就会越高。交代抽样的误差率，便于受众对调查结果做出评价。

● 交代获取数据的时间、机构和目的。调查实施的时间距离报道的时间越近，报道的内容就越新鲜，时效性就越强。告诉受众调查机构的名称，因为调查执行机构的声誉度，影响到调查结果的可信度。任何一项调查都带有一定的目的性，目的性可能导致倾向性。公布调查的目的，有助于避免或减少倾向性对媒体的影响，以显示客观公正。

精确新闻的选题往往涉及社会中的重要事件和现象，并且在内容上以数据信息为基础，但是，通过调查获取的数据更多的是对宏观层面的描述，且在价值维度的侧重点上有时偏离新闻传播。因此，在撰写精确新闻稿件时，在分析、挖掘数据的价值方面，应加大力度。

● 选取具有新闻价值的数据。媒体传播的是具有新闻价值的信息，新闻稿件不是研究报告。在报道中不应当简单地复制研究报告中的数据，把整篇报道搞成统计局资料汇编的翻版。最明智的做法是围绕受众的兴趣点，选择具有新闻价值的数据信息，体现报道的准确性、客观性。

● 挖掘数据背后的深意。值得用社会科学的方法来报道的题材，必然具有较高的社会意义和新闻价值。为了把数据的价值充分挖掘出来，需要多问几个 why 和 how，而不是罗列数据。只有对调查资料进行深入分析，探求数据背后的深层本质，才能够发现和挖掘出社会现象和重大事件背后的深层原因，做出客观、全面而系统的报道。

● 在形式上"包装"数据，增强数据的"悦读性"。数据是既抽象又枯燥的，尤其对于缺乏统计知识的普通受众而言，"当你们把统计表放进文章中的时候，人们就要打哈欠"①。因此，优化数据的呈现与表达方式尤为重要。虽然使用整数，运用类比、比喻及图表有助于优化数据的呈现效果，但是，我们不能仅仅用具体的数据做报道，而且要捕捉具有感性张力的人物和事件，使宏观广度与微观深度相得益彰，传统新闻报道与精确新闻报道相互融合，以增强报道的人文情怀。

二、互联网应用和计算机辅助报道

1. 计算机辅助报道的概念及其产生背景

计算机辅助报道始于美国新闻界，被称为 computer-assisted reporting，简称 CAR。由于计算机辅助报道是舶来品，国内学者赋予其不同的概念。

有学者认为，计算机辅助报道是指记者在新闻事件发展的每一阶段，利用计算机收集和处理信息；从数据库、终端服务和联网系统中获取新闻线索；对政府或个人提供的资料进行收集、分析、核实；建立报社自己的资料库，为报道或图表提供统计分析信息。② 有学者做了简要概括，计算机辅助报道指必须由计算机辅助而形成的新闻报道。③

也有学者认为，计算机辅助新闻报道是记者应用计算机相关技术于新闻采集、处理和呈现数据的方法。记者使用因特网、电子表格或数据库等信息环境，以取得线索、查证事实、挖掘背景数据、接触消息来源、制作新闻焦点或分析新闻事件趋势，以此作为记者增加新闻报道的深度、广度与正确性的手段。④

在其诞生地美国，关于计算机辅助报道的概念也是众说纷纭。精确新

---

① 何光先. 现代新闻学［M］. 重庆：重庆出版社，1991：115.
② 胡斌. 计算机辅助报道与新闻教育［J］. 国际新闻界，1996（1）：78-79.
③ 卜卫. 计算机辅助新闻报道：信息时代记者培训的重要课程［J］. 新闻与传播研究，1998（1）：11.
④ 李嘉纮. 电视新闻表现形式及计算机辅助新闻：以中视和 TVBS-N 为例［C］.∥2012年北京大学新闻传播伦理与法制国际学术研讨会论文集.

闻学的创始人菲利普·迈耶认为，任何采用计算机获得信息和分析信息的报道都算是计算机辅助报道。也有美国学者认为，计算机辅助报道就是报道者运用计算机的运算能力去处理原始数据，其目的在于揭示那些隐含在政府某些硬盘中的趋势和事实。任何新闻报道所需要的新闻判断力、讲故事的技巧和写作能力，对于成功的计算机辅助报道也是必需的。"计算机辅助"犹如钢笔和电话，仅仅是新闻报道的工具而已。[①] 有学者指出，记者一直都在使用计算机，但不能就此认为是计算机辅助报道，否则就会产生诸如"电话辅助报道"的事情。计算机辅助报道指的是通过计算机收集和分析数据，其目的是把数据转化为信息，并作为新闻故事的一部分，通过大众传媒传播出去。[②] 一些国外学者还把计算机辅助报道称为计算机辅助调查报道，即 computer-assisted investigative reporting。在他们看来，计算机辅助报道并不比"铅笔辅助报道"（pencil-assisted reporting）有更多的意义。事实上，计算机仅作为工具被用于调查性报道，而记者的洞察力、获取可查证的结论以及写作故事的能力仍然是做新闻的基石。计算机辅助调查报道不是这些特质的替代品，只是使记者更富有效率。因此，我们必须清楚，计算机辅助调查报道是一种延展，而不是用来替代智慧、坚持不懈、洞察力、质疑精神、有效写作等这些老式调查记者的特质的。[③]

　　计算机辅助报道产生于 20 世纪 60 年代末的美国，这与美国的政治环境、经济环境以及技术、传媒的发展状况有着密切联系。20 世纪上半期，名噪一时的调查性报道在发展中逐渐暴露出一些问题：过分依赖匿名信源，以及主观地解释调查结果等，使得受众对报道的信度产生怀疑。为此，一

---

① Vallance F，McKie J D. Computer-Assisted Reporting：A Comprehensive Primer［M］. Oxford University Press，2009：1.

② Reavy M M. Computer-Assisted Reporting：A Journalist's Guide［M］. Mayfield Publishing Company，2001：2.

③ DeFleur M H. Computer-Assisted Investigative Reporting：Development and Methodology ［M］. Lawrence Erlbaum Associate，Inc.，1997：72.

些传媒精英开始反思，并致力于探寻新的途径。面临信息剧增，从 20 世纪 70 年代末开始，美国加快了政府文件电子化的步伐，将纸质文件转化为机读的磁带或磁盘。在联邦政府力推文件记录电子化的同时，各州和地方政府也开始实施计算机普及化。20 世纪 70 年代，由于数据的分析与计算需要大型计算机，计算机辅助报道仅限于少数先驱媒体在尝试。从 20 世纪 80 年代起，简便实用的微型机和对用户友好的软件进入市场，为计算机辅助报道的普及提供了技术和设备条件。

美国是新闻传媒大国，有着发达的大众传播媒介，互联网又产生于此，信息化、网络化程度较高，这就为计算机辅助报道的产生、发展提供了物质和技术基础。另外，为了保证信息公开，美国政府制定了较完善的法律法规和行政制度，以保证新闻媒体、普通公民合法有序地获得有关信息，以免某些机构对信息的非法垄断和控制，这就为计算机辅助报道提供了制度保障。

2. 计算机辅助报道的分析方法

在传统新闻报道中，记者在对新闻信息的价值判断和整合加工时，往往采用的是一种定性分析的方法，这种方法有助于发现新闻线索，而要把线索升华为报道选题，发现事件、现象所蕴含的规律、意义、影响等深层信息，仅靠新闻敏感是不够的，这就需要科学、严谨的研究方法，即利用计算机、互联网来完成传统报道手段所难以担负的任务。如美国《圣何塞水星报》的数据库编辑詹妮弗·莱弗卢尔说："我相信没有任何一个领域不需要利用数据库。新闻界最缺乏的就是掌握计算机辅助报道技巧的人。"[1]

在新闻报道的不同阶段，计算机辅助报道与传统报道方法互为补充，交替使用，使信息资源得以充分利用。一些新闻工作者将计算机辅助报道的应用过程大致划分为 5 个基本步骤：

---

[1] 里奇. 新闻写作与报道训练教程［M］. 钟新，王春枝，主译. 3 版. 北京：中国人民大学出版社，2009：411.

- 初步确定报道设想，收集有关信息或数据。
- 对数据进行"采访"，即寻找可能的报道角度。
- 核实、确认阶段（核实数据，确认其准确性）。
- 对消息来源进行采访，用有关活生生的人的细节充实报道。
- 报道的实际写作阶段。[①]

计算机辅助报道的关键环节是利用计算机解析数据。政府机构和商业机构会先于新闻界使用电子信息，所以任何一个闯入头脑的故事都可能会有更多的数据需要分析。一个新闻记者首先必须保证能找到正确的数据库。其次，记者应当能够在显示屏上看到或打印出所需数据。因为数据记录形式的栏目并不能说明其中存在确实的数据。如果没有一篇报道所需要的数据，这个数据库就没有利用价值。再次，记者应确定数据的格式和数据库的规格。[②] 获得电子数据后，报道者要熟悉数据库的内容，清楚数据库的格式、结构及变量的位置。处理数据前，必要的准备工作有助于报道者确定报道的具体目标。以下准备工作值得借鉴：

- 确定报道的大致目标。
- 对原始记录进行初步评估。
- 对记录进行详细检查。
- 确定分析的具体目标。
- 揭示某一段时间以来的发展变化趋势。
- 以局部对比整体。
- 对某一单位或地区进行详细的分析。
- 对某一特定类别中的现象作深入分析。
- 找出并分析异常案例。

---

① 王波 . 计算机辅助新闻学概论 ［M］. 北京：新华出版社，2000：33-34.
② 休斯顿，布卢兹斯，温伯格 . 调查记者手册：文件、数据及技巧指南 ［M］. 张威，许海滨，译 . 广州：南方日报出版社，2005：64-65.

- 为已经报道的新闻事件提供背景。
- 对某一个人或机构的言行进行检验。
- 进行事件前后的对比。①

传统媒体策划选题的常用方法对计算机辅助报道不无启发。除了关注具有重大社会影响力的事件、现象，还可以围绕公众日常生活中的热点话题做策划。这些话题也与某些政府部门的工作、商业公司的经验密切相关。可以收集公众在社会生活中现实状况的数据，与政府部门的工作规范、商业公司的服务目标之间进行对比分析，发现存在的问题，深入调查，予以报道。此外，报道者可以通过排序的方法，即以某一标准将某类事物按照量值的递增、递减来排序，分析其中的最大值、最小值所隐含的问题。考察事物发生的频率也是发现选题的好方法，结合时间或者地点等因素，分析频率的变化也有助于发现选题。如果条件允许，可以考察同一报道对象在不同数据库中的数值变化，有效把握报道对象，进而拓展选题范围。

3. 计算机辅助报道的优势与局限性

计算机辅助报道是"以利用计算机网络上各种丰富的信息资源和强大功能去搜索、核实新闻信息，利用计算机对大量数据进行分析，并以分析结果作为报道的线索和素材为主要特征的新思路、新方法，对传统的新闻传播在调研、采访、报道等方面都产生了重大影响，其作用早已远远超越了计算机进入新闻编辑部的初期阶段计算机主要被用于文字处理和排版的范围，影响了越来越多的新闻工作者的日常工作方式"②。计算机与互联网为采集信息打破完全依赖记者的直觉与敏感，开辟了新的途径。借助于计算机的数据处理、数据分析功能，新闻工作者可以重新排列组合数据信息，进而开阔视野，获得更多的横向和纵向信息，揭示出事物之间的内在联系，不仅能够采写有深度、有影响的报道，而且能够预测出事物的发展趋势。

---

① 王波．计算机辅助新闻学概论［M］．北京：新华出版社，2000：39-45.
② 王波．计算机辅助新闻学概论［M］．北京：新华出版社，2000：前言.

计算机辅助报道打破了传统新闻报道以提问、观察、阅读文献等定性方法和以事件为中心的局限，引入了计算机的数据分析，使报道者拓展了观察事物的视野，增加了分析问题的深度，进而保证了新闻的客观与准确。

尽管计算机辅助报道有其独到之处，但是，我们要充分认识到，它仅仅拓宽了新闻线索的范围、报道选题的思路，奠定了报道的良好开端，而优秀的新闻作品不仅揭示事物之间的联系、发展趋势，还要让受众感受到其中的人文情怀。如果一味地痴迷于数字和统计，势必忽视新闻中的人文因素，新闻报道也将成为统计报告。因此，不要为了统计分析而应用计算机，统计分析只是为了完成报道任务，确证报道中的某些内容。另外，数据库的类型千差万别、质量参差不齐，为数据分析埋下了隐患，报道者在处理数据时要格外注意。计算机辅助报道的选题多集中在腐败犯罪、交通安全、环保、教育等热门话题，继承了调查性报道的传统，揭露性选题较多，容易导致报道面狭窄、选题雷同。这些都应当引起注意。

三、数据新闻与精确新闻、计算机辅助报道

从时间脉络看，精确新闻、计算机辅助报道、数据新闻三者依次出现在新闻传播界，在延续中表现出一定的兼容性和递进关系。

精确新闻报道是科学的新闻学，它最早提出采用社会科学的研究方法来报道新闻。精确新闻报道的本质是了解如何处理资料。这个问题被认为有两个阶段：输入阶段，即资料搜集和分析阶段；输出阶段，即资料准备呈现给读者的阶段。对资料的处理主要包括了搜集、储存、检索、分析、简化和传播等环节。[①] 在这些环节中，数据则是主要的资料形态，学会合理使用数据，掌握一定的数据分析技巧成为精确新闻报道的基础。

计算机辅助报道是为了满足精确新闻报道在收集、整理和分析数据上

① 迈耶. 精确新闻报道：记者应掌握的社会科学研究方法 [M]. 肖明，译. 北京：中国人民大学出版社，2015：7-8.

的需求应运而生的。计算机辅助报道与其他报道方式相比，最显著的特点是对数据库的使用，即通过对数据库的分析，发现线索，寻找报道角度，核实数据等。此外还通过运用电子邮件、虚拟社区等实施新闻信息的采集。计算机辅助报道在当今各种形式的新闻报道中仍在发挥着作用。

在大数据时代，数据的收集、整理和呈现方式日渐丰富。作为精确新闻的进一步延伸，数据新闻使新闻生产过程更为精细化，它对新闻工作者的技能要求除传统的文字写作、音视频制作外，还包括社科研究方法，计算机数据抓取、处理、可视化，平面/交互设计，计算机编程等多个领域的了解。[①] 另外，数据新闻更注重对互联网的运用，通过各种技术手段和应用软件，实现了数据的多次开发和利用，使新闻产品更好地满足各类发布平台的需要。

精确新闻、计算机辅助报道与数据新闻是一脉相承的，三者都是把科学方法、科学客观性、科学思维应用于新闻实践，并且三者都很注重加工和处理数据信息，只是在数据处理的深入程度、数据与新闻的结合程度等方面略有不同，进而形成了多样化的新闻报道形式。

第三节　精确新闻与计算机辅助报道在我国的发展

经历了 20 世纪精确新闻与计算机辅助报道两个发展阶段之后，随着计算机技术的进步，"小数据"（数据体量相对较小）在新闻传媒中的应用被"大数据"所替代，真正意义上的数据新闻成为当前传媒业的翘楚。在纵览国外数据新闻发展历程的基础上，考察我国数据新闻发展的历程及其所呈现的特征，有一定的现实意义和理论价值。

---

① 郭晓科．大数据［M］．北京：清华大学出版社，2013：30．

一、精确新闻在我国传媒业的兴起与发展

精确新闻学引入我国始于 20 世纪 80 年代，国内学者丁凯在一篇名为《精确新闻学》的文章中介绍了这一新闻学流派。① 文章详细阐述了精确新闻在美国产生的社会背景，所采用的社会学研究方法及其主要观点，使我国新闻传媒界对其有了初步的认识。

1. 精确新闻报道在我国兴起的背景

精确新闻报道在我国的发展历程，折射出经济建设、改革开放的历史进程。也正是改革开放的社会大背景，推进了新闻改革不断深入，促进了民意调查的兴起和新闻媒体为应对市场进行的业务变革。这些因素共同推进了精确新闻报道在我国的兴起与发展。

20 世纪 80 年代初，随着改革开放的深入，西方文化被大量引进，其中在新闻传播领域引入了一些西方新闻传播学理论、报道模式和实证研究方法。尤其是实证方法促进了我国受众调查的兴起。1982 年 6 月至 8 月，由北京新闻学会、中国社会科学院新闻研究所②以及人民日报社等几家单位组成调查组，首次采用科学统计抽样的方法，对北京地区的读者群进行科学的受众调查。次年 1 月，英文《中国日报》刊登了调查结果。这是我国媒体首次以调查数据为报道内容，预示着精确新闻报道在我国的开始。1992 年，中国的改革开放进入新阶段，市场经济日益繁荣，一些媒体意识到精确新闻所具有的市场效应，大力倡导并推进其发展。自 1994 年以来，我国媒体精确新闻报道与广告相依相伴，有时甚至在版面占有上平分秋色。不仅如此，媒体利用精确新闻报道本身吸引人的数据结果、令人信服的解释和分

---

① 丁凯．精确新闻学［J］．新闻记者，1984（9）：46.
② 1997 年改名为新闻与传播研究所。——编者注

析，来实现其本身之广告效应的尝试，也已经开始。① 随着新闻改革的深入
进行，新闻真实性被赋予了新的含义。信息源在传统报道中的局限性日渐
显现，"对于一种社会现象的反映，对于普遍公众情绪的反映，已不是传统
的采访方式所能够承担的"②。而精确新闻通过社会科学研究方法获取数据
信息的途径，为媒体指出了新的发展方向。此外，通信技术和互联网的发
展使得数据采集变得日益便捷，为大范围的数据采集提供了现实基础和物
质条件。

1996 年 1 月 3 日《北京青年报》将其公众调查专版上的一篇题为
《1995 年，北京人你过得还好吗》的报道，正式冠以"精确新闻报道"的头
衔，由此拉开了我国传媒界精确新闻报道的序幕。

2. 我国精确新闻报道的发展阶段及其特点

根据我国较早研究精确新闻学的学者如梁舞、余芳等的观点，精确新
闻在我国大致经历了三个发展阶段。

第一阶段：20 世纪 80 年代的萌芽期。

随着西方传播理论和实证研究方法的引入，以受众为主要内容的民意
调查广泛开展，并带动了新闻调查机构的成立。形形色色的社会调查机构
的出现，也促进了新闻传媒开始把调查统计数据应用于新闻报道中，以量
化方法反映社会现实逐渐得到受众的认同。

第二阶段：20 世纪 90 年代上半期的初步发展期。

90 年代以后，民意调查与新闻媒体的关系越来越密切。不少新闻机构
采取与调查机构合作的方式：民意调查依靠媒体来公开展示其成果，而媒
体则利用其数据结果写作精确新闻和分析性报道，并以此来赢得受众。③ 媒

---

① 姜秀珍. 中国的改革开放与精确新闻报道 [J]. 现代传播，1997 (1)：77.

② 丁洪亮. 精确反映与正确引导：谈精确新闻报道的舆论引导功能 [J]. 当代传播，1999
(1)：12.

③ 梁舞. 精确新闻报道在中国的发展以及存在的问题 [J]. 东南传播，2006 (3)：28.

体采用量化的报道方式公布调查成果，深入挖掘新闻价值，营造了受众新的关注热点。

第三阶段：1996 年之后的活跃期。

之所以称之为"活跃期"，是因为在这一阶段，报道者将社会调查、统计分析和报道技巧有机结合，使得精确新闻报道更科学、更准确、更规范。精确新闻以其独到的选题、贴近性的内容、翔实的数据，引起了新闻界的重视和受众的青睐。此后，各种传统媒体开始较多地使用精确新闻的报道手法，一些媒体还为之设立了专版或专栏，只不过有的称之为"公众调查""社会观察"等而已。比较成熟的有《中国青年报》的"调查·观察"，《北京青年报》的"精确新闻"，《青年报》的"新闻调查"和武汉《青年人报》的"商业新闻调查"等；《解放日报》《文汇报》还分别开设"百分比新闻""WJ 新闻"（即问卷调查新闻）和"品牌与市场"等专版专栏；更多的报刊则经常引用来自国家统计中心、市统计局、城乡调查大队等政府职能机构或"零点""新生代"等商业调查公司的统计数据，演化成一篇篇引人注目的调查新闻。①

洞察精确新闻在我国的发展情况，可以发现其演进中的三个主要特点：

● 精确新闻报道的发展史就是一部民意调查的演进史，几乎所有的精确新闻报道所采用的方法都是以民意测验的方式来完成的。

● 精确新闻报道经历了刊登外部来稿、委托调查、合作调查、独立调查、调查常规化的过程。在短短三十年中，媒体对精确新闻报道的设计与实施越来越具有主导权。

● 精确新闻报道的演变与时代密不可分。新中国成立后的前三十年与

---

① 姚明强. 调查与新闻［J］. 新闻记者，1999（3）：35.

后三十年，精确新闻报道呈现出不同境遇。①

从这些特点不难看出，与美国新闻界相比，精确新闻在我国尚处于初级阶段，这与媒介生态环境、新闻报道传统以及数据开放程度等有着密切关系。

3. 我国精确新闻报道存在的问题

进入活跃期的精确新闻报道无论是在数量上还是质量上，都有了显著增长和提升，但是并不能说已经到了成熟阶段。在精确新闻的生产环节存在着亟待解决的规范性、可读性等问题。

第一，调查方式不科学、不规范。首先，调查手段不科学。经一些国内学者研究，我国媒体的精确新闻报道多采用网络调查的方式。这种采集数据的方式成本低、规模大，特别是处理数据较简便。但是，这种方式是志愿者抽样而非概率抽样，其结果只能用于描述被调查对象的特征，不能用于推断总体情况。还有一些媒体分不清"随机抽样"和"随便抽样"这两个概念。把街头拦访路人当作随机抽样，其实拦访路人只能算是调查者出于方便和便利而进行的抽样，科学的"随机抽样"是依据随机性原则而进行的一种概率抽样，总体中每个单位被抽中的概率是相同的，被抽取的单位完全是偶然的，既排除了抽样时人的主观随意性，也排除了人的主观能动性。其次，个别调查要素在报道中没有体现出来。一些媒体对于抽样总体、样本结构鲜有提及，对有效样本量、访问成功率、抽样误差也未作说明。上述要素是科学的调查所必备的，缺失这些要素，说明要么报道者缺乏调查知识和经验，要么调查本身就不科学。再次，调查的术语表达不明确。一些媒体在报道中把参与人数当作有效样本量，"调查执行机构"与"调查委托机构"虽然都有列出，但表述含糊不清，受众无法明确谁是执行

---

① 章永宏，黄琳．重建客观：中国大陆精确新闻报道研究［M］．北京：中国书籍出版社，2013：67-68.

者，谁是委托者。最后，设计问卷时忽视了科学标准。毕竟是媒体主导的调查，新闻价值的考虑往往是第一位的，这就难免在系统性、逻辑关系或结构上不够完善，如果再缺少实施前的效果评估环节，设计出来的问卷整体上就会给人零散、随意的感觉。

第二，报道选题范围较窄。报道选题是传播者的新闻价值观在报道实践中的体现，是在客观事实的基础上，媒体传播意图与受众客观需求共同作用的结果。确定选题时，报道客体的新闻价值、受众的获知需求和传播主体的实践条件是重要的参考要素。我国精确新闻的实施以新闻工作者为主体，他们不仅是数据信息的主要采集者，也是把关人。严谨的把关和审查制度有效过滤掉了一些时政方面的选题，使得报道选题集中于社会热点、社会生活以及某些文化题材，其中社会生活类选题占据绝大多数，导致选题片面化，而时政类话题、公共事务则较少涉及。相对于欧美新闻界，时政、公共事务选题恰恰是精确新闻报道最为重要的选题领域。报道范围的狭窄还反映在选题的雷同上。无论是机关报台还是都市媒体，忽略了自身的属性和不同定位，都将精确新闻报道的重点放在了日常生活及琐碎的社会事件上，而那些涉及重大政策、重大政治事件等直指国计民生的选题基本上无人问津。

第三，报道作品缺乏可读性。精确新闻最大的特点是用数据来证实、说明和阐释新闻事实，但是，有些媒体仅仅罗列了数据，把获得的数据穿插在文字报道之中。缺少解释的数据不仅枯燥，而且无法转化为简单易懂的信息，影响受众的理解。只有经过专业人士的解读，只有提供深入的分析和解释，才能够透过数据的表面看到事物的本质，而透过现象认识本质才是精确新闻的真正价值所在。另外，在数据的呈现方式上，抽象、枯燥的数字无形中增加了受众的阅读费力程度，削弱了易读性和"悦读性"。报道风格是影响可读性的一个内在因素。《中国青年报》的"青年调查"通常采用"个案、小故事＋调查数据＋背景资料＋专家访谈"的操作形式，既关注了结论，照顾了细节，也解释了事件、现象的原因、背景，报道风格鲜明而又有特色，有效地提高了报道的阅读率。实施精确新闻报道的多是传统媒体，对图表的重要性认识不够，认为图表只是对文字报道的补充说明，对图表的信息整合功能、审美功能等认识不足，再加上缺乏制图人才，制约了图表在精确新闻报道中的使用。解读数据可以有不同的呈现方式，对于具体需要用哪种方式，所要传达的信息和编辑所追求的传播效果是做出选择的依据，既可以采用情节化的文字描述，也可以采用形象化的图表。同样一组数据，制作成柱状图，则表明一个集体内所有成员的具体数量；如果绘制成饼图，则表明各成员在集体总的份额中所占的比重。随着制图技术和相应软件的更新，数据图表可制作得靓丽夺目，在版面上形成视觉中心。

为了深入了解我国传媒在精确新闻报道中存在的问题，某新闻学者梳理了《中国青年报》"青年调查"专版的精确新闻报道，分析了这些报道的实施主体、调查对象以及结论的可信度等，针对存在的问题提出了相应的对策：

● 完整展现抽样过程、抽样准则、抽样手段，交代样本总体规模和应答率，停止对"随机抽样"这个概念的滥用误用；

● 坚持对数据的质疑，不迷信任何数据和调查结果，坚持记者的独立判断和独家分析；

● 完整报告所有相关数据，尤其是那些可能推翻调查结论的数据，容纳多元观点；

● 承认调查的局限性和缺陷，不自大，不自恋。成熟理性的受众，不会因为新闻产品的不完美而遗弃它，却会因为媒体的不诚实态度而产生疏离之心。[1]

---

[1] 陈阳. 精确新闻是否精确：对我国精确新闻现状的反思 [J]. 青年记者，2010 (1)：26.

二、我国传媒业的计算机辅助报道

20世纪90年代以来，计算机网络兴起，计算机技术对新闻活动的采访、编辑、发布以及管理等各个环节全面渗透，业已在相当程度上改变编辑记者传统的工作方式。① 计算机辅助报道在我国被应用于报纸等传媒业，表明计算机、互联网在新闻信息采集和编辑环节中逐渐显示出较大的潜力。

1. 我国媒体应用计算机辅助报道的方式与特点

20世纪90年代开始的报业采编系统通过计算机网络技术将新闻报道的各个生产部门连接起来，使得所有的采编排签和出版等业务均在网络上运行，实现报业生产和管理一体化。这一阶段运行的网络以局域网为主，使用媒体以中央级和省级媒体为主，数量庞大的地市级报社还在用传真机、3.5寸软盘，对计算机、互联网尚处于认识的初级阶段。1998年5月，中国社会科学院新闻与传播研究所对《人民日报》、新华社、《中国日报》三家媒体的记者使用计算机、互联网的情况进行了调查。调查发现记者使用计算机、互联网的首要用途是新闻写作和查询新闻背景资料，其次是查询最新数据和引用重要文献。而在互联网上发现有价值的新闻素材、在网上发布或传递新闻、开发原始数据制作新闻、网上采访、统计分析数据，通过互联网和其他记者或专家讨论特定主题则少之又少，而这些恰恰是计算机辅助报道的主要优势所在。令人欣慰的是，在对1 100名记者使用态度的调查中发现，计算机、互联网使用越多，接受程度越高，接受程度越高，越经常使用计算机或互联网。

进入21世纪，我国掀起了报业数字化浪潮。数字化对于传统报业而言，不仅仅是结合网络技术，生产出了多媒体的内容，还实现了高效的信息检索，使得记者和编辑可以通过互联网查询到所需信息。更为重要的是，

---

① 朱家麟. 关注计算机辅助新闻学［J］. 中国记者，2002（6）：14.

培养了采编人员利用计算机、互联网搜索、采集、核实信息的工作习惯。按照美国一些新闻学者的观点，计算机辅助新闻学主要包括四个方面的内容：计算机辅助报道、计算机辅助调研、计算机辅助引证和计算机辅助聚会。① 利用计算机上的统计软件分析数据，作为报道的线索或素材，属于计算机辅助报道的基本内容。从技术层面上看，这也是最易于掌握和应用最多的。互联网应用的普及和相关技术设备的完善，尤其是网络新媒体对传统媒体的冲击，进一步促进了传统媒体的新闻从业者开始利用大量的电子出版物、在线信息和各类数据库作为信息资源，这样做不仅充实了新闻内容，而且能够对报道涉及的事实加以核实、引证。有的媒体或采编人员甚至进入互联网上的"虚拟社区"，了解广大网民对某一问题和现象的意见、看法，还就某些问题与专家沟通交流，大大丰富了计算机辅助报道的内容和方式。

2. 计算机辅助报道对我国传媒业的影响

在媒体里，一线采编人员最先感受到新事物的冲击。在《新闻记者的网络使用：〈人民日报〉、新华社、〈中国日报〉记者使用计算机和互联网的报告》中，作者把计算机辅助报道的作用归结为八个方面：

● 速度和时效。使用计算机或互联网可更快、更方便地获得并传递信息。

● 信息资源。网络、数据库或光盘是一个巨大的信息资源，记者可发掘这些资源写成新闻。

● 记者在网上采访，时间非常充裕，并且较少受时间、地点和经费的限制。

● 更充分地了解受众。记者可通过互联网了解大家正在关心什么问题，正在讨论什么问题，读者对各种新闻的反馈意见等，以确定记者报道的新

---

① 王波. 计算机辅助新闻学概论 [M]. 北京：新华出版社，2000：前言.

主题。

● 引用文献。互联网上有大量的文献可以查询，可方便地参考与引用。

● 新闻采访对象是某个领域的专家。通过互联网可以与这位专家直接联系。

● 了解新闻背景资料。当记者决定采访某一题材时，通过数据库等工具可以检索到关于这一题材的大量资料。

●（在征求图片提供者的同意后）下载图片以供报社采用。[①]

计算机、互联网推进了计算机辅助新闻在我国传媒业的发展，并对新闻媒体、新闻报道和新闻从业者产生了一定的影响。

第一，对新闻媒体的影响。互联网的发展打破了传统媒体对新闻信息的垄断，改变了受众接受新闻信息的习惯和方式，同时，也给传统媒体以挑战和机遇。如果传统媒体因循守旧、不思变革，将会被受众所抛弃；如果顺势而变，积极寻找坚守与变革的平衡点，传统媒体将会迎来新的天地。计算机辅助新闻有助于增加新闻产品的信息附加值，更准确地了解受众，帮助传统媒体更好地融入新媒体的特性，成为实现转型的辅助性因素，是传统媒体变革新闻生产方式的有力抓手。

第二，对新闻报道的影响。计算机辅助新闻扩大了新闻报道的广度和深度。互联网就其本质来说是一个大型的信息资料库，人们可以在网上发布、传递和获取信息。上网检索资料的记者，实际上拥有了一座流动的图书馆。[②] 新闻报道仅仅就事论事，会使受众觉得"不解渴"，要是报道从"点"延伸到"线"，扩展到"面"，这样做出来的新闻在视野、认知上才有深度和广度。也正是由于掌握了大量的信息资源，新闻从业者才能

---

① 卜卫，刘晓红．新闻记者的网络使用：《人民日报》、新华社、《中国日报》记者使用计算机和互联网的报告 ［J］．新闻与传播研究，1998（3）：42.

② 李希光．网络记者 ［M］．北京：中国三峡出版社，2000：101.

从中筛选出独特的报道选题，扩大报道思路，寻找到更好的报道角度。

第三，对新闻从业者的影响。在信息时代，计算机和互联网对于新闻报道至关重要，它们"使记者看得更远、听得更清、想得更深、写得更快"①。信息分布在不同的时空，新闻从业者掌握信源就需要花费一定的时间和空间。而互联网则脱离了传统意义上的时空概念，使得信源变得相对易于获取。通过互联网掌握更多的信源，也就意味着生产出更大量的新闻作品。掌握计算机辅助新闻报道的采编人员，可以更好地搜索信源，发现事实。当然，毕竟互联网上的信息鱼龙混杂，需要新闻从业者有较高的辨别力，同时，新闻从业者不能完全依赖网络资源，对实地采访的意义要有明确的认识。

计算机辅助报道加速了新闻实践的速度，延展了新闻实践的视野，简化了新闻实践的程序，扩大了新闻实践的范围。计算机辅助报道是应精确新闻对于获取、分析数据的需要出现的，它仍然需要运用社会科学的研究方法，借助数据库分析、在线搜索与交流等手段，来生产出优质的新闻产品。较高的新闻素养和技术素养是发挥计算机辅助报道优势的前提。另外，从纷繁复杂的网络信息中快速检索到可用的数据，需要新闻从业者具有相应的洞察力和分析力。所以，我们要辩证地看待计算机辅助新闻报道，它在推进新闻报道的同时，也对报道者的素质提出了更高的要求。

---

① 王波. 计算机辅助新闻学概论［M］. 北京：新华出版社，2000：7.

第二章 大数据技术与新闻传媒业

大数据技术影响了新闻传媒业的发展,改变了传统的新闻生产理念,推动了媒介融合的发展和传媒机制的变革。大数据技术应用于新闻生产与销售的各个环节,不仅促进了新闻信息的采集、编辑的创新,而且有助于突破传统赢利模式的束缚,为探索适合我国传媒业发展的多元赢利模式提供了契机。

第一节 大数据技术对传媒业的影响

罗马城不是一日就建成的,数据新闻也不是突然出现的。它和大数据技术的发展、当前传媒业的转型密切相关,可以说,数据新闻是大数据时代新闻传媒业在完善自我、变革发展过程中的一个环节、一个阶段。数据新闻是传媒业发展的产物,反过来,也影响着传媒业的发展。

一、大数据技术对传播环境的影响

大数据技术是信息技术的综合,具体说包括了数据的采集、存储、计算、分析和呈现等5个技术环节。这些技术在给各行各业带来巨大变革和深刻影响的同时,也波及新闻传媒业。大数据技术对传媒业的影响是全方位的,不仅涵盖了传播主体、传播内容、传播渠道,甚至传播策略等,更影响到了媒体所处的政治、经济环境。新闻传播活动不是孤立的,是社会系统运转中的有机组成部分,它的开展离不开一定的传播环境,即大众传播活动赖以进行的社会环境和社会条件，包括一个国家或地区的传播制度、传播事业的经营管理方式、传播媒介的发展水平等各项内容。①

大数据技术一方面有助于海量数据的收集与分析，通过实时传播或预测性报道，给公众的生活、工作带来便利；而从另外一个角度看，大数据的分析、挖掘技术使得信息传播的轨迹、传播路径清晰可见，大大提升了信息传播管理的精准度和效率。同时，不知不觉中，信息传播者处于一种随时被"捕捉"、被"分析"的境况，在某种程度上，真实表达观点的成本被无形中拉高了，网络用户所产生的某些数据（UGC）作为再传播的内容时，其可信度将受到质疑。

大数据技术的商业价值毋庸置疑，对传媒业而言，通过分析来自受众接收信息的各类行为，实现精准的受众定位，将利于提高传播效果的针对性。但是，传播内容的决策也不能完全依赖受众的收受数据，为"数据决定论"所左右。正如范长江在新闻定义中所阐述的，新闻就是广大群众欲知、应知而未知的重要事实。"应知"表明的就是传播者的主观意愿，体现了传播者对传播主动权的把控，帮助受众获取应知的信息也是专业媒体的职责所在。

数据也是资源。如今的大数据是控制在政府和大企业手中，昔日的政治寡头、金融寡头即是今日的数据寡头。经济发达国家往往也是科技发达国家，也是在数据的获取、挖掘等方面占据优势的国家，这些国家能够享受因大数据而带来的便捷与利益。"谁控制了信息资源，控制了互联网络，谁就将控制整个的世界"，未来学家阿尔文·托夫勒这句话所映射出的就是一种数据霸权，而事实说明，数据鸿沟在发达国家和发展中国家之间日渐显现。随着大数据时代的到来，掌握数据的体量，应用数据的能力，也成为衡量一个国家软实力的重要指标。大数据技术应用的程度和机会不平等，

---

① 刘建明. 宣传舆论学大辞典［M］. 北京：经济日报出版社，1993：306.

势必因数据鸿沟的存在造成不同国家新闻传播的不平衡，国际传播格局中的"马太效应"将在大数据领域重演。

大数据时代的社会生产大数据、消费大数据。生产大数据的主体由传统媒体让位于社会化媒体，社会化媒体成为获取数据的主要渠道。同时，零散的、非关联的、非结构化的数据信息急剧增多，使得加工、分析非结构化数据成为大数据平台建设的关键。大数据技术有助于在碎片化信息中提炼、整合出更为深刻的内容，进而帮助我们更为全面、清晰地认识社会运行规律。

二、大数据技术改变传统的新闻生产理念

1. 专业媒体垄断新闻生产的局面被打破

传统的新闻信息生产过程是由专业机构新闻媒体来独立完成的，专业的记者负责信息的采集，编辑负责信息的加工和发布。普通受众处于信息的接收端，无法参与信息的生产过程。在社会系统中，政治因素和经济因素无时无处不影响着新闻信息的生产与传播。实际上，新闻报道并不一定是真正中立的，因为提供报道的从业者有基本生存的需求，依赖于"国家"力量，置身于机构权力之下，受制于所属组织的约束，在这种背景下，新闻生产自然也就成了一种自觉不自觉偏向于权力的倾向性生产。[1] 尽管专业媒体在新闻生产中受到诸多制约，但新闻产品的制作权和最终的发布权依然为专业媒体所掌控。如今，依托于互联网的社会化媒体迅猛崛起，开始瓦解专业媒体对新闻信息的垄断。专业媒体所生产的新闻信息日益式微，逐渐淹没在互联网上生成的海量数据之中，其社会影响力也不断消退。与此同时，一些商业公司凭借所掌握的大数据技术，开始介入新闻信息的传播领域，不仅利用大数据

---

[1]　苏林森，马慧娟，张东岳. 大数据对新闻生产的影响［J］. 科研信息化技术与应用，2014（5）：13.

挖掘来分析受众行为，实现受众的精准定位和信息的个性化推送，甚至在探索新闻生产的自动化。政府部门、社会组织、商业机构等的信息发布借助大数据的浪潮，充分利用大数据技术，不断完善自身的信息传播能力，使其在与专业媒体的信息传播博弈中日益成长、壮大。

2. 重塑新闻专业主义的理念

在"人人都有麦克风"、众声喧哗的社会化媒体盛行的时代，专业媒体的权威性遇到了挑战，尤其是虚假信息、网络谣言危害了新闻专业主义在信息传播中的实践。互联网思维和大数据技术催生出来的数据新闻，为专业媒体带来了新的发展模式，同时也振奋了新闻专业主义的理念。

第一，增强了新闻的真实、客观性，使新闻更可信。围绕着新闻真实性，理论界先后出现了几组相关的概念，如现象真实与本质真实、事实真实与总体真实、微观真实与宏观真实、真相真实与假象真实等。[1] 在大数据时代，这些新闻真实的纠结将不复存在，对事实素材的采集将通过专业的数据公司或者调研机构来完成，所获取的是大样本量，甚至是全样本，在内容挖掘上应用专业的数据分析软件，全量化的分析和呈现解读，为受众提供了相对真实、可信的信息支持，真正实现了全面、客观地报道新闻，所以说，直接用数据说话，增强了新闻报道的理性成分。

第二，凸显了专业媒体在新闻传播中的主导权。公民新闻和社会化媒体的风行，分散和弱化了专业媒体在新闻信息传播中的引领作用，一定程度上解构了新闻专业主义的理念，甚至某些时候还使得新闻行业的专业水平受到质疑。相对而言，专业媒体更具备获取来自政府部门、商业机构数据的资格和能力，也更容易实现与数据专业组织的合作，这就赋予了专业媒体挖掘数据、发布新闻、引导舆论的主导权。而个人，即使掌握了一定

---

① 郑保卫，樊亚平，卢佩．新时期我国新闻真实研究述评［J］．今传媒（学术版），2008 (1)：26.

的数据技术，也很难完成对大体量数据的收集和分析。因此，大数据技术在一定程度上消解了公民新闻、社会化媒体对专业媒体的冲击。

3. 扩充了新闻价值标准的范围

新闻价值指的是事实所具有的、能够引起受众普遍关注的素质（要素），是新闻传播主体衡量、选择新闻事实的依据。新闻价值的五要素，即时新性、重要性、显著性、接近性、趣味性，在中外新闻界得到普遍认同。

大数据不仅体量巨大，而且结构复杂，具有"4V"特征，即 volume（数量巨大）、velocity（处理速度快）、variety（类型多样）、value（价值密度低）。正是这"4V"特征促使数据新闻得以实现新闻价值的增值、扩充新闻价值标准的范围。

第一，大数据的全时性和预测性拓展了新闻价值的时新性。新闻的采集、发布与事实发生之间的时距越短，新闻价值就越大。大数据具有实时数据处理、实时结果导向的特征，它的"快"分两个层面：一是数据产生得快，二是数据处理得快。从大数据技术的发展趋势来看，越来越多的数据挖掘趋于前端化，即提前感知预测并直接提供服务对象所需要的个性化服务。[①] 大数据技术可以"全时"地获取、处理和呈现数据，实施样本的动态跟踪、分析跟进，使得报道素材可以做到实时更新，使新闻可以在最短的时间内得到全方位的呈现，最大化地实现新闻的时新性。

第二，大体量、全样本数据宏观呈现事件的影响力和重要性。传统新闻生产追求的是一种"以小见大""见微知著"的境界，个人经验、新闻敏感则是实现这一境界的前提。另外，事件所具有的政治因素，引发的关注度和影响力，成为体现重要性的关键。在大数据时代，巨量数据、多样化数据经过分析、挖掘，更接近于事实情况的原貌，更易于从时间、空间两个维度真实地还原事件，

---

① 任毅，费明明，赵晓欢，等. 大数据在高等教育信息化改革中的创新应用 [J]. 中国成人教育，2016（14）：38.

借助社会化媒体的高传播效力，使新闻价值的重要性得以进一步强调。

第三，对相关关系的揭示，强化了新闻与受众之间的关联度。新闻的接近性所反映的是事实同受众之间在地理上、心理上或利益上、情感上的"关联"状态。关联度越强，越易于引起受众的关注，新闻价值也就越大。目前看，数据新闻的选题大多涉及公共事务，专业媒体通过数据挖掘、可视化呈现，帮助受众从宏观层面来理解新闻事件与个人之间的关联，尤其是应用大数据技术来分析受众对数据信息的需求，使新闻信息的生产与传播更加符合受众的个性化需求，从而最大限度地实现了新闻价值的接近性。

第四，海量数据丰富了显著性标准的内涵。传统新闻生产中的显著性指的是新闻事实所包含的人物、地点等要素非同寻常、引人瞩目，或者和受众利害相关，其发生、发展或结局都会引起受众的关注。这是由于信源主要由政府部门、社会精英把控，信息采集路线在比较固定的环境中树立的显著性标准。而在大数据时代，数据资源极大丰富，信息源增多，新闻传播出现了去中心化，加上受众的个性化需求增多，新闻价值显著性的标准很难得到统一，对显著性的评判更多地融入了受众的个人化因素。

第五，独特的选题和呈现方式，提升了新闻的趣味性。新闻价值的趣味性主要体现在使受众普遍感兴趣的有趣味的新闻事实本身和生动形象、引人入胜的表达方式。数据新闻通过对海量数据的挖掘、分析来发现独特的报道选题，实现个体故事与宏观视野的交融，激发受众的阅读兴趣，并在社会动态发展中不断更新内容，保持故事与受众间的黏合度。可视化的呈现手法赋予了新闻传播新的生机。数据可视化的技术，可以通过图像在逻辑思维的基础上进一步激发人的形象思维和空间想象能力，吸引、帮助用户洞察数据之间隐藏的关系和规律。①

---

① 涂子沛．大数据：正在到来的数据革命，以及它如何改变政府、商业与我们的生活（3.0升级版）［M］．桂林：广西师范大学出版社，2015：102.

数据新闻的存在意义就在于让人们更为简单地理解数据及数据背后的深层价值。在数据新闻实践中，能否揭示出重要的现象或问题，从单个事件凸显全局的重要性，能否将复杂的事件简单化，帮助受众理解问题，能否提升与受众的接近性，帮助受众认识到整体事件与个体故事间的相关性，正在成为衡量数据新闻的价值标准。

尽管传统的新闻价值不再是"唯一"标准，但并不意味着这些新闻价值被数据新闻彻底颠覆，这种改变只是转移性和兼容性的。在数据新闻的生产过程中，新闻从业者还在使用原有的新闻价值标准，只是对于不同类型的数据新闻，对传统新闻价值标准的应用程度不同而已。根据传播环境的变化，选择适合于大数据时代的新闻价值标准，才能使数据新闻具有更持久的使用价值和阅读价值。

三、大数据技术推动媒介融合的发展

大数据加速了社会变革，成为产业转型的助推器。媒介融合则是当今传媒领域一场重大而深刻的变革。传统媒体和新兴媒体可能不是简单的此消彼长的关系，而是在一定条件下，比如在融合发展的条件下形成此长彼长的态势。传统媒体和新兴媒体的关系，大体经历了三个阶段：一是传统媒体建设新兴媒体，二是传统媒体和新兴媒体互动发展，三是传统媒体和新兴媒体融合发展。现在正进入第三个阶段。① 大数据技术把如火如荼的媒介融合推向了纵深发展。

1. 构建新型数据库，夯实信息资源基础

大数据技术是当今最具代表性的新技术，其发展和运用深刻影响着我们的工作和生活，同时，也为传媒业的发展开辟了广阔空间。在媒体转型的过程中，重视和运用好大数据技术，有助于优化内容生产，拓展传播渠

---

① 刘奇葆．加快推动传统媒体和新兴媒体融合发展［N］．人民日报，2014-04-23．

道。经过多年的发展，新闻媒体积累了丰富的数据资源，利用大数据、云存储、云计算等新技术，对音视频、文本、图片等非结构化数据实施分类，逐步使原本不能兼容的形态走向融合。因此，建设和完善专业化、规模化、现代化的新型数据库，有助于夯实融合发展的信息资源基础。传媒集团中不同介质的媒体，根据自身的定位，可以从新型数据库中检索所需要的数据信息，充分挖掘大数据背后潜藏的新闻价值，在提高新闻生产效率的基础上，为受众提供高质量的新闻产品和信息服务。

2. 构建数据共享平台，推进传播渠道融合

在开放的数据共享平台上，专业媒体、个人、组织机构等可以自由地上传、下载信息，从而有助于新闻传媒获取所需要的数据信息，发现新闻线索或报道选题，大大降低新闻生产成本。2009 年美国政府建设的开放性数据网站 Data. gov 涵盖了金融、医疗等 50 余种数据，免费为用户提供下载服务。英国《卫报》也向公众开放数据库的链接和搜索，包括统计数据、世界各国政府数据库等，这些公开的数据来自政府机构、非政府组织、研究机构、院校等。[①] 在开放的数据共享平台上，不同媒体可以根据受众与功能定位和传播符号的特点，以及自己的新闻价值判断，经过数据挖掘、内容整合与可视化呈现，把精心制作的、各式各样的新闻信息产品从不同的传播渠道输送给目标受众。随着社会化媒体的兴起以及三网融合的实施，移动传播、互动传播与多屏传播已经成为新常态。大数据技术将来自不同领域、行业、不同组织机构的数据相互融合，为传播渠道的拓展与融合创造了条件。

在大数据时代，无论是新闻传播的生产方式、呈现方式还是传播渠道，媒介的融合变得更为显著。大数据技术助力新闻传媒，实现了视听文本和文字图片的交互，多种传播渠道之间的边界在逐渐消解和模糊，优质内容得以更广泛地传播，实现最佳传播效果。

---

① 郑若琪. 英国《卫报》：以开放式新闻构建数字化商业模式 [J]. 南方电视学刊, 2012 (3)：113.

四、大数据技术促进传媒机制的变革

在大数据时代，媒体转型和发展需要结合自身特色，寻找一种符合传播规律、符合自身实际的生产机制，对媒体而言，这既是机遇也是挑战。

1. 数据新闻团队与专业部门互动融合

一件成功的数据新闻作品不仅需要制作团队拥有高端的数据获取和分析技术，也需要有关部门在数据开发以及数据可视化中密切配合，齐心协力完成工作。也就是说，媒体要想高效运行，内部机制起着重要作用。

从新闻生产层面来看，各种新闻业务部门的运营方式日渐趋同，各个部门整合其功能，不同领域的协作也日益频繁。为了适应数据新闻的生产与传播，传媒集团在组织机构运营上一般采用两种方式：

一是组建独立的数据新闻团队。此举往往是实力雄厚、人才济济的传媒集团方可为之。在媒介融合的环境中，媒体内部大致划分为内容制作部门、渠道传播部门、产品营销部门，数据新闻团队只是内容制作部门的一部分。只有在三个部门的通力合作下，高品质的数据新闻产品才能最终完成多平台发布、多网络分发。数据新闻团队的人才构成不仅要有传统媒体的记者、编辑，还要有程序员、数据分析师等，他们主要负责获取数据、分析数据以及可视化，并且要和记者、编辑深度沟通，只有这样，才能保证数据在经过专业视角的"审视"之后，被制作成新闻产品。另外，数据新闻产品的生产不仅需要团队内采编人员和专门技术人员的合作，而且在后期的发布、维护与更新等环节，也需要不同部门的协调合作。这种独立的数据新闻团队较为固定，如澎湃的数据新闻团队、《纽约时报》的互动新闻技术部（Interactive News Technologies Department）、BBC 的数据新闻团队等。

二是实行项目制，通过立项的方式，临时组建柔性小组来完成数据新闻报道。这种团队可以分为长期的临时团队和短期的临时团队。长期团队是指在相关部门内部固定一人，平时从事本部门的工作，一旦需要即可迅速组队，

在实施数据新闻项目期间可以脱离本部门的日常工作，待项目完成后再归队；短期团队则不指定人选，自愿报名，实施数据新闻项目的同时也要兼顾本部门的工作。国内某些传统媒体在制作数据新闻时，采取的就是项目制，即以新闻编辑部门为主导，负责选题的确定，而数据获取、分析及可视化等工作则联系数据技术部门的工作人员共同完成。两个部门在报道上产生合作关系。"项目制"比较机动灵活，有利于实现各部门资源的整合与共享。

《纽约时报》新闻采编架构的变化见证了信息时代采编部门和技术部门之间从加强联系到互动融合的过程。2007年8月，《纽约时报》的皮霍福尔（Pilhofer，后来是互动新闻技术部的负责人）和图片团队的主管马特·埃里克森（Matt Ericson）提议组建一个记者加程序员的团队，以便探索线上新闻的未来。皮霍福尔的第一个项目和美式橄榄球有关，即进行一些数据分析，把参与球队的数据全都列出来。但是，他的团队很难找到一个理想的成员：既有新闻素养，又有编程经验。随着时间推移，情况大大改观。在2012年，《纽约时报》做了超过60个互动信息图，每一张都少不了在底层做支撑的数据，并用读者更加容易理解的方式解读出来。[①] 2013年11月，《纽约时报》决定在华盛顿特区开设数据新闻团队，作为连接数据和调查性报道的纽带，在挖掘、分析大数据的基础上，对经济、政治、教育、体育等领域的新闻事件做出深度解读。[②]

2. 新闻生产的跨界合作将成为常态

在数据新闻生产中，新闻媒体往往根据自身的人力资源情况采取不同的策略，有的要求记者编辑具备数据分析和编程能力，而有的则干脆把技术含量高的工作环节外包给软件公司。毕竟以新闻传播为主要专业背景的新闻从

---

① 徐涛.《纽约时报》实验：数字版单行本齐上阵 [EB/OL]. (2013 - 01 - 25) [2017 - 05 - 15]. http：//www. yicai. com/news/2450355. html.

② Haughney C. Times Announces Changes in Washington [EB/OL]. (2013 - 11 - 21) [2017 - 05 - 15]. http：//www. nytimes. com/2013/11/21/business/media/times-announces-changes-in-washington-bureau. html？ _ r=0.

业人员，在大数据技术方面是短板，很难单独完成一个数据新闻项目，需要
考虑与平面设计师、电脑程序员、产品经理、数据分析师等合作。因此，让
新闻从业者走出新闻编辑室，到专业的网络平台和大数据技术公司寻找援助，
是非常必要的。比如中央电视台自 2014 年初和百度联合制作播出了《据说春
运》之后，又先后出品了《数说两会》《数说命运共同体》等数据新闻节目。
在数据源上，央视不仅与百度、亿赞普合作，还应用新浪、360、腾讯等多家
互联网公司的数据，以及我国不同政府部门的统计数据或分析报告。其中以
百度为代表的互联网公司和以亿赞普为代表的数据调查公司是央视的主要数
据来源，无论是在用户数量还是在数据存储、分析技术上，这些公司都有着
得天独厚的优势。央视的跨界合作获得了较好的传播效果。这种外包模式不
仅应用于数据采集、数据挖掘和数据可视化环节，甚至整个数据新闻的生产
流程都可以采用。汤森路透的一些大型数据新闻项目采用的就是外包模式来
完成的。ProPublica 成立 6 年来，为了高效率地完成数据新闻报道，大约和
111 家公司、机构建立了合作伙伴关系。

　　此外，在大数据时代到来之前，就涌现出了一些网络技术交流平台，
比如创办于 2009 年的 Hacks/Hackers 是跨国的、有着超过 50 个分部、上
万个会员的草根组织，其目的是为记者、程序员、设计师搭建一个跨领域
的交流平台，帮助记者利用技术去发掘和讲述故事，而程序员和设计师则
可以探索怎样利用技术去过滤信息、可视化故事以及传播想法。①

　　在大数据技术运用方面，新闻媒体在技术、人才以及硬件上都非常有
限，打破常规，尝试多层面合作是明智之举。除了对传媒内部的生产机制
进行调整与变革之外，还要注重与新兴媒体的进一步融合，充分利用不同
领域所产生的数据资源，深度分析所获得的数据线索，借助媒介融合，实

---

　　① 马金馨. Hacks/Hackers，媒体与技术混搭的嘉年华［EB/OL］.（2014 - 05 - 01）［2017 -
05 - 15］. http：//djchina. org/2014/05/01/hackshackers-china/.

现跨界合作，取长补短，实现双赢。

第二节　大数据技术对新闻业务变革的影响

　　大数据技术是建立在 Web2.0 背景下，以数据挖掘为基础，对海量数据进行处理、分析、分享的技术。从新闻报道的角度看，大数据技术涵盖了采集、分析、整合与呈现新闻信息的一系列实务技术，它对新闻生产及传播的各环节都将产生影响。

一、大数据技术对新闻信息采集的促进

　　新闻采访（news gathering）是新闻工作者为搜集新闻素材进行的活动，是整个新闻报道活动的最初阶段，是新闻工作者的主要工作内容和业务素质的综合展现，是新闻写作的基础、前提和保证。[①] 随着新闻传播业和传播技术的发展，采访的形式逐渐由传统的访问、座谈会、蹲点、电话采访，发展到在线采访以及访问数据库等。

　　1. 大数据技术有助于发现新闻线索、延续新闻热点

　　新闻线索（news clue）指的是新近发生的事实的简要信息或信号。它不同于完整的新闻事实，如同冰山一角，它仅仅是事物全貌、事件过程中的一个片断，因此，新闻线索不能直接拿来构成新闻报道，但是，它可以给记者明确获取信息的方向和范围。线索越多，越有利于制定获取信息的方案。新闻工作者凭借自己的新闻素质和新闻敏感，准确鉴别出有价值的新闻线索，放弃那些没有价值或价值不大的线索。发现新闻线索是一个思维过程、认识过程和行为过程，发现新闻线索就是在对事物发展规律的认识中发现新变动、新属性和新形态。

　　从数据库中发现可供报道的线索由来已久。美国芝加哥地区的帕多克

---

　　① 童兵，陈绚．新闻传播学大辞典［M］．北京：中国大百科全书出版社，2014：296.

报团各报纸想知道因酒后驾驶而被捕的人的遭遇时，记者将 1 500 名被捕的醉酒驾驶者和他们遭受的处罚输入计算机后发现：多于 2/3 的被捕者被免予定罪，仅 1/15 的人入狱或遭重金罚款。《亚特兰大宪法报》使用地方银行的记录揭露了购房贷款中的种族歧视现象，该报道获得了普利策奖。①

　　长期以来，我们获取新闻线索时所倚重的是"新闻鼻"和"新闻眼"等，如今大数据技术所揭示的事物发展规律和事实，对记者依靠自身工作经验获得的感性认识和判断力给予了补充和完善，使得新闻线索的发现更为高效、准确。我国传媒界每年必做的"春运报道"往年采用的是组合报道方式，把记者分派到机场、车站、高速公路等地去实地采访，辅以滚滚人流和拥堵的画面，夹杂着一幕幕感人的故事，来诠释每年一度的人口大迁移。2014 年 1 月，央视综合频道《晚间新闻》与百度合作，推出《据说春运》（如图 2 - 1 所示），启用百度地图定位功能，对大数据进行可视化处理，直观形象地向观众展示了全国春运迁徙的情况，不仅准确地反映出人流的方向，并结合相关调查挖掘出诸如"逆向迁徙"等新现象。与传统新闻相比，这种建立在大数据基础上的新闻报道更全面、更可信、更直观。

图 2 - 1　2014 年央视将数据可视化技术用于《据说春运》的制作

---

① 门彻. 新闻报道与写作［M］. 展江，主译. 北京：华夏出版社，2003：349.

在新闻报道中，无论是在选题策划阶段，还是在报道方案实施阶段，搜集来自各方的信息、舆情，不仅有利于选题决策，而且可以获取持续的新闻信息资源，使新闻报道不断延伸下去。2012年2月，美国史蒂文斯·帕斯滑雪场16名滑雪者遭遇了雪崩。事故在推特（Twitter）和脸书（Facebook）上迅速发酵，关于救援进度、天气状况、遇难者和生还者名单、雪崩的科学知识等，被迅速转发、评论和分享。[①]《纽约时报》制作团队采用大数据技术，通过数据挖掘工具，搜索热点话题和关键词，从大数据分析中把握了受众的关注点和知识盲点，随后策划、制作了新闻报道《雪崩》（Snow Fall，如图2-2所示）。多媒体元素以及大数据技术的运用使得该报道如虎添翼，《纽约时报》由此斩获了2013年的普利策新闻奖。

图2-2 《纽约时报》网站《雪崩》中的动态图表

2. 大体量数据的采集促使新闻更接近真实

真实与真相是新闻行业追求的目标和准则，但是，由于信息采集的不

---

① 陈力丹，向笑楚，穆雨薇. 普利策奖获奖作品《雪崩》为什么引起新闻界震动 [J]. 新闻爱好者，2014（6）：44.

完全性，限制了报道者制作和传播新闻信息的完整性、客观性，造成了"有限的新闻窗"，进而影响了受众对世界的认知。之所以会出现这样的结果，原因有三：第一，由于信息采集技术的限制，媒体难以在短时间内采集到更多的信息、获取更多的线索，在样本量不足的情况下，只能依靠典型个案来说明问题，难免存在以偏概全的风险。第二，很多事物都是在不断变化中的，处于一种持续的动态发展过程中，报道者所能够获取的仅仅是事物发展中某一环节的只言片语，属于碎片化的信息，很难梳理出事物发展的脉络，分析出事物发展的本质规律等。第三，报道者（信息采集者）的视野有限，加上工作经验不足等主观因素，势必影响对新闻素材的价值判断和对新闻事物的观察、分析。以上因素导致媒体很难为我们呈现一个完全客观、真实的现实。正如美国传播学者李普曼所认为的，传媒向人们展示的是一个重新结构化的环境，即拟态环境。

大数据时代的到来增加了新闻信息的来源，大数据技术帮助媒体和记者采集到更广泛的数据信息，其结果不仅仅是扩大了报道素材的范围，更重要的是，这些数据信息经过有效的挖掘、分析，弥补了传统新闻采集方式和宏观描述等方面的不足，使得新闻报道更接近于事物的真实原貌。

2015年10月3日至9日，央视新闻频道在《新闻联播》《朝闻天下》《新闻30分》《新闻直播间》等多个栏目推出了大型数据新闻节目《数说命运共同体》（如图2-3所示）。该节目由央视新闻中心跨行业、跨领域整合多方信息源，依托国家"一带一路"数据中心、国家统计局、海关总署、世界银行、世界贸易组织的权威数据库，动用两台超级计算机，历时6个月完成，通过讲述贸易、投资、中国制造、基础设施、饮食文化、人员往来等，呈现出"一带一路"沿线国家"命运共同体"图景。据了解，这个节目挖掘数据超过1亿GB，仅为计算"全球30万艘大型货船轨迹"，分析比对的航运数据GPS路径就超过120亿行。该节目使用了国际上最先进的数据可视化技术，创造了数个"首次"：首次使用卫星定位跟踪系统数据，通过大量 GPS 移动轨迹提升数据新闻的视觉表达效果；首次使用数据库对接可视化工具，使节目通过真实数据轨迹全景呈现；首次准确、客观描摹出"一带一路"沿线主要国家的重要数据分布情况。[①]

图 2-3　央视在《数说命运共同体》节目中的可视化作品

　　借助大数据，我们可以获取关于报道客体的纵向与横向的信息，并且在信息类型上实现多元化，即获取报道客体的图片、声音、关系、空间位置乃至情感等多维信息，通过大数据的分析技术，对人、事、物有更加全面、深入、客观的认识，为深度揭示事物的发展规律、预测事物的发展趋势打下良好基础。从理论上讲，大数据新闻有助于缩短现实环境和拟态环境之间的差距，使人们对社会的认知更接近于社会的真实状态。

二、大数据技术拓展了新闻报道的角度和范围

　　传统的新闻产品采制一般开始于选题决策，还要经过记者的稿件初步

---

① 张薇. 央视推出大型数据新闻节目《数说命运共同体》[N]. 光明日报，2015-10-05.

生产和编辑的后期整合。大数据技术应用于新闻实践，对稿件内容的处理（包括报道角度、报道范围等的确定）带来了新变化。

1. 拓宽新闻报道的角度

角度也称视点、观察点。新闻角度（news perspective）是新闻报道的着眼点和侧重点，也即记者在明确报道思想和识别新闻价值的基础上，精心选择一个最能反映新闻主题的侧面作为报道的切入口，从而完成报道。①

报道者在采集完新闻素材之后，总是要进行分析、比较，找准最佳角度，选择最适合的材料，运用最恰当的表现手法来向受众传达新闻信息的。就一篇新闻报道而言，如果说主旨是其灵魂，内容是其躯体，那么，角度就是新闻的"窗口"。同一个主题，可以从不同角度，写出各具特色的新闻作品，"横看成岭侧成峰，远近高低各不同"说的就是这种情况。选择新闻角度不仅是报道者挖掘新闻价值的途径，也是受众认识新闻价值的渠道，更是影响新闻报道成功与否的重要因素。

丰富的新闻素材以及对这些素材的深入分析，是选择好新闻角度的前提。每个事物都有正面、反面、侧面、里面、外面等多个角度，在这些角度中，有的能够反映出事物的本质和发展规律，有的则不能；有的角度很明显，显而易见，有的则非常隐晦，隐藏在事物的深处，难以发现。想要找到新颖脱俗的角度，就需要报道者全方位地采集信息，掌握来自不同方面的新闻素材，并进行对比、分析。选择新闻角度不仅需要报道者从大量素材中提炼要点，更要在众多同类题材中另辟蹊径，在分散的题材中聚焦主题。采用传统方法寻找新闻角度费时费力，而大数据技术的运用使得新闻角度的提炼更为高效和简捷。

2015 年 12 月 7 日，北京首次发布雾霾红色预警。加上此前的 11 月 30 日，北京迎来"史上最大雾霾"，官方公布的细颗粒物（PM2.5）数据高达 945 微克/立方米，网友实测的 PM2.5 浓度局部地区超过 2 000，已逼近

---

① 童兵，陈绚. 新闻传播学大辞典 [M]. 北京：中国大百科全书出版社，2014：304.

1952 年导致 1.2 万人死亡的伦敦烟雾事件中的数值。大家都知道雾霾会影
响生活，但雾霾到底如何影响了我们的衣食住行，很难有人说得清。腾讯
新闻则用大数据技术，从衣食住行四个方面，以量化解读的方式向广大受
众说明"史上最大雾霾"对北京的影响。作品（如图 2-4 所示）从人们最
关注的话题切入，比较分析了北京空气质量监测指数与"滴滴出行""饿了
么""京东商城"等平台提供的数据，从出行、健康、饮食等方面给予相应
的数据解读，呈现了空气质量与出行方式、儿童患病率、口罩销量等指标
的关联度，帮助人们认识到被雾霾改变的生活。腾讯数据新闻团队运用数
据技术，在众多旧的、同类的题材中提取了新的角度，在数据的对比中澄
清了问题。

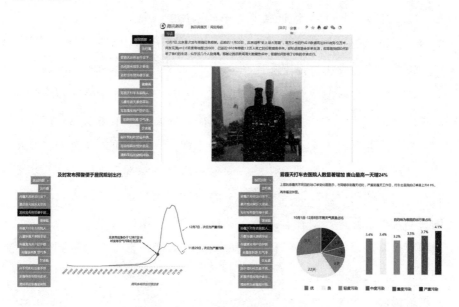

图 2-4　腾讯网在"史上最大雾霾"专题中应用数据技术拓宽报道角度

资料来源："史上最大雾霾"改变了什么［EB/OL］.（2015-12-09）［2017-5-15］.
http：//news. qq. com/cross/20151209/D73V333O. html.

2. 为预测性报道的发展带来新机遇

预测性报道是以现有材料和事实为依据，对可能发生的事实、可能出

现的问题和现象，以及一些事态的结局做出前瞻性的估量和分析，其关注点在于未来的事实。例如，美国记者埃德加·斯诺根据对中国革命运动和社会发展的认识，预测中国的革命运动将会是在遭受挫折之后，经历起伏跌宕，最终走向成功；20 世纪 50 年代初，在朝鲜战争期间，美联社记者约翰·M. 海托华依据有关信息，预测时任联合国军队总司令的麦克阿瑟将被解职。这些预测性报道都是记者在掌握一定的新闻线索、新闻信息的前提下做出的判断，但是，这些预测性报道在本质上依靠的是报道者的职业敏感、业务素养和长期积累的工作经验等。可以说，这种预测性报道是建立在预感和直觉基础上的，带有很强的不确定性，而不确定性难免影响预测的科学性，将降低预测性报道的准确率。

　　大数据技术从两个方面为预测性报道的发展提供了便利。一方面，大体量的数据扩大了预判所依赖的素材，媒体的预测不再是基于新闻事件的局部和片断，而是从更为全面、综合的视角来分析问题。数据来源的多样化和数据的实时更新，使得基于数据的新闻报道更接近于客观事实，加上动态数据的跟踪分析给予了预测性报道不断修正的机会，报道的一次性逐渐让位于过程性，大大增强了预测性报道的科学性和准确性。另一方面，人是新闻事件的主体，而人类的行为是随机的，都是小概率事件，是不可以预测的。[①] 但是，这种不可预测随着大数据技术的应用而有所改变。在盛行通过社交媒体进行信息交流的环境中，借助大数据技术深度分析和挖掘社交媒体用户的数据，可以发现其中的相关性或异常值，从而进行预测性报道。大数据预测是建立在分析相关关系的基础之上的，它比依靠直觉、预感的分析更加准确、更加客观。从目前大数据分析法的实践进程考察，包括谷歌公司对流感的预测、Farecast 公司对机票价格走势和增降幅度的预

---

　　① 巴拉巴西. 爆发：大数据时代预见未来的新思维［M］. 马慧，译. 北京：中国人民大学出版社，2012：推荐序.

测、沃尔玛公司对飓风期间人们的食物需求预测等等，它们都是基于大数据相关性分析所做出的概率预测，因而效用性很强。[①] 通过大数据技术的使用，新闻工作者将能够准确地做出预测，甚至有依据地写出第二天的新闻头条和报道。比如在财经领域，大数据技术使金融公司得以管理大量的数据，时刻监督市场运行，帮助新闻工作者在经济衰退大潮来临之前就可以捕捉到信号。在医疗卫生领域，通过大量数据工具，可以帮助新闻工作者预测一座城市是否会被传染性疾病或有病毒入侵，并据此做出新闻报道。在气象交通领域，新闻工作者可以利用从 Weather.com 获取的数据预测区域事件，及时调整旅行计划，预知交通堵塞的日期。[②]

2014 年世界杯期间，百度的数据新闻团队推出了"世界杯预测"专题，展示了大数据分析的预测结果，以 75％ 的准确率超过了微软和高盛（如图 2-5 所示）。在对世界杯赛事的预测中，百度从团队实力、主场优势、最近表现、世界杯整体表现和博彩公司的赔率等五个方面搜索数据，并利用计算模型对这些数据进行汇总和分析。为了让此次世界杯预测更加准确严谨，百度大数据研究院特别派遣了资深数据科学家团队，利用百度大数据全面搜索过去五年内全世界 987 支球队的 3.7 万场比赛数据，并与国内著名彩票网站乐彩网、欧洲必发指数独家数据供应商 Spdex 等公司建立数据战略合作伙伴关系，将博彩市场数据融入到预测模型中，构建了本次"世界杯预测"产品的足球赛事预测模型。这个模型共涉及 19 972 名球员和 1.12 亿条相关数据，所参考的数据包括百度搜索数据、球队基础数据、球员基础数据、赔率市场数据等。所分析的球队不仅包括 207 支国家队，还囊括了

---

① 陈雪奇，王昱力. 大数据改变新闻价值的三个维度 [J]. 新疆大学学报（哲学·人文社会科学版），2014（6）：114.

② 梅克特. 大数据应用触发预测性新闻 [EB/OL]. (2016 - 05 - 24) [2017 - 05 - 15]. http://www.thebigdata.cn/YingYongAnLi/29927.html.

欧洲、南美、亚洲等地联赛俱乐部及低级别球队信息。①

　　在大数据与信息过剩的风险社会，真正有价值的新闻应当是基于数据
分析得出的"预计明天将有暴风雨"式的对公众的忠告、指南、通知、预
警。② 尽管大数据技术为预测性报道的发展提供了机遇，但是，由于世界充
满着偶然性且复杂事物的发展总是具有内在的不可预测性，因此预测行为
注定会有失误。③ 所以，我们没有必要苛求预测性报道必须完全精准。预测
性报道的进一步完善，尚需要数学模型、数据挖掘、数据处理技术的进一
步提高与完善。

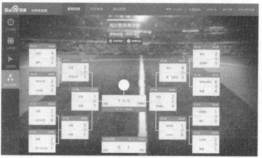

图 2 - 5　百度对 2014 年 "世界杯" 赛事的预测

　　① 洪文锋.14 场淘汰赛全中，百度 "神预测" 是怎么做到的？［N］.新快报，2014-07-11.
　　② Schudson M. A Spotlight, Not a Truth Machine［EB/OL］.（2013 - 12 - 16）［2017 - 05 - 15］.
http://www.niemanlab.org/2013/12/a-spotlight-not-a-truth-machine/.
　　③ 西格尔.大数据预测告诉你谁会点击、购买、死去或撒谎［M］.周昕，译.北京：中信出
版社，2014：序言.

三、大数据技术延伸了新闻编辑工作的职能

传统新闻编辑的职能主要体现在对新闻产品的总体设计和新闻报道的局部策划，对记者、受众提供的新闻素材进行再认识和再创作。从新闻传播的链条看，新闻编辑的工作职能主要集中在新闻生产阶段，属于新闻传播的前端。导致这种状况的原因主要在于传统的新闻生产是一个相对封闭的领域，信息反馈不顺畅，反映受众收受新闻行为的数据较难获取。大数据技术使得抓取、分析受众行为的数据成为可能，特别是具有交互功能的数据新闻产品，其本身就是一种数据"采集器"，可以实时收集受众意见，并且将它们马上转化为新闻内容的一部分，成为新闻延伸与深化的基础。^① 这就使原本停留在生产阶段的编辑功能得以延伸，开始关注新闻生产之后的新闻产品传播效果与受众意见的反馈。比如：哪种传播平台的传播效果更好？如何报道才能引发受众的推介兴趣，提高新闻的再传播率？此类新闻能否在官方微博和微信公号上获得较高的浏览率？回答这些问题，不仅要准确衡量新闻事实本身的价值和意义，更要把握新闻舆论的走向，特别是受众的反馈。

大数据技术提升了新闻编辑工作在整个新闻传播活动中的效率。在选题决策阶段，受众的关注点和关注度关联着受众的信息需求，建立于数据抓取和分析技术基础上的选题更具针对性；在新闻制作阶段，通过技术手段了解受众喜闻乐见的新闻类型、报道方式，实现新闻信息的定制化；在新闻传播阶段，通过收集、分析受众阅读的行为数据（点击率、浏览量），调整报道的节奏，掌握报道的走向，进而实现新闻的定制与推送。大数据时代的新闻编辑，不仅做生产还要做营销，不仅关注报道还要关注用户，新闻编辑的功能从把关、策划，延伸到新闻产品的推广，视野也从报纸版面、电视屏幕，拓展到了 PC 机或移动端的页面。

---

① 彭兰．"信息是美的"：大数据时代信息图表的价值及运用［J］．新闻记者，2013（6）：17.

"今日头条"是一款基于数据挖掘的推荐型新闻产品，通过 Hadoop、Spark 等大数据处理平台，利用算法为用户推送个性化的新闻内容。"今日头条"的内容主要来源有两个：一是全国主流媒体的新闻报道，二是广大网民参与发布的内容。前者应用了网络爬虫技术，遵循广度优先和深度优先的原则，抓取网络上的信息资源，有时通过设置关键词来提高信息搜集的针对性。后者依靠的是"头条号"平台，捕捉受众在网络上发布的内容（UGC），保障了内容的广度和受众的参与度。可以说，大数据技术极大丰富了"今日头条"的信息来源。在推送个性化信息之前，"今日头条"收集了大量关于受众阅读习惯的数据，并对这些数据进行分析、归类，在初步提供精准的、差异化内容之后，根据受众的反馈进行调整和修正，反复收集、分析受众的阅读数据，完善和丰富受众阅读数据库，实现个性化新闻的推送。"今日头条"的案例充分证明了大数据技术对新闻生产的影响，媒体编辑的职能不再是单纯的内容生产和加工，还要跟踪受众需求的变化和内容的动态展现，其功能得以延伸。

第三节　大数据技术对传媒赢利模式的影响

2012 年 12 月 20 日《纽约时报》推出了多媒体数据新闻产品《雪崩》，6 天之内就收获了 350 万次页面浏览，并且在次年获得了普利策新闻奖。《纽约时报》为此付出的代价是"耗时近 6 个月的制作和大约 25 万美元的成本"。为了收回成本，《纽约时报》将"雪崩"转制成电子书，一本卖 2.99 美元（如图 2-6 所示）。尽管网站前期超高的点击率和浏览量为纸质报纸和电子书的销售做了宣传和铺垫，但还是没有收回成本。数据新闻在争取受众上具有可视化和交互的优势，但是，面对不断变化的竞争格局，只有寻找到适合自己的赢利模式，才能避免昙花一现，才能走得更长远。

图 2 - 6　《纽约时报》在亚马逊网站上售卖的《雪崩》电子书

一、传统赢利模式将导致数据新闻生产处于困境

成本问题是每一个赢利组织都无法回避的问题。任何新闻报道的运行也都离不开资金、技术设备等保障系统，尤其是重大报道还需要相应的广告收入，用于支持那些需要耗费巨资的采访活动以及后期制作的成本投入。数据新闻作为新兴的新闻信息传播方式，尽管有其生产、传播的特殊性，但是，同样也要考虑自身的赢利模式问题。

众所周知，多年来新闻媒体的赢利模式是"二次售卖"，即新闻媒体先将新闻产品卖给受众，然后，再将受众的时间（或注意力）卖给广告商或广告主。在第一次售卖阶段，媒体把新闻信息提供给受众，满足受众对新闻信息的需求；在第二次售卖阶段，媒体将受众的注意力卖给了广告商。如果"二次售卖"的收入（广告收入）能有效补偿新闻生产的支出并获得盈余，那么新闻媒体就能正常经营，健康发展。不容乐观的是互联网的自由性和开放性培养了受众的免费阅读习惯，这种"免费为王"的惯性之大，使得新闻信息的稀缺性在互联网环境中往往被漠视。

数据新闻产品要想吸引受众的注意力，必须有"过硬"的东西，即

"稀缺信息""不可替代信息"，同时能够激发受众的阅读兴趣、满足受众的信息需求。数据新闻在传播上的优势除了与受众的交互外，就是它的可视化呈现方式，这些优势确实能够吸引住一部分受众，并让他们更久地停留在新闻报道上。如果循着这条思路，数据新闻的赢利模式就又回到了传统的"二次售卖"的老路上。因为吸附了受众较多的注意力，广告商自然也就愿意将广告放在这样的媒体上。目前，国内的数据新闻生产机构除了四大门户网站、百度、财新网和新华网的数据新闻部外，央视以及几家纸媒，通过收视率、网络流量的方式来为媒体创造价值，并没有从本质上改变传统的赢利模式。换句话说，大数据的特点和优势没有体现和发挥出来，数据新闻并没有给媒体带来新的赢利点。

数据新闻的生产流程涉及多个工种的相互协调（项目经理、新闻采编人员、数据分析师和程序员等），大数据技术要求贯穿整个生产过程，从数据的收集整理、分析挖掘到可视化呈现，投入的人力成本、时间成本以及所使用的其他资源都要高于普通的新闻报道。如果媒体继续把数据新闻产品作为传统新闻产品来"售卖"，依然期望通过让渡受众的注意力来换取广告商的"回报"，恐怕难以奏效。因为，数据新闻不是日常报道，其产出率比较低，缺乏对受众长时间的吸纳性。缺少了类似于"订阅读者"的用户，自然无法引起广告商的兴趣。单纯依靠媒体的传统赢利模式，极有可能把数据新闻生产推向危险的境地。

二、欧美数据新闻的多元赢利模式

赢利的前提是实现产品所包含的价值。数据新闻产品的价值主要表现在两个方面：一是显性的，即数据自身所具有的价值。媒体依靠技术设备、人才资源，通过数据挖掘，对原始数据进行"提纯"，对有价值的数据进行梳理，最后将数据间的关系、隐含的意义展示给受众。二是隐性的，由媒体赋予这些数据的价值。媒体承载着特殊的社会角色，尤其是主流媒体具有权威性、公信力等无形资产，由媒体播放的数据与数据供应商所提供的一般意义上的数据，貌似价值相等，但暗含着发布者的影响力因素。

为了实现数据新闻产品所蕴含的显性和隐性价值，国内外媒体在不断探索，遗憾的是，除了传统的靠流量来赢得广告费外，至今还未找到较成熟的赢利模式。但是，欧美媒体在探索中开始尝试一些其他的数据新闻赢利途径，期望能够开发出数据新闻应有的潜力，这些探索值得我们学习和借鉴。

1. 售卖数据集

2014 年，ProPublica 创造了一个在线的数据商店，该平台既是一种分享数据集的新方式，所获收益也有助于支撑数据生产的延续。ProPublica 的数据商店不仅提供基于信息自由（FOI）的免费数据集，还提供收费数据集（如图 2 - 7 所示）。对于新闻记者收取 200 美元，研究人员收取 2 000 美元。为个别项目提供的"溢价"数据一般都是 ProPublica 自己收集整理并且经过清理的数据集，里面包含了丰富的信息，可以为记者、研究人员节省几个月的工作时间。①

数据新闻离不开数据库和数据集，数据团队每次报道都要花费时间和精力去整理数据，随着报道的结束，使用过的数据集是否可以二次利用，如何实现资源的再次开发进而获取数据背后的收益是值得深思的问题。ProPublica 的实践给予我们启示，媒体可以充分处理好使用过的数据集，将其分类整理，建库保存，实时更新。数据集的价值开发实质上也是新闻产品链上下游产品的一种延伸，既可以为该媒体以后的同类报道提供数据支撑，也可以作为独立的产品实现其价值，为其他报道的运行提供资金支持。

---

① Bartlett R. ProPublica Opens Data Store with Free and "Premium" Data [EB/OL]. (2014 - 02 - 27) [2017 - 05 - 15]. https：//www.journalism.co.uk/news/propublica-opens-data-store-with-free-and-premium-data/s2/a555970/.

图 2 - 7　ProPublica 的数据商店

2. 提供数据库服务

新闻数据库服务（news database service）指的是通过各种方式有偿或无偿地汇集各种新闻机构播发的新闻，按一定格式分门别类地编制成数据，并储存于计算机的存储装置，构成新闻数据库，为用户服务。用户可在终端电脑上根据约定代码检索所需资料，通常需要支付使用费。①

2010 年 5 月，《卫报》推出了网络开放平台（Open Platform），为网络开发者提供一个 API 接口（应用程序编程接口），可将《卫报》的所有内容整合到其他网站和应用中②（如图 2 - 8 所示）。《卫报》向第三方授权免费开放的内容包括《卫报》1999 年以来数以百万计的文章、图片、视频和专栏评论，以及《卫报》获取的其他公共数据库信息。③ 同意合作的第三方免费获取内容的前提是在所用内容上链接《卫报》的广告，《卫报》作为平台提供商也可以借此获得更多流量和市场份额。《卫报》受限于定位的大众

---

①　童兵，陈绚. 新闻传播学大辞典［M］. 北京：中国大百科全书出版社，2014：421.

②　英国《卫报》推出 API 向第三方开放所有内容［EB/OL］.（2010 - 06 - 01）［2017 - 05 - 15］. http：//tech. qq. com/a/20100601/000382. htm.

③　Guardian Announces Commercial Launch of Open Platform［EB/OL］.（2010 - 05 - 20）［2017 - 05 - 15］. http：//www. guardian. co. uk/media/pda/2010/may/20/guardian-open-platform.

化，较难实现针对特定受众群的广告宣传，而《卫报》通过 API 接口的开放出售其新闻内容与数据库的使用权，同样的报道内容放在特定受众网站上，其捆绑的广告就更加具有针对性，可获得更高的广告利润。当然，《卫报》也允许第三方提供内容时放置自己的广告，但需要探讨利润分成。①

图 2-8　英国《卫报》的网络开放平台 Open Platform

2014 年，全世界出现了更多的数据图书馆（data libraries）。一些是第三方建立的，一些是记者合作建立的，另外一些则是新闻编辑室推动主导的。数据图书馆不仅有着海量数据，也有其他的形式，如视频、图表、照片等等。这些图书馆既有依靠用户付费来赢利的，也有开源的模式。②

3. 提供数据分析服务

巨量的数据与受众的有限时间、数据分析能力形成一对矛盾。此时此刻，数据新闻存在的价值就体现在利用数据科学、统计学来为受众解析原始数据，帮助人们易于获得有用信息，让人们在大数据时代生活得更轻松。

数据作为媒体的一种资源和资产，其重要性日益凸显。合并后的汤森路透成为全球最大的财经信息产品供应商，它以丰富的数据资源为依托，

① What Is the Open Platform［EB/OL］. ［2017 - 05 - 15］. http：//www. guardian. co. uk/open-platform/what-is-the-open-platform.

② Data-Driven Journalism Trends for 2014［EB/OL］. （2013 - 12 - 30）［2017 - 05 - 15］. https：//digitalamy. com/2013/12/30/data-driven-journalism-trends-for-2014/.

通过对大数据的深度加工，强化数据分析服务，提高了新闻信息的附加值。为整合资源，优化产品线，汤森路透推出了桌面产品 Eikon（如图 2 - 9 所示）。该软件整合了数十种数据、新闻、分析和交易工具，其基本数据库囊括了 106 个国家、166 个交易所几乎所有上市公司的历年财务数据、相关文件，以及千余家研究机构的研究报告与预测，可为用户提供一站式服务。汤森路透不断丰富 Eikon 的功能，为 3 万多家上市公司提供更直观的动态平均分析、社交媒体信息和最新的投资意愿分析，对新闻进行自动处理与系统分析，通过改进用户界面，实现了将处理后的海量非结构化数据通过多种图表形式进行可视化呈现。[1]

图 2 - 9　汤森路透的桌面产品 Eikon 为用户提供数据分析服务

实现数据分析靠的是技术人才和硬件建设，对于实力雄厚的大媒体而言，完成用于新闻报道的数据分析并非难事，但要生产完整的、独立的数据产品，并使之适用于某些行业，如金融、医疗、交通等，则需要吸纳优秀的专业人才参与数据的分析、挖掘环节。对于中小媒体来说，吸纳专业人才无异于增加生产成本，可以考虑借助多种免费的分析软件（如 SPSS、Open Refine、Rapid Miner 和 Google Fusion Tables 等）来完成数据的分析。

---

① 刘超. 数字化转型中的"大数据应用"：以汤森路透为例 [J]. 新闻与写作，2014（10）：40.

4. 开发数据新闻应用

数据新闻应用主要是用软件代替了文字和图片，通过小而简的游戏或者应用，激发用户在线参与，进而获得大量的、有意义的数据集，帮助用户加深对某些问题的认识。[①] BBC 网站的数据新闻团队与社会学家合作，制定了划分英国社会阶层的新标准，据此，数据新闻团队制作了"英国社会层级数字计算器"（Great British Class Calculator，如图 2 - 10 所示）这一互动式新闻应用。数据团队设计了 5 道简洁、科学的单选测试题，受众通过在线答题就可以获知自己属于哪类社会阶层，同时，该应用还可以根据受众的答题情况，给出答题者在经济资本、个人社会和文化资本等方面的数值。

图 2 - 10　BBC 网站的交互数据产品"英国社会层级数字计算器"

《纽约时报》网站在数据新闻栏目"The Upshot"中从实用性角度出发，大胆创新，为受众提供了一款名为"租房还是买房？"（如图 2 - 11 所示）的在线租房买房计算器互动工具。该应用着眼于房价，运用受众输入

---

① 申玲玲. 数据新闻生产的难点与创新研究 ［J］. 江淮论坛，2015（4）：106.

的居住年限、抵押贷款利率、维护费以及首付款等数值，帮助受众判断租
房划算还是买房划算。① 这种数据应用在给媒体带来整体流量的同时，有力
提升了数据新闻的个体服务功能和实用价值。数据应用所提供的有用信息，
无论对于个体受众，还是对于企业组织，从生活、娱乐到工作都有潜在价
值，自然也就能够为媒体创造聚少成多的利润。

图 2-11　《纽约时报》网站的数据应用"租房还是买房？"

三、对我国数据新闻运营模式的探索

新闻传媒在运营数据新闻时基本沿袭了"二次售卖"理论，试图通过
扩大用户流量换取广告获取利润，事实证明这种商业模式的结果不容乐观。
2014 年 4 月，"数字第一媒体"（Digital First Media）关闭了其致力于生产
视频和数据产品的"霹雳"（Thunder Dome）项目。此前，一批数据驱动的

---

① Is It Better to Rent or Buy？［EB/OL］.［2017-05-15］. https：//www. nytimes. com/in-
teractive/2014/upshot/buy-rent-calculator. html？_r=0&abt=0002&abg=0.

超本地新闻也因运作模式失败，或关闭，或转型。如 2013 年，MSN-BC 旗下斥资百万美元的 Every-Block.com 宣布关闭；AOL（美国在线）旗下花费千万美元扩大的 Patch.com，为应对连年亏损宣布裁员、业务转型。这些失败个案的共同特点是，媒介组织拥有丰富的数据资源，但对传统的赢利模式过于依赖，数据驱动的新赢利模式不清晰。① 数据新闻的发展前景也要看市场的脸色，并尊重竞争的法则，要想为数据新闻赢得广阔的发展空间，必须探索广告以外的赢利模式，并予以创新和发展。

1. 加快数据收集，完成新闻产品的数据化

我国主流媒体（包括报纸、广播、电视）大多有着五六十年的发展历史，积累了大量的文字、照片、音频、视频等资料。同时，这些主流媒体的网站、公众号、官方微博等每天还在生产着大量数据信息。为了尽快地完成媒体的数据库建设，不仅要对已有资料进行数据化处理，生成计算机能够识别、应用的数据，而且要对正在生产的资料进行数据同步生成和存储。由人民日报社开发的人民数据库（含《人民日报》图文数据库）以《人民日报》及人民网有关内容为基础，全库共 200 万篇文章，近 7 万张图片，500 段视频，主要子库包括：法律法规资料库、中国舆情数据库、学术理论文库、时政评论库、人民日报社论、言论、国际组织信息数据库、中国政经访谈库、中国概况、世界概况等。人民数据库（如图 2-12 所示）是党政信息数字化建设以来编选最全面、内容最翔实、信息最丰富的党政数字化资源总汇。新闻采编内容的数据化为数据整合、分析和共享搭建了平台，为日后形成新的数据信息产品和提供个性化服务奠定了良好的基础。

2. 分析受众需求信息，开展个性化信息服务

要做到真正的个性化信息服务并非易事，收集并处理某一领域内的消费者的个体行为数据仅仅只是个开始。我们需要打通消费者在多个领域内

---

① 钟瑛，李苏. 数据新闻的发展现状、问题及对策 [J]. 新闻与写作，2015（8）：28-29.

图 2 - 12　人民日报社开发的人民数据库

（比如购物、资讯、交友、娱乐等）的数据，将这些数据都整合起来才能构
建消费者全面的兴趣图谱；我们需要利用群体的智慧为单一消费者提供个
性化的解决方案；我们还需要跟踪并迅速学习消费者偏好的变化，并实时
地满足他们的个性化需求；我们更需要准确地预测出消费者的新需求，并
在连他们自己都不知道或者不能清楚地表述出某个需求的时候，向他们推
荐他们可能想要的商品或服务。① 为了实现新闻信息产品的个性化服务，必
须"以每个目标读者/客户的需求为本位，嵌入客户的生活方式之中，围绕
并清晰地把握客户的生活圈、工作圈、消费圈的需求逻辑，发现和开掘客
户的关联需求，并以与这些需求相契合的产品和服务构成一个完整的产品
和服务的价值链"②。

　　实现个性化信息服务的前提是对受众需求的准确把握，这样才能确保

①　苏萌，柏林森，周涛 . 个性化：商业的未来［M］. 北京：机械工业出版社，2012；前言 .

②　喻国明 . 传媒变革力：传媒转型的行动路线图［M］. 北京：南方日报出版社，2009；8.

内容生产有的放矢。为此，媒体运用大数据技术来收集受众在阅读、浏览新闻信息时的数据，包括新闻点击、网页和频道的停留时间等，也关注受众的再传播参与活动，如在社交媒体上对某些新闻信息的评论、转发、推荐、收藏或点赞等。然后对这些数据进行整合、分析，挖掘出受众真实的信息需求，据此优化、调整采编内容，使其更符合受众的口味。更重要的是，通过数据挖掘，分析受众的阅读痕迹，整理出受众的关注点、兴趣点和倾向性，同时，根据受众在不同时段关注点的转移，及时修正相关数据，为他们量身定制信息需求的动态模型，在推送新闻信息时争取做到实时、便捷、贴心，进而生产出符合受众需求的新闻资讯。

3. 转变运营理念，开展数据定制服务

商业的未来不是免费，而是为每一个消费者提供个性化的产品与服务。在这个免费信息满天飞的时代，只有提供"私人定制"的信息产品，才能够给用户节省大量的时间和心智成本，用户才会心甘情愿地为定制化信息服务付费。

用数据与受众联系的最好方式是为他们创造一些容易理解的，并且和他们有高度关联性和切入点的数据故事，这类数据新闻可以实现基于流量的赢利，但是，在大数据时代，新闻媒体应该拓宽传统的商业模式，去适应新的技术，把自己改造成为数据中心（data hubs），通过分析庞杂的数据集，并依据自己的独到见解来构建新闻故事。数据中心将"卖产品"转换为"卖服务"，通过为企业、公共安全与社会服务供应商、地产商和购房者等提供有价值的数据定制服务，创造了依靠流量赢利之外的可能性。[①] 如数据中心模型（图2-13）所示，媒体从不同的渠道收集数据，使之适用于对

---

① Aitamurto T, Sirkkunen E, Lehtonen P. Trends in Data Journalism [EB/OL]. (2011 - 08 - 09) [2017 - 05 - 15]. http: //virtual. vtt. fi/virtual/nextmedia/Deliverables-2011/D3. 2. 1. 2. B _ Hyperlocal _ Trends _ In%20Data _ Journalism. pdf.

数据感兴趣的终端用户、开发商、组织者，通过为不同的用户提供定制信息、满足他们的需求而获得收益。

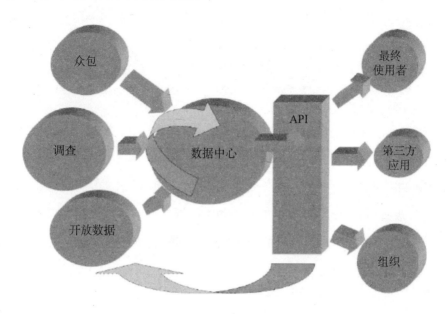

图 2 - 13 数据中心模型

数据本身并不意味着赢利，仅凭数据也不足以吸引受众。数据新闻生产的各个环节都潜藏着赢利的机会与可能。只有掌握了大数据新闻传播的特点，在凸显新闻价值的同时，发挥出数据价值，才能为媒体带来额外的收益，进而拓展数据新闻的发展空间。

第三章　我国数据新闻的生产实践

与传统新闻报道相比，数据新闻报道有着不同的生产流程，在扩大信息源的同时，"众包"使新闻生产方式更为开放。自 2013 年以来，我国的传统媒体和网络媒体对数据新闻进行了积极的探索和尝试，但同时也暴露出一些问题。随着媒介融合的推进和移动互联网的盛行，数据新闻表现出新的发展趋势，探索适合我国传媒业的数据新闻发展策略有着一定的现实意义。

第一节　数据新闻的生产理念、流程与创新

数据新闻的生产过程不同于传统新闻的生产，它不是堆砌数据，而是通过大体量数据描述出事实的样貌，反映出事实的主干和基本逻辑，挖掘出数据背后的新闻价值和关系，最终为受众呈现事实的真相。

一、数据新闻的生产理念

在大数据背景下，新闻生产的驱动力出现了新的要素，原来以具有新闻价值的事实为主，现在则融入了新成分数据。因而，新闻生产由"事实"驱动转向"事实＋数据"共同驱动，这种驱动力的变化进一步推动着传统媒体的转型，同时对新闻媒体的形态变化和格局走势发挥着深远影响。

1. 大数据成为新闻传媒竞争的重要资源

我们已经从信息时代走到了数字时代和智能时代。如果数据被赋予背景，它就成了信息；如果数据能够提炼出规律，它就是知识；如果数据能够借助于各种各样的工具在分析的基础之上为我们提供正确的决策，它就是资源。[①] 大数据时代，信息的内涵发生了质的变化，它不再仅仅是消除不确定性的东西，而且包含了各种各样的数据。如何更加有效地开发、利用数据资源，更好地为受众提供个性化服务，正在逐渐成为新闻生产者的必备技能。

2. 大数据技术贯穿于整个新闻生产流程

对于数据新闻的生产流程，国内外学者有着不同的认识和见解。"德国之声"记者米尔科·劳伦兹认为，数据新闻生产分为以下步骤：数据挖掘—数据过滤—数据可视化—新闻报道呈现。[②] 国内有学者认为，数据新闻的生产不可忽视"讲故事"的环节，即将数据新闻生产流程概括为提炼新闻故事概念—获取数据—处理数据—视觉化呈现这四个步骤。其中，数据处理是核心，"故事化"是主线。[③] 无论国内外的专家学者如何阐述数据新闻的生产流程，无可辩驳的事实是，从数据采集、数据处理到数据呈现，每一环节都离不开大数据技术。采集信源需要大数据抓取技术，挖掘新闻点需要数据量化分析技术，故事呈现需要数据可视化技术。数据之所以重要，不仅仅是因为数据多了，而且是我们拥有了分析数据的工具和能力，还有把数据应用于新闻传播的理念。

3. 数据分析渗透在新闻生产的各个环节

近些年来，传媒精英们扯起了一面又一面大旗，从"内容为王""渠道

---

① 张意轩，于洋. 大数据时代的大媒体 [N]. 人民日报，2013-01-17.

② Lorenz M. Status and Outlook for Data-Driven Journalism, Data-Driven Journalism Round-table（2010 - 08 - 24）[2017 - 05 - 15]. [EB/OL]. http：//mediapusher. eu/datadrivenjournalism/pdf/adj-paper-final. pdf.

③ 于森. 数据新闻实践：流程再造与模式创新 [J]. 编辑之友，2015（9）：70.

为王""用户为王"到"技术为王"，甚至还有人喊出了"赢利为王"。这些
忽起忽落的大旗，只能说明现代传媒的风向变化实在太快了。其实，大数
据的意义不在于掌握庞大的数据，而在于发现这些数据背后的深刻含义。
"挖掘""分析""处理"，无论采用何种词语来描述这一数据加工阶段，其
最终意义就是通过发现这一环节实现数据的增值。《数据新闻手册》的第
四至第六部分，分别讲述了数据新闻生产的三个关键环节：getting data、
understanding data 和 delivering data，即获取数据、理解数据和发布数据。
数据分析融入新闻生产的各个环节，在获取阶段，需要分析与选题有关的
各类数据，从庞杂的信息中寻找到新闻点；在理解阶段，分析数据间的关
联性，从中发现报道视角；在传播阶段，分析、选择合适的可视化手段，
并将前期分析出的结论予以呈现。为了更有效地实现数据价值，门户网
站开始搭建基于云计算的大数据平台，主流传统媒体也开始把发展战略
方向瞄准了数据分析项目，开始关注对社交网络的数据挖掘。

4. 数据新闻拓展了传统新闻价值的内涵

第一，延展了新闻价值时新性的内涵。数据新闻实现样本资料的动态
跟踪，数据素材积累、分析的跟进，使得新闻报道所录用的数据可实现实
时替换更新。在保证新闻时效性的同时，使报道更具准确性。此外，基于
数据库的长时段数据走势整合功效，大数据使得高准确度的预测性报道成
为可能。① 第二，扩大了新闻价值表现力。传统新闻生产主要依靠报道者的
新闻敏感和个人经验，以及"见微知著"的报道视角。而数据新闻的全样
本、巨量数据的分析加工使报道更接近事实真相，更能够反映事件的全貌，
从广度、深度上增强了新闻价值的表现力。第三，可视化呈现突出新闻价
值的趣味性。在新闻作品中，趣味性主要是依靠选题和表现手段呈现出来

---

① 戴世富，韩晓丹. 增值与"异化"：数据新闻范式中的新闻价值思考［J］. 传媒观察，
2015（3）：43.

的。可视化借助于人眼快速的视觉感知和人脑的认知能力，发挥出传播、沟通并辅助数据分析的作用。尤其是动态、交互等呈现方式更易于激发、调动受众的关注度和参与度。另外，随着数据库的开放，众包方式的推广，新闻报道与受众之间的关联性则会进一步加强。

二、数据新闻的生产流程

数据新闻的生产流程是一个不断提炼信息的过程，在这一过程中，大体量数据所蕴含的有意义的信息被挖掘并呈现出来。

数据新闻记者米尔科·劳伦兹把数据新闻的生产流程描绘为四步：第一步是获取数据；第二步是对数据进行清理，过滤掉冗余信息，保留具有新闻价值的数据；第三步是可视化呈现，将抽象、枯燥的数据形象化、具体化；第四步是以新闻故事的方式传播出去，使受众乐于接受和分享。如图 3-1 所示。

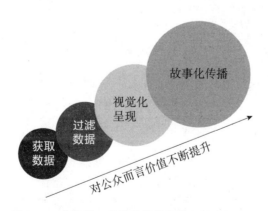

图 3-1　米尔科·劳伦兹的数据新闻生产流程图

与传统新闻的制作流程相比，数据新闻制作的最大特点，就是数据对新闻全方位、多角度、深层次的渗透。数据以不同形式根植在新闻制作的各个环节中，通过对数据的视觉化、叙事化、个性化处理，实现数据与新闻的深层次融合。国内有学者从 7 个环节分别阐述了数据渗透于新闻生产的方式和特点（如图 3-2 所示）。

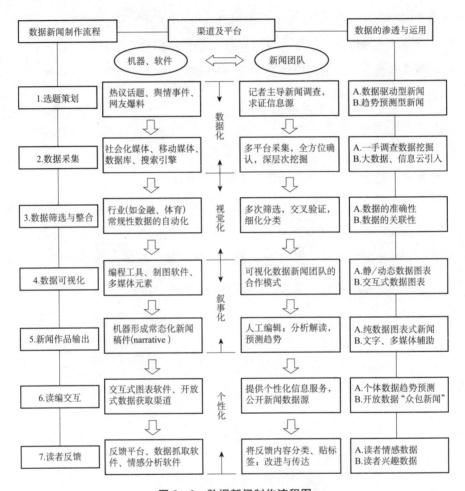

图 3-2 数据新闻制作流程图

资料来源：向安玲，沈阳．数据驱动新闻的未来［M］//新京报传媒研究院．新京报传媒研究：数据新闻：第 4 卷．北京：新世界出版社，2014：43-45．

● 选题策划：一方面，找到新闻线索，洞悉新闻的潜在价值；另一方面，对历史数据做二次解读和深化加工，发掘在传统新闻中不曾体现的信息。

● 数据采集：既可通过调查、实验等方式直接获取第一手数据，也可以从社会化媒体、移动媒体、数据库等多种渠道去搜索获取。

● 数据筛选与整合：对繁杂数据进行多次筛选，对多方信源进行交叉验证，提高数据的精准性。

● 数据可视化：通过静态、动态和交互式数据图表来揭示新闻事件的发展进程、梳理各要素相关关系、展现各方的内在联系。

● 新闻作品输出：用数据去讲述新闻故事，通过数据将观点呈现给受众。

● 读编交互：寻找数据与每个人的联系，让读者从一般的信息接收者转变成信息利用者。

● 读者反馈：对读者的表态进行分类和贴标签，分析读者情感倾向和兴趣偏好，实现新闻媒体接受民意和传达民意的双重功能。

犹如传统新闻生产过程中从报道策划、记者采访、编辑处理稿件到组稿、画版、校对、刊发等，数据新闻的生产发布也有着类似的环节。

尽管上述观点见仁见智，但与传统新闻生产相似，数据新闻的生产同样包括产品的制作阶段和发布阶段。制作阶段又可以细分为数据的采集、整理分析与可视化等环节；发布阶段则可以细分为传播和维护等。

1. 多途径获取数据

数据的采集和处理是数据新闻制作的核心。对于一般受众而言，原始数据，尤其是大体量、抽象的数据是没有任何价值的。要么选题先行，依据选题找数据；要么从数据中发现、提炼出新闻点。随着各种数据库的开放，新闻从业者业务素养的不断提高，搜寻数据的方法和途径也日益增多。有学者归纳出常用的获取数据的途径：对同类新闻或不同时期的相关新闻数据进行归类统计、整合比较，更为深入、立体、多元化地揭示新闻；对网络搜索引擎、社交媒体内容、用户数据进行深度挖掘，揭示个别、分散行为中蕴含的共同规律；从政府机构、企业等发布的公开数据中寻找可作为新闻背景的有用信息；通过网络观察、调查或众包的形式收集数据。[①] 数据的"可获取性"是媒体能做好数据新闻报道的重要因素，而政府各部门储备着大体量数据信息，因此，加快数据开放的步伐、加大信息的公开力度，对数据新闻生产有重要意义。另外，在新闻生产的外部化、开源化影响下，众包数据的采集方式在一些媒体得到推广，使得"传统的、昂贵的、费事的信息搜集情形正在改变"[②]。

2. 多维度分析数据

数据有了，并不意味着可以进入数据分析的环节，为了保证数据的质量和数据新闻的可信度，要对需要加工的素材数据进行清理。常用的数据清理方法：一是处理无效值和缺失值，因为有的数据库存在条目重复、损坏、空白甚至数据丢失等情况；二是检查数据的一致性。当人名、单位名称格式不统一时，可考虑选择 Open Refine 作为清理数据的工具。清理之后要对数据进行初步分析，洞悉各数据源之间的关联性，识别数据的用途，发现数据变化的趋势等。将可用数据、参考数据等录入电子表格。就数据分析而言，Excel 虽然看似传统老套，但它确实是快速分析数据的理想工具，也能创建供内部使用的数据图，缺点是运行效率低，样本量有限，主要用于小样本统计分析。SAS 统计学功能强大，适用于大样本分析，但需要掌握一定的编程技术。相比之下，SPSS 就显得易学易用，统计学功能全面，而且适用于社会科学问题的统计分析。数据分析是报道（讲故事）的组成部分，分析数据的过程就是发现新闻点、剖析数据背后的新闻意义的过程，进而预测可能发生的事件等。在大数据时代，缺乏的不是数据，而是对数据的准确分析、深入挖掘。

---

① 徐锐，万宏蕾. 数据新闻：大数据时代新闻生产的核心竞争力 [J]. 编辑之友，2013 (12)：72.

② Prakash，N. The Nate Silver Effect：How Data Journalism Can Predict the Future. [EB/OL]. (2012 - 11 - 30) [2017 - 05 - 15]. http：//mashable.com/2012/11/30/data-journalism-panel/.

3. 多手段呈现数据

数据新闻可视化的方式千差万别，但终极目标是把重要的新闻传播出去，帮助受众迅速发现有用的信息，并更好地理解之。有学者把数据可视化归结为三种方向：一是将数据信息的量与关系等转变为直观的图形；二是看图说话，将文字信息变为形象符号；三是以图整合，在图表中集成多元信息。① 目前的编程技术和可视化平台如 Google Fusion Tables、Tableau Public、Many Eyes 等大大丰富了受众的阅读体验，把新闻故事讲得更加生动、多彩。但值得注意的是，数据可视化的效果取决于所用的数据的质量，包括数据的体量、准确性、关联性等。可视化是手段，是把数据分析的结果、需要向受众阐释的意义，以一种视觉的方式呈现出来。若文字或多媒体能够把故事讲得更精彩，可以考虑不采用可视化的表现手法。正如传统新闻报道"七分采访三分写作"的说法，数据新闻在制作过程中，花费在采集、清理、分析数据上的时间占到了 70%，可视化环节只占 30%。在70% 的时间里，数据新闻团队要完成数据的筛选，发现新闻线索，并对数据加以整理。之后，才能考虑选择何种可视化工具，以何种方式来呈现数据。②

4. 多渠道传播数据

数据新闻产品的传播途径除了借助大众传媒（传统媒体和网络媒体），现在发展到开始注重借助社交媒体的传播渠道。英国伯明翰城市大学教授保罗·布拉德肖（Paul Bradshaw）提出数据新闻采编流程"双金字塔"结构（如图 3 - 3 所示）。这种结构较全面地阐释了数据新闻是怎样生产的，以及经过传播层面后如何对社会、个人产生影响。倒金字塔部分自上而下包

---

① 彭兰."信息是美的"：大数据时代信息图表的价值及运用［J］.新闻记者，2013（6）：17-21.

② Rogers S. A Data Journalism Workflow. ［EB/OL］.（2013 - 01 - 27）［2017 - 05 - 12］. http://simonrogers. net/2013/01/27/ a-data-journalism-workflow.

括数据编辑、清理、情境化、综合 4 个环节，实际上讲述的就是制作阶段；而在传播阶段，保罗·布拉德肖在博文中也对正金字塔结构加以详细说明。

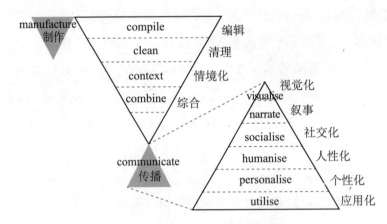

图 3 - 3　数据新闻的双金字塔结构

资料来源：Bradshaw P. 6 Ways of Communicating Data Journalism（The Inverted Pyramid of Data Journalism Part 2）［EB/OL］．（2011 - 07 - 13）［2017 - 05 - 12］．https：//onlinejourna-lismblog. com/2011/07/13/6-ways-of-communicating-data-journalism-the-inverted-pyramid-of-data-jour nalism-part-2/. 本书收录此图时略有改动。

● 视觉化是传播数据新闻最快、最有效的方式。但受浅阅读的影响，受众的参与度差。如果为可视化产品增加数据源的链接，便能引导受众阅读可视化产品之外的更为丰富的信息材料。

● 叙事采用传统的叙事方法，精心写作的新闻故事有助于增添数据新闻的意义，帮助受众了解与数据的关联性。

● 社交化：可视化图表能够在社交媒体上快速传播。一些媒体也在尝试着通过 APP 终端传播数据新闻产品。还有一些媒体采用众筹的方法在社交媒体上获取用户的参与，以推动更好的分享效果。

● 人性化：运用计算机制作的动画来讲述新闻故事，有助于减轻受众在阅读数据时的压力。时刻记住，在故事中要增加受到数据影响的个人生活的个案，以避免被淹没在总体的宏大叙事之中。

●　个性化：数据新闻借助互联网的交互性，通过分析受众的关注细节，为其提供差异化内容。反之，受众也可以在数据产品中选择地理信息，找到所处地域的针对性报道。

●　应用化：在数据新闻传播中，通过提供某种数据工具（如计算器、GPS 定位等），增强数据的实用价值。

5. 持续性维护数据

开放、共享是数据新闻的基本理念。同时，为了保持报道的生命力，一些新闻报道产品对其核心数据及新闻故事进行不间断的更新、维护。2015 年 12 月，《华盛顿邮报》制作了《数读枪击事件》（The math of mass shootings）的数据新闻产品（如图 3 - 4 所示）。该报对发生在美国境内且造成 4 人以上死亡的 124 起大规模枪击事件中的受害人信息、所用枪械、袭击者信息、袭击地点、伤亡情况进行了统计。报道注重细节，受害者的形象各有不同，所涉及的枪支也形态各异，由此体现出尊重个体生命价值的理念。数据新闻产品采用了多媒体交互呈现方式，增强了传播效果。进入

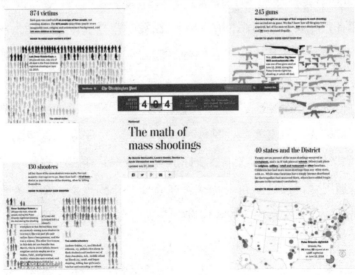

图 3 - 4　《华盛顿邮报》的《数读枪击事件》持续性维护数据的更新

2016 年之后，美国又发生了多起造成伤亡的枪击事件，其中死亡 4 人及以上（不包括枪手）的枪击事件有 3 起。包括：2 月 20 日密歇根州的卡拉马祖县发生连环枪击案，造成 6 人死亡，另有数人受伤；6 月 12 日佛罗里达州奥兰多市的一家夜总会发生枪击事件，造成 49 人死亡、50 余人受伤，酿成美国历史上最严重的枪击事件；7 月 7 日在得克萨斯州达拉斯市的当地民众抗议警察枪杀非洲裔的示威活动中发生枪击事件，导致 5 名警察死亡和 6 名警察受伤。《华盛顿邮报》在《数读枪击事件》中予以了持续关注，在 7 月 27 日进行了数据更新，有效延展了数据新闻产品的传播价值。

三、数据新闻的生产创新

随着传统媒体与新兴媒体的不断融合，大数据技术作为当前传媒业的又一驱动力加速着媒介融合的步伐。

1. 改变信息源的传统采集途径

在传统新闻生产中，媒体采集信息的能力是有限的，除了事前策划和偶遇，记者很难亲眼目睹事件的发生。在短时间内获取充分的素材，捕捉到新闻真相不是件容易事。在互联网兴起之前，西方传媒界有着较为固定的信息采集途径，如表 3-1 所示。①

这些信息采集途径已经为中外媒体所谙熟，成为记者日常工作流程的开端和标准模式。但事实是，这些机构中的精英分子在掌握权力、掌握关键信息，其结果是社会精英才是新闻的真正来源。在不少事件中本是新闻人物的普通民众，其身影和声音是否在新闻中得到报道，在很大程度上取决于记者能否找到有影响力的政府官员或利益集团来传达公众的声音。② 在

---

① Fowler, Roger. Language In The News: Discourse and Ideology in the Press. London and New York: Routledge, 1991: 21.

② 班尼特. 新闻: 政治的幻象（第 5 版）[M]. 杨晓红，王家全，译. 北京: 当代中国出版社，2005: 4.

大数据时代，随着数据技术的成熟，导致全样本的获取和分析有望实现，"沉默的大多数"的声音有望被倾听、被分析。数据新闻在新闻源上不再依赖社会精英，而是转向来自普通民众的庞大数据。可以说，数据新闻在采集信息时，不仅能够改变传统的固定采集途径，甚至能够挖掘出精英分子刻意隐瞒或者不知的线索。

表 3－1　　　　　　　　　　　　西方媒体的固定采访线路

需要日常关注的信息源	发表声明、主持记者招待会的机构	发表声明、寻求知名度的个人
①国会/议会 ②委员会 ③警察（和军队） ④其他的紧急服务处 ⑤法庭 ⑥皇室 ⑦预先安排的事件 ⑧机场 ⑨其他的新闻媒体	①政府部门 ②地方当局部门 ③公共服务机构（交通部门、电力部门等） ④公司 ⑤工会 ⑥非商业机构 ⑦政治团体 ⑧陆军、海军、空军	①名人 ②公众成员

2. 树立新闻产品质量的参照物

在传统新闻报道中，对报道的及时性可以参照时间来考察，但对于报道的客观、全面、深度和广度等，由于缺乏相应的参照物，很难做出评价。数据新闻由于充分应用了大数据技术，在生产过程中可以相应地弥补这方面的不足。在考察、把握客观事物时，传统新闻的采制主要依靠记者的感觉器官，通过观察、询问等方式获取信息，并通过个人经验、新闻敏感性等来判断新闻价值。限于个人的工作能力、视野与立场等，很难说由此生成的新闻作品真的做到了客观、全面地反映了现实或真相。数据新闻是基于对大数据甚至是全样本统计基础上的考察，能够更大范围地接近事实，为报道的深入和全面提供了基础。尤其是对关联性的揭示，帮助媒体发现隐藏的规律，并预测即将发生的事态。数据新闻在对数据库的开发和挖掘方面成效显著，过去几年里，这些数据库为各大实验室提供了不少帮助，使很多计算机学家、物理学家、数学家、社会学家、心理学家以及经济学家得以在强大的计算机和新技术的支持下，对某些问题进行仔细研究，其研究结果令人振奋。他们有充分的证据证明，人类的大部分行为都受制于规律、模型以及原理法则，而且它们的可重现性和可预测性与自然科学不相上下。[①] 相比于传统媒体动不动就找专家来分析某一现象或事物的走向、趋势，数据新闻则是借助大数据技术来实现趋势的分析和预测，而且大幅度地提升了科学性、准确性，同时提高了报道的社会影响力和引导力。

3. "众包"使新闻生产更具开放性和共享性

众包（crowd sourcing）指的是一个公司或机构把过去由员工执行的工作任务，以自由自愿的形式外包给非特定的（而且通常是大型的）大众网络的做法。[②] 2006 年美国《连线》杂志的记者杰夫·豪（Jeff Howe）在《众包的崛起》（The Rise of Crowd Sourcing）一文中提出了"众包"的概念。在新闻传播领域，传统新闻的生产方式基本是先有线索和选题，然后是采集事实信息和寻找相关资料，最后是制作报道予以刊发，长期以来遵循这种既定模式运行。随着互联网的快速发展以及媒介融合，出现了新的新闻生产模式"众包新闻"，其本质就是用户生产内容（UGC），简单而言，就是将原本由媒体内部的工作人员完成的新闻生产任务，通过在互联网上设置发布选题，来吸引普通受众参与新闻的生产制作。

大数据时代，社会化媒体对新闻生产影响深远，其产生的大量数据成为新闻生产的重要信息来源。美联社记者乔纳森（Jonathan）认为，构成新闻业的方方面面的工作既可在编辑部内部完成，也可在编辑部外部完成，

---

① 巴拉巴西. 爆发：大数据时代预见未来的新思维［M］. 马慧，译. 北京：中国人民大学出版社，2012：13.

② 此处"众包"的定义来自百度百科（http：//baike. baidu. com/link? url=QyGpxs5GNfh2E1bDeAKv_Rq1WVK0kdjxnBKBEKonQIPJCV6E9cGyjrtCMRR8QkXg7BvdbNXGUuOWWTCnUdZgftm_UeHdNtqkmARLjoTFsYuxwvbwNya-EkaH-elT6kza）.

可以是专业人士，也可以是业余人士，甚至民众自己也可以通过自己生成和分析数据的方式来提高对于政治事务的参与。[①]众包打破了传统的新闻生产模式，降低了新闻生产的门槛，推动了新闻生产的外部化。比如英国《卫报》曾经做过一篇关于政府财政支出情况的可视化报道《我的钱都去了哪里?》。为了尽快分析大体量的数据，《卫报》创办了网站"我的钱都去了哪里?"（Where does my money go. org），有两万多名读者参与了一百多万份关于议员花费单据的核查工作。数据整理完后，《卫报》将众包合作的调查结果用可视化工具加以处理，公之于众（如图3-5所示）。英国政府所公布的财政开支是公众所看不懂的数据报表，而《卫报》发动公众对这些数据进行分析，并用可视化的方式予以解读，使枯燥的财务数据变得生动、易懂，大大方便了普通老百姓对政府开支的理解。

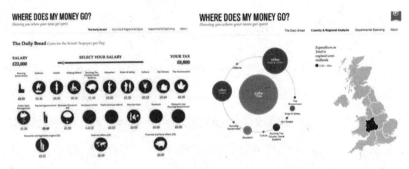

图3-5　《卫报》的可视化报道《我的钱都去了哪里?》

众包使得新闻生产方式由封闭独占向开放共享转变。当媒体面对大体量数据信息或者难以独立完成的调查时，众包不仅可以群策群力、集思广益，在众人合作之下以最低的成本、最短的时间完成报道任务，而且所有的参与者也会在分享与合作时产生归属感。另外，随着公众对互联网的开放性、共享性的认识不断深入，公众的参与意识也在不断增强，其角色也

[①]　瞿旭晟. 数据入侵："538"博客的实践与启示［J］. 新闻记者，2013（6）：41.

逐渐从信息的消费者向信息的提供者转变。

尽管众包具有这样那样的优势，新闻传媒也不能随意使用它来采集和处理数据。这是因为，众包可以开发和引导城市内在的社会性，但是这种方法过于强大，以致我们必须谨慎使用。尤其是在发展中国家，众包的方式可以提供政府从来没有提供过的服务，由此政府也许可以永久地推卸这些责任。贫穷社区也许达不到这种参与程度，每日为生存奋斗的现实使得那里的公众根本没有从事志愿者行为的多余资源。谨慎使用众包意味着将众包限制在政府可以调动周围居民积极性的范围内，且各方对预期存在广泛的共识，但又缺乏实现预判能力的区域来使用。① 因此，众包新闻的应用要建立在对选题的具体内容、可能的社会传播效果及公众媒介素养等的预判基础之上，并不是任何选题的数据新闻都可以打着减轻解读数据压力的旗号，随意采用众包方式的。

四、数据新闻的生产模式

生产模式是指企业体制、经营管理、生产组织和技术系统的形态和运作方式。② 需求转换成产品的过程就是生产单位满足用户多样化、个性化需求的过程，其结果必然导致产品生产过程的复杂度和多变性，也必然带来生产模式的变革。

《芝加哥论坛报》有一支自称为 Maps & Apps 的数据新闻团队，团队成员在为商业利益做了多年的编程工作之后，获得了新闻专业的硕士学位，他们和采编人员一起研究如何报道新闻故事，如何在线描述新闻故事。他们经常与寻求帮助的记者面对面地交流，共同挖掘出潜在的新闻故事。他们制作新闻应用的动机是帮助受众在数据中找到自己的故事。《芝加哥论坛报》数据新

---

① 汤森. 智慧城市：大数据、互联网时代的城市未来［M］. 赛迪研究院专家组，译. 北京：中信出版社，2015：318-319.

② 此处生产模式的定义来自百度百科（http：//baike. baidu. com/link？url＝JFeE-FhLy-CAj3Bc7oT-＿TH0xcM64fWRw2WnttUxqscKk7WsW5WYJFus6Jb7yEGncK1EHOBHSDicFebGoEd6zinWtY1mQcCUnJf6S8i3lzNYgHzoB9HJupWVJZ16POXCv）.

闻生产的 9 个环节可以汇集成 4 个阶段（如图 3 - 6 所示），即发现故事选题、数据操作、故事化和数据可视化。尽管 Maps & Apps 团队能够独立完成新闻生产的所有环节，但数据操作和可视化是他们主要负责的项目。一些较大规模的传媒集团也仿效《芝加哥论坛报》，逐渐建立了相似的数据新闻团队。

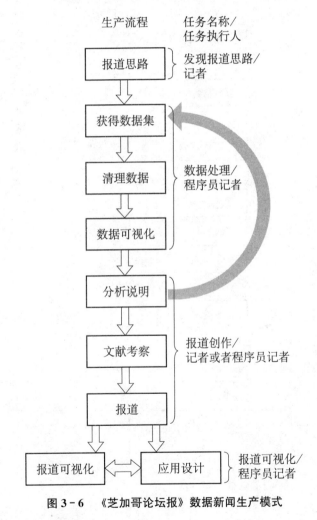

图 3 - 6　《芝加哥论坛报》数据新闻生产模式

资料来源：Rapeli M. Data Journalism：An Outlook for the Future Processes ［D］. Department of Information and Service Economy，Aalto University，2013：30.

在未来的数据新闻生产模式中（如图 3 - 7 所示），明确了新闻故事的概念之后，数据操作阶段将外包给从事数据收集、数据分析的专业数据公司。在这一阶段，任务执行人将很多不同的数据集进行比较和交叉分析，把最初的故事概念聚焦为一个有趣的故事，是否采取外包决定着这一阶段的生产

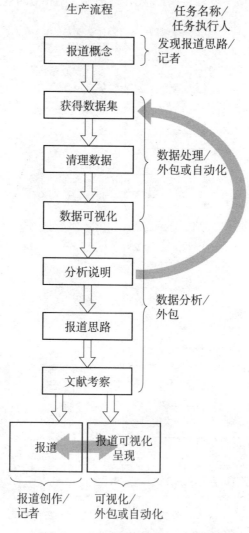

图 3-7　未来的数据新闻生产模式

资料来源：Rapeli M. Data Journalism：An Outlook for the Future Processes [D] . Department of Information and Service Economy，Aalto University，2013：54.

速度和成本。在接下来的数据分析环节，采用外包方式来探索数据集、发现异常现象、揭示故事主题是可行的选择。这种模式中的记者类似于项目经理，向外包公司传达指令，确保新闻故事的概念不被曲解。外包有可能成为未来数据新闻的主流生产模式。未来的生产模式与早期数据新闻生产模式如《芝加哥论坛报》相比，最大的区别在于项目记者的作用在减弱，大多数需要记者负责的环节是自动化的或被外包了。根据未来的生产模式，随着专业数据公司的日益成熟，项目记者在生产中的作用将会进一步减弱。

　　数据新闻在数据清理、分析、可视化等环节需要应用多种软件程序及编程设计等，这就需要专门的团队来配合记者编辑完成既定任务。为了适应数据新闻生产，一些传媒的新闻编辑室在组织形式、生产模式等方面也进行了重构。虽然这种重构不能取代占据主导地位的传统新闻生产模式，但也促进了传统的、组织化的生产模式向社会化的生产模式转型，推进了新闻生产模式的变革。

第二节　我国数据新闻生产的现状、特点及问题

　　早在 2012 年，我国的门户网站就开设了与数据新闻相关的栏目，电视、报纸等传统媒体也进行了积极探索。由于传播环境、传播技术等原因，与国外相比，我国数据新闻在数据深度的挖掘、传受互动的建立和数据源的丰富性等方面，还有待提升。

一、我国数据新闻生产的现状与特点

　　国外数据新闻的快速发展给我国传媒业，尤其是传统媒体带来了活力和憧憬。从 2013 年开始，数据新闻在我国的传统媒体和新兴媒体中崭露头角，多家媒体循着各自的特点进行了尝试和探索，并热度不减。

1. 传统媒体的数据新闻实践

除了门户网站和移动端之外，报纸和电视媒体积极进行了数据新闻的实践。央视、《新京报》、《南方都市报》等在数据新闻报道方面也做出了一些成绩。

2014 年春节前夕，央视首次与百度携手合作，《据说春运》数据新闻报道亮相《晚间新闻》，开启了传统媒体数据新闻报道的先河。此后，央视打破了传统的电视报道方式，利用大数据技术与新闻报道互相结合的形式，相继推出了《两会大数据》《据说两会》《数说端午》以及《数说命运共同体》等数据新闻节目。电视媒体把数据调查与新闻采访结合起来，发现数据背后的新闻，再通过数据可视化技术将新闻传达给受众，利用大数据讲述新闻故事，推进了电视媒体的新闻业务改革。

国外数据新闻发端于报业，如英国的《卫报》《泰晤士报》和美国的《纽约时报》《华盛顿邮报》等，但实际上是这些大报的网络平台在开展数据新闻业务。由于版面容量的局限性，数据新闻在报纸上难以施展拳脚，仅有为数不多的几家报纸开展了数据新闻报道，如《南方都市报》开设了"数据版"，该报在主题选择上偏重于与公众息息相关的事件，读者从这些数据中能够获得所需要的信息，以拉近传受距离。《北京晚报》也做了若干尝试，但暴露出传统媒体在数据新闻报道中存在的一些问题，如仅仅以某些部门的调研结果为数据来源，加以提炼后拼接新闻故事，再加上对相关专家的采访，报道显得模式化和简单化。

数据挖掘技术、计算机处理技术的发展为数据新闻的生产提供了技术保障，拓宽了获取数据的渠道和可利用的数据量级，使我国传统媒体的数据新闻生产实践呈现出以下特点：

第一，报道多集中在特定时间段。与日常新闻报道不同，数据新闻的生产流程较为复杂，庞杂数据的获取、处理以及呈现方式的实现都要占用较多的时间和人力，生产周期也较长，这使得数据新闻产品的生产难以在平时形成"量"的规模。也正因为如此，我国媒体把数据新闻集中在可预见的、周期性的选题上，如"两会"、春运、航天器发射及重大体育赛事等，这类题材的最大特点是准备时间充足，事件本身的影响力能够烘托数据新闻的报道效果。

第二，产品类型多为专题报道。由于我国数据新闻尚处于初级阶段，所依赖的数据开放的环境还有待培养，加上生产分工的复杂性和技术依赖性，导致报道选题主要集中在那些具有持续性的话题上，而这些话题聚焦于某一时段与公众生活、工作密切相关的热点。围绕这些话题，媒体将一些时间跨度长、情节繁琐的新闻事件联系起来，把报道设计为新闻专题，在拓展信息广度的同时，纵向挖掘数据背后的深层含义，并借助数据可视化技术予以呈现，这就无形中拉长了生产时间。

第三，自采数据相对较少。尽管在大数据时代，数据的获取、挖掘技术有了长足发展，特别是收集数据的渠道日益多样化，但有国内学者研究发现，传统媒体的数据来源依然比较单一，主要集中在政府机构、企业组织和科研院校。之所以出现这种局面，主要是相较于其他信息渠道，政府机构、企业组织、科研院校的数据更具有权威性、真实性和全面性，有助于保证数据的质量。社交媒体和网络用户的数据不仅体量大而且易获取，从这一渠道收集信息，不仅量级巨大，而且成本低廉。但是，如何获取、怎样筛选，如何挖掘出事件间的联系，从而揭示数据背后的意义，需要传统媒体的新闻从业者做大量深入细致的工作。

2. 网络媒体的数据新闻实践

相较于传统媒体，我国网络媒体较早开始了数据新闻实践，并表现出专门频道为主，专题报道为辅的运行模式。探索数据新闻的国内网络媒体，主要有三类：一是综合性的门户网站，如搜狐的《数字之道》、网易的《数读》；二是专业的财经新闻网站，如财新网的《数字说》；三是搜索引擎平台，如百度，其知名度最高的莫过于"百度迁徙"项目。

2012 年前后，搜狐《数字之道》首开先河，随后，腾讯的《新闻百科》、新浪的《图解天下》和网易的《数读》先后问世。它们都属于门户网站新闻频道的产品。这些网络长图表都是前期搜集整理了大量信息、多组数据，再经过加工整理之后，制作成的一个大专题。通过对 4 家门户网站的数据新闻栏目进行分析，我们发现其特点有如下两个方面。第一，选题广泛，关注热点话题，题材涵盖时政、科普、民生、娱乐等领域。时政类选题大多是时下关注度较高的热点新闻，以综合性总结和历史性回顾为主，内容经过精心策划和筛选；以科普知识为主的选题则类目清晰、面面俱到、细致入微；民生选题内容广泛，涉及养老金、空气质量、房价上涨、食品安全等问题，与人们生活有着密切关系。这些选题大多能引起社会上的共鸣，能够吸引受众的注意力，甚至激发受众的参与意识，如转发、评论等。第二，多以网络长图表来呈现新闻信息。4 家门户网站大多采用静态的网络长图表来展示数据新闻，动态、交互的可视化呈现方式相对来说比较少。该类图表除具有传统图表在信息传达上的直观、形象、简洁等优势外，还具备了信息量大的特点，同时也正是由于信息量大，篇幅长，契合了网络传播和大数据的特性，使其更适合在网络上刊发。

《数字说》是财新网为数据新闻专设的一个新闻频道，可供受众选择的话题主要有经济、环境、房地产、IT、食品安全、灾难事故、贪官等，选题主要集中在与网站性质关系密切的财经类新闻，外加一些关注度较高的其他话题。《数字说》栏目的数据主要来源于财新网、新华社、汤森路透、一些上市公司的财报、国外研究机构及我国政府有关部门的公开资料。《数字说》的产品主要有两类：一是围绕热点话题制作的类似消息的报道，强调时效性，短小精悍，题材广泛；二是围绕一些社会影响较大的事件，制作类似专题、特稿类的报道，多采用交互、动态的呈现方式。比较著名的作品有《青岛中石化管道爆炸》（如图 3-8 所示）、《周永康的人与财》、《三公消费龙虎榜》等。

图 3-8　财新网的数据新闻报道《青岛中石化管道爆炸》

　　百度从诞生之日起就是一个大数据公司，百度搜索引擎每天抓取大体量的数据，并对其进行加工处理，来挖掘和发现这些数据的价值。百度大数据引擎的整体架构包括 3 个层面：最底层的是开放云，它提供信息基础设施服务；中间层的是数据工厂，主要包括大数据的存储管理以及查询分析；最上面的是百度大脑，更确切地说是一个基于大数据的人工智能系统，它会利用语音识别、图像识别、深度学习等技术，来分析和挖掘大数据的价值。[①] 百度大数据的作用主要体现在感知认知、分析决策以及发现创造 3 个方面。通过分析和挖掘几亿网民的搜索数据，不仅保证了百度数据的覆盖度高，而且有效性也很明显（数据来自搜索者的真实想法），因此，它的结论也就比较准确。百度大数据不仅能够准确地反映当下正在发生的事实，而且在预测发现方面也有很高的价值。百度的一些大数据项目虽然并不是直接的数据新闻实践，但是鉴于其对全样本数据的处理、分析和挖掘，使其在新闻报道中具有较高的实用性，应用率也居于高位。比如大家熟悉的"百度迁徙"项目，不仅被应用于 2014 年与央视合作的《据说春运》，而且在 2015 年其功能实现了升级，包含了人口迁徙、实时航班、机场热度和车

---

　　① 薛正华. 百度大数据能做什么，做了什么 [EB/OL]. (2014-12-11) [2017-05-15]. http：//www.china-cloud.com/yunzixun/yunjisuanxinwen/20141211_44167.html.

站热度四大板块。[1] 2015 年，央视《晚间新闻》的《据说过年》再次使用了"百度迁徙"对春运进行了系列报道（如图 3-9 所示）。

图 3-9 央视的数据新闻节目《据说过年》

二、我国数据新闻实践现存的问题

大数据时代，我国传统媒体和新兴媒体与时俱进，在数据新闻实践上取得了一定的成绩。但是，与欧美那些数据新闻的先行者相比，我国媒体还有提升的空间，具体而言，我国媒体的数据新闻实践在以下几个方面存在不足。

1. 偏重现成数据，对原始数据的挖掘、分析不够

国内媒体在采集数据时，更多的是利用其他机构已经收集好的、现成的数据，这类数据的可用性较强、获取成本较低，无形之中就简化了数据的收集和分析环节，使数据生产较快地进入可视化阶段。数据采集分析与稿件的选择相类似，选择的同时，也在分析稿件的新闻价值、社会影响力及媒体适用性等。将现成的数据资源可视化，迅速完成数据新闻生产，虽然一定程度上节省了制作时间，提高了新闻产出的时效性，但是，由于省

---

[1] 关于"百度迁徙"，可参见百度百科（http://baike.baidu.com/view/12061781.htm）。

略了必要的数据挖掘分析程序，新闻从业者看不到数据收集和整理的过程，也就失去了对数据进行深层解读的机会，在描述、呈现数据时很难找到合适的新闻叙事方式。事实上，国外数据新闻团队非常重视数据的收集和分析，这一工作犹如新闻的"发现"过程，对原始数据的收集、梳理和分析有助于发现一般数据背后的普遍规律及隐藏的新闻故事，并以独特的视角进行报道。对我国媒体来说，树立原始数据的采集意识，培养专业、精准的数据解读能力，提升数据的挖掘和分析水平，包括充分利用社交媒体等渠道，发现大数据背后的传播价值，是提升数据新闻生产水平的关键。

2. 传受互动层次较低，影响了受众的阅读体验

与受众的交流互动不仅体现在数据的可视化上，而且贯穿于数据新闻生产的各个环节。在数据的收集、挖掘阶段，我国媒体几乎没有"动员"受众的力量来参与，"众筹新闻"也只是停留在理论研究阶段，较少付诸新闻实践。

我国数据新闻所提供的传受互动方式主要有两种：一是在数据新闻报道（往往是数据图表）等的下方设置评论平台，受众可以在此处浏览其他人的点评，也可发布自己的观点、见解，并可与其他评论者进行讨论；二是设置分享按钮，受众可以把自己感兴趣的数据新闻一键转发到微信、微博、QQ空间、人人网等社交媒体平台。这种"设置评论界面""设置分享按钮""跟帖"的互动方式与国内其他类型新闻产品的交互设计如出一辙，落入俗套，无法体现数据新闻的特色，与国外媒体相比显得有些单一和简单。

有国外专家在研究英美知名媒体交互图表的基础上，将互动分为低级别互动、中等级别互动和高级别互动。低级别互动包括对象交互和线性交互。对象交互是指用鼠标或其他设备点击网页上的按钮、任务、图案，出现声音、图像、视频予以回应。线性交互是指用户可以在预设的叙事框架下按照一定的顺序（上页或下页，前进或后退）浏览信息。中等级别互动

包括等级交互和超链接交互。等级交互是指为用户提供了一套预先设定好的系列选项，用户可以选择特定的路径或结构来获取信息。超链接交互是指为用户提供链接地址，用户可以任意选择点击进入，从而获取大量信息。高级别互动是一种概念化互动，是对修正性交互的扩展，用户能够自设内容框架，在信息图中能够自主选择浏览路径，通过操作一定的组件对象来完成特定目标。[①]

以《卫报》为代表的外媒在数据新闻互动方面提供了可资借鉴的新思路。一是在数据新闻作品之外，附带提供所用到的原始数据，鼓励受众下载，并对数据进行再度挖掘，进行数据新闻的再创作。受众可以把制作的数据新闻作品发送到媒体所提供的邮箱，媒体将从中选择作品发布在数据博客上，供其他受众浏览欣赏，这就为受众提供了一个展示自己的平台。二是《卫报》还在自己的网站上发布数据可视化的软件、介绍数据新闻的制作方法、成功经验等等，帮助受众掌握数据新闻方面的知识与技能。三是当面临大体量数据时，灵活地采用众包新闻的方式让受众参与数据的采集和分析，鼓励受众与数据新闻团队一起进行数据的挖掘与解读。四是设置的讨论平台不仅是为受众点评作品、受众之间交流服务的，在《卫报》的"数据博客"评论平台上，受众除了发表自己的看法，还可以与编辑进行交流（如图3-10所示）。《卫报》的这些传受互动设计，既可加强受众对数据新闻本身的关注，又可增加受众的参与感，提升他们分享数据新闻作品的积极性。

3. 数据来源较窄，各类数据库有待建设和完善

欧美国家较早开始了政府数据开放运动，而我国政府部门、企业机构等早些年缺乏建设数据库的意识，导致外媒在数据源的获取方面优于我国

---

① 张帆，吴俊. 2011—2015：大数据背景下英美数据新闻研究述评［J］. 国际新闻界，2016（1）：67.

图 3 - 10　《卫报》的"数据博客"提供多种与受众互动的途径

媒体。通过对国内传统媒体、网络媒体数据新闻实践情况的分析，我们发现，其数据源主要集中于三类：政府部门公布的数据、科研机构对外开放的数据和专业数据公司提供的数据。当前，我国政府部门数据公开和共享的程度还不高，尚未建设专门的数据开放平台，具有数据查询功能的主要是国家各级统计局的官网（如图 3 - 11 所示），国家统计局的数据资源在不断完善、充实，但囿于地方统计局统计水平，以及缺乏某些领域的数据统计，特别是缺少具有社会学意义上的数据资源，影响了新闻媒体数据采集的质量。国外的专业数据公司已经发展得比较成熟，无论是数量、数据还是覆盖率都超过我们，基本能够满足数据新闻媒体对各领域数据的需求。由于国内提供数据服务的专业公司数量较少，所覆盖的专业领域也有局限，因此，出台有助于专业数据公司发展的各项政策，也是推进我国大数据普及推广的良策。从事统计、信息、社会学等专业研究的科研机构有着丰富的数据资源，但是，这些资源能否与媒体共享，需要双方协商，共同建设互惠共享、合作开发的机制和渠道。如果数据的价值仅仅体现在科研活动中，的确有些浪费。

　　数据新闻与传统新闻相比具有独特之处和价值，它不仅改变了基于文字符号为主的传统新闻叙事方式，拓展了报道方向，而且变革了传统新闻

图 3-11　国家统计局官网的数据资源

的生产模式。尽管近几年数据新闻在我国传统媒体和网络媒体上发展迅速，但还是存在一些不足和问题，这些问题在客观上制约了数据新闻在我国传媒业的发展与普及。根据实际情况，促进我国数据新闻发展的基本策略是：加强对数据新闻人才的培养；转变新闻生产理念，树立开放的数据观；采取多种措施降低数据新闻的生产成本；妥善解决因数据开放引发的隐私安全等问题。

第三节　我国数据新闻的本土化策略

自大数据的概念流行之后，我国各行各业都在追捧，似乎大数据就是富矿，都想从中实现自己的发展梦想。新闻传媒领域也不例外，无论是学界的学术研究还是业界的新闻实践，对大数据的关注度之高、延续时间之长都超出了以往任何时候。但是，大数据给新闻传媒业带来的改变和影响到底如何，尚需结合我国的国情和特有的新闻体制来考察。从长远来看，探索出一条本土化的数据新闻发展之路对我国传媒业来说更有现实意义。

一、数据新闻实践的发展趋势

数据新闻自 2013 年兴起以来，在国内外诸多传媒实践中得到快速发展，在数据的应用、处理、发布等方面表现出一些特征和发展趋势，这些特征和趋势既受传媒生态环境变化的影响，也是新闻传播规律的体现。

1. 数据体量的快速增长

数据作为一种宝贵资源及其潜在的巨大价值已经为各行各业所认同，云计算的技术进步也使得大数据的处理更加得心应手，这些都使媒体在新闻传播中应用数据的意识不断加强，对数据的使用频率、使用体量也在进一步提高和增大。

2015 年获得普利策新闻奖的《华尔街日报》调查性报道《医保解密：数字背后》就是典型的数据驱动新闻。为了揭示医保体系如何使用纳税人的钱，需要分析大体量的医保数据，找到数据背后的联系，增强报道的说服力。为此，该媒体的记者和数据专家合作，不仅分析了政府公开的数据表格（大概 1 000 万条记录），而且分析了向美国医疗保险和医疗补助服务中心（CMS）花钱申请的数据（几十亿条记录），包括过去 6 年多里大量记账人每一条账目的细节。为了确保工作内容的可重复性，数据记者们通常用 R 软件写代码来进行分析。他们利用了大量分析工具研究这些数据，包括线性回归、逻辑回归、主成分分析、K 均值算法和多种期望最大化算法。① 最后，根据数据分析结果，报道团队不仅绘制了交互图表，还发布了一个可供搜索的医保供应商数据库（如图 3 - 12所示）。通过呈现医保系统中的医生和供应商的信息，人们很容易查到每一地理位置和专业科室中的最大受益人。

从上述数据新闻案例可以看出，大数据拓宽了媒体的报道选题范围，以往因无法获取报道依据而不得不放弃的选题，如今借助大数据技术、云计算等迎刃而解，不仅可以挖掘出前所未闻的新闻，开拓报道的角度，而且可以梳理出事物发展的规律性和趋势，使预测报道成为当下及今后报道的常态，也使更多的领域具备了报道的可行性。

---

① 李阳冉. 大数据环境下新闻编辑模式探究［J］. 传播与版权，2015（10）：5.

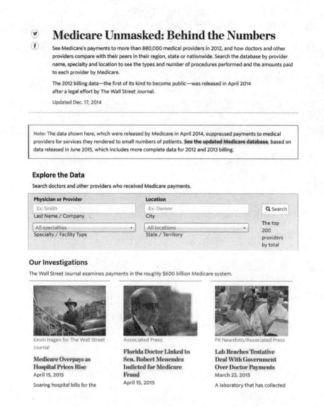

图 3 - 12 《华尔街日报》为《医保解密：数字背后》制作了交互图表

2. 借助 H5 技术向移动终端延展

随着移动互联网的快速发展，智能手机和平板电脑的普及及其性能的日益提升，人们的媒体接触习惯和信息获取方式的改变，移动阅读成为获取新闻信息的新方式。在此推动下，"移动互联网＋媒体"也成为传统媒体转型的必经之路。在移动端的屏幕上如何更好地呈现信息，在快速吸引受众目光之后，如何满足移动阅读用户多样化的需求，使之长时间地停留在屏幕上，这就需要借助新技术，积极创新传播方式，并且为他们提供独特的个性化内容。近年流行的 Html5（简称 H5），即超文本标记语言的第五代版本，其最显著的优势在于跨平台性，用 H5 搭建的站点与应用可以兼容PC 端与移动端、Windows 与 Linux、安卓与 IOS。它可以轻易地移植到各种不同的开放平台、应用平台上。基于 H5 开发的轻应用具有更快的联网速度，而且无须下载占用存储空间，特别适合手机等移动媒体。另外，H5 无须依赖第三方浏览器插件即可创建高级图形、版式、动画以及过渡效果，更好地呈现多种形式的交互效果。因此，用户体验强、适于移动阅读和较强的交互性等特点成为 H5 新闻的传播优势，加上当下社交类媒体（如微信等）都具备了分享功能，易于二次传播，形成几何级增长的传播效应。图 3 - 13为《人民日报》客户端和网易制作的 H5 产品。

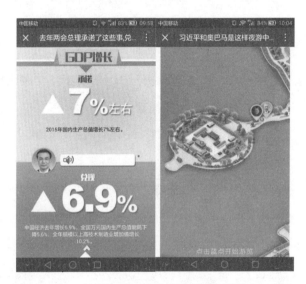

图 3 - 13　《人民日报》客户端和网易制作的 H5 产品

尽管从使用量来看，H5 这种新闻信息可视化的传播方式还不足以撼动文字加图片的传统传播样式的地位，但作为一种新颖的新闻表达手法，丰富了媒体的报道样式。尤其对于基于 PC 端的数据可视化，要想提升受众阅读体验的愉悦感和交互性，就目前技术而言，借助 H5 是较好的解决方案。

3. 虚拟现实技术融入数据新闻实践

数据新闻是新闻业面临时代变化所做出的一种积极应对，也是一个正在不断发展的领域。数据新闻的兴起证明了传播环境、阅读设备、新闻需求等因素共同推动着新闻传播业与高新技术的融合。

虚拟现实（virtual reality，VR）技术利用电脑模拟产生一个三维空间的虚拟世界，提供使用者关于视觉、听觉、触觉等感官的模拟，让使用者如同身临其境一般，可以及时、没有限制地观察三维空间内的事物。虚拟现实是一项综合集成技术，涉及计算机图形学、人机交互技术、传感技术、人工智能等领域，用计算机生成逼真的三维视、听、嗅等感觉，使人作为参与者通过适当装置自然地在虚拟世界中进行体验和感受交互作用。[①] 与传统意义上的数据新闻所不同的是，在这里，数据不再展示在前端，而是作为计算机语言融入程序运算，这种从数据挖掘、数据呈现到数据运算的转化并没有脱离用数据生产、提炼新闻信息的方式，因为，虚拟现实中的每一处对话内容和场景都是经过多次数据运算处理的结果。

2013 年，美国传媒业巨头甘耐特集团旗下《得梅因纪事报》（*Des Moines Register*）与纽约的一家电影公司（Total Cinema 360）合作，尝试性地使用虚拟现实技术完成了解释性新闻《收获的变化》（Harvest of Change，如图 3 - 14 所示）。该作品讲述了在一个已经延续六代人的达曼家庭农场发生的故事。用户只需带着虚拟现实设备（VR 眼镜），就可以身临其境般置身于家庭农场中，感受到岁月沧桑、技术进步、移民浪潮和全球化等给这个农场以及达曼家族的生活带来的变化。当用户"走到"农场主身边时，能看到、听到他在和其他人讨论工作和一些农业问题；当"站在"达曼家人常去做礼拜的教堂前，除了感受全景式教会活动场景，还会有画外音解释宗教对达曼家族的重要意义。[②] 虚拟现实使用户获得了更强的交互体验，从而进一步增强了对新闻的理解。

---

① 王聪. 增强现实与虚拟现实技术的区别和联系 [J]. 信息技术与标准化，2013 (5)：57.
② 刘胜男. 案例解读：虚拟现实能为媒体创造哪些可能? [J]. 中国传媒科技，2015 (8)：23 - 24.

图 3 - 14　《得梅因纪事报》采用虚拟现实技术制作的《收获的变化》

虚拟现实新闻的最大价值莫过于延展了受众的感官体验。正如麦克卢汉认为的，任何媒介都不外乎是人的感觉和感官的扩展或延伸：文字和印刷媒介是人的视觉能力的延伸，广播是人的听觉能力的延伸，电视则是人的视觉、听觉和触觉能力的综合延伸。[①] 利用虚拟现实技术传播新闻将用户体验、大数据技术和新闻故事等这些要素融为一体，并赋予新闻产品以强烈的体验感、沉浸式等特征，明显地拓宽了数据新闻的发展方向。

二、确立数据新闻的专业标准

专业标准是用来为某一范围内的活动及其结果制定规则或技术规范，其目的是确保材料、产品、服务和生产过程能够符合要求。与其他行业一样，新闻传媒业也有各种"行规"，从业者必须严守规矩，才能在发现新闻素材、生产新闻产品等环节确保质量，并体现出对公众的职业态度和对社会责任的担当。数据新闻有其独特的运行方式，但作为一种新闻生产方式，在遵循新闻行业的一般专业标准之外，也应该确立符合自身运行规律的专业标准，这样才能彰显特色。

---

① 郭庆光. 传播学教程［M］. 2 版. 北京：中国人民大学出版社，2011：119 - 120.

1. 数据新闻的基本生产理念与原则

数据新闻要遵循一般新闻的生产原则，如：在选题决策时，要依据事实的新闻价值、社会影响力和传播者意愿等要素来做出研判；在信息源（数据源）方面，不仅要尽核查之义务，而且要明确交代信息源（数据源），力求采用高质量的信息源（数据源），并时刻考察其信度等。为了体现数据新闻的特色，还应该遵循以下原则：

● 在交代信息源（数据源）的时候，不能泛泛而谈，而应将获取数据的渠道、采集的方法，甚至数据库链接公布给受众以便查询，并给予受众继续分析数据的机会。

● 数据来源多元化。在以政府数据为主的基础上，尽量采用非政府组织、专业数据公司的多元数据以及媒体自采数据。

● 数据新闻不是数字新闻，对数据的使用不能局限于呈现原始数据，而是应该对数据集进行统计分析，尤其是调查性报道，更要采用较复杂的数据处理方法，挖掘出数据背后隐含的关联性等。

● 增强受众参与数据新闻报道的概率，无论是动员受众参与数据的采集、分析，还是激励受众将可视化作品上传至指定的共享平台。

● 可视化在数据新闻生产中占据举足轻重的地位，鼓励从业者在准确体现新闻价值的前提下，选择有助于传受互动的可视化形式，并积极应用新技术，大胆创新。

● 数据新闻产品的价值实现不是一次性的，特别是一些服务性选题的产品，要注意吸纳新数据，对核心数据不断更新、维护，有效延展数据新闻产品的传播价值。

2. 建立科学的生产流程规范

尽管国内外新闻传播学者对数据新闻的生产流程存在一些不尽相同的地方，但是，这些不同处并没有影响新闻传播规律对数据新闻生产流程的基本要求。

第一，生产环节的完整性。新闻生产过程包括信息采集、加工、整合到刊发等环节。数据新闻生产同样包括了数据采集、数据分析、数据可视化、新闻发布以及后期数据维护等。任何环节的缺失都将导致生产的中断，或者降低产品的质量，或者无法实现数据价值的最大化等。

第二，生产次序的合理性。次序强调的是先后顺序。按照生产工序依次递进，先做什么后做什么，不能次序颠倒。顾名思义，数据新闻的生产自然是围绕着数据展开的，采集数据在前，整理分析数据在后，最后把所挖掘出来的关系、价值等以可视化方式呈现给受众，从而体现出明显的线性结构。

第三，生产运行的高效性。在实际操作中，没有取得预期效果并非都是创意、设计的问题，对核心生产环节运行效率的调控，关系到数据新闻产品的成功与否。

数据新闻生产涉及的部门、工种比较多，要找到并把握住生产流程的关节点，作为流程控制的关键环节，并根据数据新闻的生产特点，对数据源、数据处理、可视化等环节的产出作品制定测量标准，测量标准也要随着数据类型、报道类别及实施过程进行动态调整。制定测量标准的目的在于发现实际生产情况与所制定的标准之间的差距，根据差距来评价实际工作的优劣，采取改善措施。

3. 制定合乎专业特色的生产标准

制定数据新闻的生产标准需要考虑其生产流程的特殊性，其信息源的采集、素材的整理、产品的发布等与传统新闻生产有着质的不同，因地制宜地制定合乎其个性化生产特色的专业标准，有助于更好地掌控数据新闻的生产效率。

第一，报道选题的分布。报道选题体现的是新闻专业人员对新闻事物的认识、研判与创造性思维。数据新闻的生产过程足以说明其存在价值在于挖掘出鲜为人知的东西，可以说是调查性报道在大数据时代的新发展。

揭示数据背后的社会问题、调查影响深远的新闻事件是其主要功能，而不是仅仅向公众普及常识。提供服务性内容不是数据新闻的核心功能，监测环境、预测未来才是其存在的价值。过多的常识性、服务性选题只会消解数据新闻的深度，动摇其赖以生存的根本。

第二，数据源的审核、多寡与描述。数据源是新闻传播的起点和数据的发源地，对数据的收集构成了数据新闻生产的第一环节。交代数据源就是告诉受众数据的出处，不仅说明所报道的事实、揭示的关系是言之有据，而且帮助受众根据数据源来判断新闻的价值和实用性。新闻媒体既能宣扬真相，也能制造出不可阻遏的谎言。因此，需要对数据源尽审查核实义务，否则，错误的数据必将得出错误的结论，就可能因此而影响公众的认知，造成不良的社会影响。正常情况下，还要争取使用多个数据源进行互证，对数据源的描述要清晰，不能含糊不清甚至不加描述。

第三，数据处理的复杂程度。数据新闻是通过对大体量数据的分析、挖掘发现新闻的，如果仅仅把获取的数据予以展示或罗列，不加任何数据处理，把数据新闻等同于数字新闻；或者仅仅做简单的总量计算、百分比计算和均值计算等处理，将数据处理简单化，这些都说明对数据新闻的本质缺乏认识，对数据资源的开发不够。描述性、探索性的统计分析以及大数据挖掘才是数据新闻在处理数据时的常规做法，而不是在传统新闻生产中加入一些统计分析。在制作数据新闻时，应根据不同新闻选题的特点，选取不同的数据分析方法，从而凸显新闻价值。分析方法包括"对比、关联、溯源、统计、换算"等。①

第四，呈现方式的设计制作。数据体量的大小、数据处理的复杂程度都直接影响数据可视化。目前数据的呈现方式包括了表格、静态信息图表、

① 段晓敏. 大数据时代传统纸媒"数据新闻"的实践与价值［J］. 新闻世界，2014（11）：16.

动态信息图、三维仿真图、时间轴、数据地图以及交互图表和 3D 视频等。可视化的效果关系到对受众注意力的吸纳效果，以何种方式呈现数据，并不是越复杂越酷炫就越好，美观只是选择的一个标准，要考虑对视觉的冲击力和新闻信息传播之间的平衡，功能和实用比好看更重要。

第五，传受互动的层次。传受互动是增加传播效果的有效方式。互动也有简单复杂的差别。如果仅仅在可视化阶段加入一些点击、拖拽则显得过于简单，这种设计对于传播意义不大。但是，如果能够促使受众参与评论、转发分享，就进一步扩大了数据新闻产品的传播途径。如果设计者能够为受众开放数据，并提供探索数据的工具和展示平台，加大开发用户价值的力度，这样的传受互动就更具现实意义，更易于体现数据新闻的生产特色。

三、数据新闻本土化的发展路径

数据新闻在欧美国家的产生与发展得益于相应的政治文化背景和特有的媒介传统。与国外相比，特有的国情、新闻体制和数据资源的掌控情况，促使我国的数据新闻实践呈现出一些特殊性，因此，探索出一条适合我国数据新闻本土化的发展路径具有现实意义。

1. 推进开放数据步伐和数字化建设

开放数据不仅和"开放政府"运动密切相关，而且契合了互联网时代的互联、互通理念。当然，开放数据并不意味着受众可以主动获取与其工作生活相关的数据，并正确地理解数据。分析数据、解读数据及开放数据集才是新闻媒体所期待的。欧美一些国家在做数据新闻报道的同时也向受众开放数据以吸引受众的参与，这一点值得我国媒体借鉴。国外一些政府和机构组织围绕"科学数据"的交流与共享，根据其产生、发布、管理与利用等环节，制定了相应的政策和措施，支撑各个环节的政策与举措则集中体现在数据开放资助、数据质量管理、数据合法保护、数据保存和数据共享利用五大方面。① 虽然以上是针对"科学数据"的，但是，国外的这些政策和举措具有普适性，不仅在行政措施、法律法规上，也在资金及数据维护等方面给予我们启发。我们可以结合实际情况，制定并实施符合国情的数据开放、获取、共享政策、方法与机制。另外，从长远来看，数据新闻的发展离不开信息数字化建设。因为，未来所有的传播符号如文字、声音、图形、视频等都可以用计算机语言进行编码、储存和传送，因此，不同传媒的边界将被抹去。② 目前我国已经展开的信息数字化建设，不仅有助于拓宽数据源的范围，也从技术层面加快了信息转换和数据处理的速度，进一步促进数据开放与共享，为数据新闻发展提供了良好的基础。

2. 把数据新闻纳入媒介融合的战略规划

媒介融合是一个不断发展的概念。随着大数据技术在新闻传播领域的应用，媒介融合日益多样化和复杂化。媒介融合侧重于多媒体形态的结合，多种传播符号在新闻报道中的交叉使用，导致其外延更为广泛。而数据新闻作为新兴传播样式，更注重于数据在新闻生产中的驱动作用，更倾向于量化方法的运用。二者存在着相互交织的关系。数据新闻的生产与发布往往应用多种传播符号，实现多媒体平台呈现，具有融合报道的某些特征。随着大数据在社会生活中日益凸显其重要性，跨媒体传播有时需要通过数据分析来发现选题，并为报道提供有力证据，从而实现预测性报道。融合报道与数据新闻相互交织，从人才专业结构、产品运营机制到传播平台构建等共同推进了媒介融合的发展。当下，跨媒体、跨平台传播已经成为主流传播模式，传统媒体与新兴媒体、专业媒体与社交媒体的某些传播样式日益融合，形成立体化的传播矩阵，数据新闻在成为媒体变革推动力的同

---

① 刘细文，熊瑞. 国外科学数据开放获取政策特点分析［J］. 情报理论与实践，2009（9）：5.
② 石长顺. 融合新闻学导论［M］. 北京：北京大学出版社，2013：252.

时，也加快了自身的演变。

3. 构建多元化的产品链

目前，数据新闻尚未找到明确的赢利模式，整体看，还处于高投入低产出的阶段。对从业者的专业技能也有特殊要求。数据新闻产品同样具有双重属性，为了持续生产必须实现商业价值。在现有的媒介生态环境中，仅仅依靠生产优质的信息产品还不足以吸纳足够的资金来平衡在收集数据、分析数据等环节的支出，毕竟互联网时代受众养成的免费习惯其惯性太强大了，依靠流量的提升来变现、价值实现的效果微乎其微。因此，考虑在优质产品的基础上，拓宽思路，积极构建多元化的产品链具有现实意义。目前比较成熟的思路为：一是构建数据服务平台，充分利用因做某些选题而建立的专项数据库，为某些机构或个人提供数据咨询、数据预测等，无论是数据定制还是个性化信息服务，都是在实现数据资源的再度开发；二是从原有媒体中脱离出来，组建数据媒体，专门为新闻传媒做数据产品，就像 2010 年成立的社交媒体通讯社 storyful 网站一样，实际上也是一种新闻服务类型。从某种意义上说，数据驱动的不只是新闻，也驱动了媒体的生产转型。

与国外知名媒体相比，我国的数据新闻实践确实存在着水平上的差距。但是，近几年我国数据新闻的发展变化依然可以用"快速""高效"来概括。主流媒体的重视、互联网巨头的加入，提升了我国数据新闻实践的层次和面貌。脚踏实地地探索适合我国新闻体制、传播环境的数据新闻生产模式，其实也是尊重新闻传播规律的一种表现。

第四章　数据新闻的可视化研究

数据可视化是当前数据新闻研究中的热点话题。尽管数据可视化不是数据新闻的唯一呈现方式，但无可辩驳的是，可视化是制作、传播数据新闻的最佳方式和有效途径之一。

第一节　数据可视化的发展与新闻叙事

提姆·哈若沃（Tim Harvowo）在其著作《报纸排版设计者手册》中有一句至今流行于新闻传播界的名言："当我们想了解信息时，我们常说'展示给我'而不是'告诉我'（show me，do not tell me）。"这段话明确地告诉我们，受众感兴趣的是细节、场景的展示，而不仅仅是抽象的叙述和解释。数据可视化就是用尽可能快捷、清晰的形式，向受众传递信息、揭示事物间联系的一种新颖的新闻叙事方式。

一、从知识可视化、信息可视化到数据可视化

"可视化"（visualization），来源于"visual"，原意是"视觉的""形象的"。事实上，将任何抽象的事物、过程变成图形、图像的表示都可以称为可视化。① 古代的地图、星象图等可以说是最早的可视化作品。现代意义上

---

① "可视化"的定义来自百度百科（http：//baike. baidu. com/link？ url＝vStIEbo21URRkF13 8RcEAUMwQtR6wzwMrMHLs7BeU5BYOSi81aapGcwDhGjQu0B1kFCc9fPywfTsFfFCDREGGZrmq V-SEsAyjMYNkRvKnJBscTsIz7kCHETL5xeIRiAkvNRbA6c-AiQtm4tigWwH _ IwyZlC8RgGpmOqC s3uKZGa）。

的数据可视化大致起源于 19 世纪初期。当时人们开始把各类图表和统计学等结合起来，并运用可视化技术把庞杂难懂的数据展现出来。随着计算机的诞生和普及应用，人类进入了信息社会，这是一个大量生产、传播和消费信息的时代，它给人类提供了全新的科学计算方法和数据获取方法，"信息爆炸、数据海洋"成为信息社会的重要特征。获取信息和数据不是目的，而是要通过分析这些信息和数据以获得对社会、对自然界的正确认识。从历史与现实来看，科学技术不仅影响着生产方式的走向，同时也影响着人类的思维方式、行为方式乃至社会变迁。可视化的发展是计算机、制图软件、互联网等多种因素共同作用的结果。知识可视化、信息可视化正是在这样的背景下发展起来的新兴领域。

知识可视化与信息可视化有着本质差别。艾普勒和伯卡德(M. J. Eppler & R. A. Burkard) 认为：虽然知识可视化和信息可视化都是利用人们能够有效处理视觉表征的固有本领，但在各自领域应用这些能力的方式却不一样。信息可视化的目标在于从大量的抽象数据中发现一些新的信息，或者简单地使存储的数据更容易被访问；而知识可视化则是通过提供更丰富的知识视觉表征的方式，以提高人们之间的知识创造和传递。知识可视化的主要目的在于增进个体间的知识密集型交流，例如将新的见解纳入已有的概念体系中去。[①] 国内学者赵国庆等曾从可视化对象、可视化目的、可视化方式和交互类型四个方面对数据可视化、信息可视化与知识可视化进行了比较，如表 4-1 所示：

对于如何定义"数据可视化"可谓见仁见智，正如美国统计学家邱南森所言："可视化是否只用于分析数据？还是用于定量认识？抑或是用于唤

---

① Eppler M J, Burkard R A. Knowledge Visualization: Towards a New Discipline and Its Fields of Application，ICA Working Paper♯2/2004 ［R］. Lugano：University of Lugano, 2004.

表 4-1　　　　　　数据可视化、信息可视化与知识可视化的比较

	数据可视化	信息可视化	知识可视化
可视化对象	空间数据场	非空间数据场	人类的知识
可视化目的	将抽象数据以直观的方式表示出来	从大量抽象数据中发现一些新的信息	促进群体知识的创造和传递
可视化方式	计算机图形、图像	计算机图形、图像	绘制的草图、知识图表、视觉隐喻等
交互类型	人—机交互	人—机交互	人—人交互

资料来源：赵国庆，黄荣怀，陆志坚. 知识可视化的理论与方法［J］. 开放教育研究，2005 (11)：23-27.

起情感？什么时候可视化可深深扎根于视觉领域成为一门艺术呢？回答者的身份不同，答案也不尽相同。这些问题已经在各学科领域及不同学科之间引起了激烈的争论，但这还只是学者和从业人员之间的争论而已。"① 因此，一些学者把数据可视化等同于信息图表，也有一些学者把数据可视化看作是一种探索、展示和表达数据含义的方法。② 那么，"到底什么是可视化呢？每个人都有自己的答案。有些人认为只有严格意义上的传统图形图表才是可视化。而另一些人的观点则更加开放，他们认为只要是在表现数据，不管是数据艺术品还是微软 Excel 表格，都可以算是可视化。毕竟，这一问题上孰是孰非并不是那么重要，只要能达成我们的目的就行了"③。

与数据可视化最接近的概念恐怕要数"信息图表"了。美国学者、著名图表信息设计家理查德·乌尔曼（Richard Saul Wurman）在 1976 年提出"信息图表"的概念，他将信息图表设计看作一种构造信息结构的方式，认为信息结构设计师的根本任务是设计对信息的表达，即能够提取复杂环境和信息中的内核并以清晰、美观的方式呈现给受众。④ 而在我国新闻传媒界

① 邱南森. 数据之美：一本书学会可视化设计［M］. 北京：中国人民大学出版社，2014：44.
② Eppler M J, Burkard R A. Knowledge Visualization: Towards a New Discipline and Its Fields of Application, ICA Working Paper♯2/2004［R］. Lugano: University of Lugano, 2004.
③ Yau N. 鲜活的数据：数据可视化指南［M］. 向怡宁，译. 北京：人民邮电出版社，2012：8.
④ 孟晓辉. 读图时代报纸"信息图表"的深度解读功能［J］. 新闻窗，2009 (3)：55.

使用更广泛，与之比较接近的概念是"图示"，即"一种形象化的资料展示，它包括统计图表、示意图和新闻地图。图示最早是配合文字使用的，将文字稿中比较抽象的数字和内容或者难以描述的事物，以形象化的方式介绍给读者"①。从这些概念不难看出，信息图表是将信息以形象化的手段（图形）呈现出来，以获得更好的传播效果。信息图表主要呈现的对象是"信息"，而数据可视化处理的主要是"数据"。众所周知，数据和信息是不可分离的，两个概念所涵盖的范畴互有重叠，在新闻传播实践中，信息图表往往作为数据可视化的呈现方式和手段。

二、信息图表：数据可视化的主要表现形式

数据可视化作为一种传播信息的手段，主要通过把数据图形化，使信息的传达与沟通更为清晰、高效。信息图表就是实现数据可视化的主要途径。数据分析师、图表设计师将数据信息转化为视觉语言，通过文字、图像、音视频等符号，运用时空结构设计，将复杂、深邃的内容呈现出来。

1. 西方信息图表的发展历程

地图最能够体现出图表的信息传达功能。公元前 3 世纪古罗马帝国在管理庞大的版图时为了掌控各种信息，便借助地图，通过使用大量的图形语言，形象化地展示其地理面貌。比如在绘图中利用建筑图标的复杂程度来区别城镇等级，既形象生动，又容易分辨出城镇的规模。城镇之间用线段连接代表道路，线段的长短显示出城镇之间的位置与距离。

作为应用数学分支的统计学发端于 17 世纪的欧洲，它主要是通过概率论建立数学模型，进行量化分析。在后来的发展中又衍生出了统计图形（图解分析技术），统计图形与信息图表、数据的可视化密切相关。在 18 至 19 世纪

---

① 郑兴东，陈仁风，蔡雯．报纸编辑学教程［M］．北京：中国人民大学出版社，2001：368.

间，统计图形经常用于分析军事行动、疾病、气候、经贸等。特别是在 19 世纪，饼图、柱状图、极限图、散点图、时间序列图等得到了广泛应用。

在计算机技术用于制图之前，绘制一幅符合媒体刊发要求的信息图表需要耗费较大的精力和较长的时间，对实力一般的小媒体而言，信息图表简直是奢侈品。在国内外传媒界，只有那些实力雄厚、规模较大的媒体，或者专门从事信息图表制作的公司才能负担得起。因此，20 世纪中叶，在美国报界除了芝加哥和纽约的报业巨头外，鲜有报纸会关注信息图表这个领域。

对于报纸来说，使用信息图表是一种进步的表现。这种方式虽然在 20 世纪 60 年代由美国现代报纸版面设计的先驱埃德蒙·C. 阿诺德（Edmund C. Arnold）提出，但直到《今日美国》创刊前的 1981 年，阿诺德才在其著作《报纸设计综述》中予以大力推介，并引领了整个领域的发展。① 大概在 20 世纪六七十年代，信息图表被引入新闻传播领域，美国的一些地方报纸，如《圣彼得斯堡时报》《芝加哥论坛报》，还有以严肃新闻著称的《纽约时报》开始定期使用信息图表，有时还成为报纸上的固定栏目。这说明实践再一次走在了理论的前面。20 世纪 60 年代之后，欧洲出版业开始流行用图形符号反映统计数字，并蔚然成风。当时德国的《明镜周刊》率先用三维图来呈现内容，使其成为使用信息图表的先驱，这种传播信息的方式被霍姆斯（Hommes）引入到美国的《时代》周刊并发扬光大。②

1982 年《今日美国》的创办推进了视觉设计的快速发展，也成为信息图表的开路先锋。彩色的统计图表、示意图和新闻地图在《今日美国》的版面上占有重要地位，每天在四个版组首页的左下角都有一幅固定的小图表（snapshots）。由《今日美国》开创的信息图表式的彩色天气预报版至今

---

① Meyer E K. Designing Infographics［M］. Hayden Books，1997：22.
② Meyer E K. Designing Infographics［M］. Hayden Books，1997：23.

仍被各国报纸所仿效。《今日美国》成为美国第一家几乎每日都使用图表的报纸。随着计算机技术的广泛使用，数量庞大的信息图表出现在《今日美国》上。《今日美国》把视觉审美艺术和定量、准确的数据结合在一起，形成的既易于理解、又有视觉冲击力的信息传播格式，推动了甘乃特报系旗下其他报纸在视觉传播上的改进与发展。

西方国家的三大通讯社中，美联社最早重视运用信息图表。20世纪80年代以前，该社的图片部就开始向报纸用户提供各种图表。80年代之后，随着图表需求量的增加，美联社将图表业务从图片部门中剥离出来，成立独立的图表部。1988年，美联社建成了"图表网络"，通过卫星向国内用户连续24小时播发新闻图表。在日常报道中，美联社要求采编人员"在写新闻时想着图表"，特别是在重大事件发生时，注意采集与新闻相关的地图、数据、信息等，如果条件允许的话，美联社会派制图编辑赶赴现场采集信息。此后，越来越多的西方报纸开始重视信息图表，随着报业和制图技术的发展，信息图表作为报道新闻的手段得到了长足发展。

2. 我国信息图表的发展阶段

信息图表的发展阶段与被媒体使用的情况密切相关。以下简要梳理我国传媒（主要是报纸）使用信息图表的状况，其发展阶段大致可以划分为三个时期。

第一，1999年之前的探索期。

随着改革开放和国民经济建设的不断深入，信息图表作为新的传播样式开始出现在我国媒体上。最初以向上向下的箭头、柱状图、饼图等辅助经济报道，所以说，最初的图表属于经济数据图表。我国经常性地在显著位置刊登图表的做法，在媒体上大致始于1993年的《光明日报》。该报的新闻图表编辑赵和平曾撰文说："1993年7月，《光明日报》国际部开设的新闻图表《数字与事实》栏目，受到读者欢迎，很多读者还剪贴收集，就是很好的证明。"① 后来，《中华工商时报》每天在头版刊出《时报图表》专栏，《北京日报》也开辟了《图解新闻》专版，这些报纸的做法获得了普遍好评②。

第二，1999 年至 2008 年之间的提速期。

1999 年 3 月，新华社摄影部成立图表新闻编辑室，将图表作为一种新颖的新闻报道形式，以表格、柱形图、饼形图的方式，辅助以计算机绘图手段，解读新闻事件，日发稿量 2 至 3 幅，这时的图表新闻品种主要以平面图表为主。

该社 2000 年日发稿量达到 10 幅左右，同年 8 月开通新华社图表新闻专线，从而使全球卫星网用户能够接收到图表新闻，12 月，与法新社合作的新华/法新图表新闻专线启动。③ 2006 年，新华社图表新闻专线对外播发繁体字图表新闻产品。2007 年，新华社第一张英文图表新闻产品诞生。之后，新华社图表编辑室在国内外重大事件的报道中发挥了不可替代的作用。

随着 3DSMAX、MAYA 等三维制图软件的推广，新闻仿真图被媒体大量使用。2002 年新闻仿真图开始在《南方周末》等媒体中大量运用。在 2003 年 3 月伊拉克战争的报道中，许多报纸都刊登新闻仿真图来解读战事进程，其中《北京青年报》在伊拉克战争期间还常以整版篇幅刊登仿真图。除了重大事件，《法制晚报》的新闻仿真图几乎天天见报，该报还对经常使用新闻仿真图的情况进行了划分④，使得新闻仿真图的应用走向了日常化。

第三，2008 年至今的黄金期。

随着传媒数字化的发展，以及制图技术和受众阅读行为的变化，信息

① 赵和平．我和《数字与事实图表》[J]．新闻战线，1997（2）：52.
② 唐润华．新闻图表：日受青睐的新闻形式 [J]．中国记者，1994（9）：46.
③ 曹文忠．让新闻一目了然：新华社的图表新闻及其制作 [J]．中国记者，2001（4）：42.
④ 耿瑞林．新闻仿真图 一图胜千言：法制晚报如何制作新闻仿真图 [J]．新闻与写作，2005（1）：29-30.

图表已经成为新闻信息传播的"常规性武器"。凡遇国内外大事，例如 2008 年第 29 届北京奥运会、2009 年国庆 60 周年大庆、2010 年上海世界博览会等，各家媒体都会在信息图表制作的精度、广度和美观上期望一鸣惊人。

2010 年 7 月 27 日，《辽沈晚报》在新一轮的改版中，设立了《表述新闻》专版，其目的是适应速读时代的需要，希望以此种版面给读者带来全新的读报视角和舒适的阅读体验。2012 年 4 月，《华西都市报》提出"图示"常态化的目标，以此追求视觉的愉悦，实现从快速浅浏览到选择深阅读的突破，在头版和内版大大增加了信息图表的使用率。改版第一天就在头版刊登关于"修车骗局"的图表报道。头版的图表构图比较浅显易懂，除了传播主要信息之外，也能够抓取读者的眼球，而对该报道的深度解析则放在后面的第 5 版。2012 年 9 月，《新京报》开辟了《新图纸》专版，以整版篇幅详细解读新闻或背景性、知识性信息。清晰的逻辑分析、精美的图形制作加上恰如其分的色彩，凸显出信息图表传递新闻信息的优势。

在全国"两会"报道中，信息图表作为独特的报道样式得到前所未有的体现。《人民日报》2013 年 3 月 3 日头版头条就开始用图表传达重要信息，还出现了整版用图表的版面，直至"两会"结束。到了 2015 年，信息图表已经成为党报报道全国"两会"的重要方式，不仅见之于报纸版面，而且在官网上也用数据图表来解读相关议题。以图像传播见长的电视媒体，近些年也增加了对信息图表的使用。2013 年 6 月 7 日，央视在《新闻联播》栏目中以 Flash 动态图表加人物访谈的组合手法，用"数说"的方式报道了高考新闻。

大数据的出现和广泛应用在深层次上改变着新闻传播的理念和实践，应运而生的数据新闻是新闻传媒应对大数据时代所做出的变革。2014 年 1 月 25 日，央视综合频道《晚间新闻》与百度合作，推出《据说春运》专题，启用百度地图定位功能，对大数据进行可视化处理，直观形象地向观众展示了全国春运迁徙的情况，并结合相关调查，挖掘出诸如"逆向迁徙"等新现象。与传统新闻相比，这种建立在大数据基础上的新闻传播更全面、更可信、更直观。

三、数据可视化的价值与实际运用方式

数据应用于新闻传播，由于处理方式的不同，将面临不同的结果。一方面，孤立的数据本身毫无意义，只有将多维度、大范围的数据进行分析比较，才能挖掘出数据背后的深层含义；另一方面，采用文字、数字的方式解读数据过于抽象，而运用可视化手段、多符号呈现，则可以化抽象为具体，变枯燥为有趣，并蕴含一定的审美价值。

1. 数据可视化有助于整合信息

第一，信息内容的整合。信息图表就像一篇新闻报道，传达的是完整的信息。因此，它同样包含了（who、what、when、where、why 和 how）等信息要素。前四个要素满足了受众的基本信息需求，而 why 和 how 则是新闻要素中最具价值和意义的部分，为解读、呈现两者所耗费的时间、精力也相对较多。新闻从业者在掌握这些信息要素的基础上，理顺了它们之间的逻辑关系、内在联系，依据人们的认知规律，运用各种视觉元素，以形象化的思维设计、制作可视化产品，以达到传递完整信息的目的。

第二，传播符号的整合。数据可视化不是单纯的图形，它聚合了文字数字符号、图形符号和色彩等。随着可视化技术的进步和传播平台的变化，具有交互功能的可视化产品还可以整合音频符号甚至动画等视频符号，从而增强传播符号的丰富性和生动性，充分体现出数据可视化的易读性、悦读性优势。

第三，时空概念的整合。数据可视化不仅可以呈现事物的复杂结构和阐释工作原理，再现事件的过程和显示事物间的关系，而且可以将不同时空内的信息整合在一起，充分挖掘信息的价值和意义。尤其在互联网上，借助超链接、海量存储和交互性等特点，信息整合功能将发挥得更加高效。

2. 数据可视化有助于提升信息传播的审美价值

如果说文字报道是"写新闻",新闻摄影是"拍新闻"的话,数据可视化则是在"画新闻"了。既然是"画画",就要体现出设计者的艺术表现力,在传达信息的同时,在视觉上和心理上就要赋予受众一种双重审美体验。作为一种视觉传播形式,数据可视化与其他新闻产品的采制一样,都是对信息的加工和提炼。可视化不仅凝聚着实践者的逻辑思维,而且要在用色、构图等方面融入设计者的艺术设想,"要像记者那样去思考、探究和调查,像艺术大师那样去绘画"①。好的数据新闻的可视化产品不仅方便受众接受重要信息和新闻事实,还能让受众在视觉上得到享受,并在心理上产生愉悦感,过目不忘。

3. 数据可视化的应用方式

一是解读文本信息。可视化解读文本信息,一般通过统计关键词出现的频率,或者提取关键信息点来实现。比如,近两年的一些主流媒体在"两会"期间就是通过对报告中关键词的提取来解读其中的重要信息,这些关键词以数据为主,并附以直观图形,便于受众理解和记忆。

二是提供背景知识。新闻报道一般注重表现最新的变动和状态,而对背景信息和相关信息不可能作充分的说明。出于为受众解疑释惑,帮助受众全面、深刻理解新闻的需要,可以在适当的时候配发一些背景材料,包括新闻人物与组织、地理气候、科学知识、名词术语等,而这些信息既可以文字、照片的形式出现,也可以数据图表的方式来展示,其目的是帮助受众全面、深入地掌握和理解信息,对新闻价值有更清楚的认识。

三是揭示事物之间的联系。事物之间是存在普遍联系的,不同类型的联系影响着彼此的发展状况。新闻事件中也同样存在着各种联系,人与人、人与事、事与事等之间的联系推动着新闻事件的发展,清晰地揭示报道客

① 曹文忠.让新闻一目了然:新华社的图表新闻及其制作 [J].中国记者,2001 (4):43.

体背后的深层联系有助于受众理解新闻事件的真实情况和发展方向。联系即互动，报道客体间的互动具有复杂性，以抽象的文字来表述恐难以胜任，而可视化的方式则能较为轻松、明晰地表述和解析其中隐藏的联系，从而揭示新闻的深意。

四是阐述观点。数据可视化是在形象化地展示数据，但是，这种展示遵循着一定的逻辑关系，而并非随意性的排列和罗列。在可视化之前的数据分析阶段，梳理数据之间的逻辑关系是一项重要的工作内容。可视化的数据即是论据，经过图形化处理的数据，逻辑关系和论证思路明晰，更具易读性、易懂性，得出的结论往往也不证自明、不言而喻。其观点的说服力更强，更容易被接受。

五是基于时空维度呈现信息。事物的存在离不开时空。以时间线的方式来呈现不同时间节点产生的信息（数据），不仅能够清晰地叙述故事、聚合新闻，而且有助于通过分析具有历史跨度的信息，挖掘出数据背后的深意。数据地图则是从空间维度来呈现新闻要素的空间信息及其相互间关系的。数据地图的最大优势在于空间信息呈现的直观性和各新闻要素与地理关系的明确性，地图、数据与色彩的组合，以及交互技术的应用，提升了数据可视化的用户体验并增强了传播效果。

四、作为新闻叙事方式的数据可视化

进入 21 世纪以来，新闻报道有一个比较明显的变化是视觉效果被日益强调了。一方面，在现场新闻、通讯、特写等的采写中，记者有意识地、尽可能地使用一些富于形象化、立体感鲜明的视觉化语言，通过对事实的逼真性描摹，赋予新闻以强烈的现场感和画面感，给受众以身临其境的感觉；另一方面，可视化作为视觉化叙述方式，因其简洁易懂、传递快速、冲击力强等优势，日渐成为流行的新闻表达方式。这不仅是传统媒体核心竞争力和增长点的体现，也反映出当前新闻叙事的发展趋势。

1. 突破了传统的新闻叙事模式

新闻叙事就是通过一定的文学叙事手法，将新闻事实通过讲故事的形式，让事实信息的传播更具易读性、趣味性，让新闻事实的全貌能够更加全面地展示在受众眼前。[①] 传统的新闻文本是以线性的文字信息为主，"5W＋1H"被奉为传统新闻叙事的经典模式，做报道就是讲故事，时间（when）、地点（where）、人物（who）、事件（what）、原因（why）、怎么样（how）是故事构成的基本元素。传统的叙事方式在结构上形成故事中心化，在叙事过程中体现出明显的因果等逻辑关系。

数据新闻可视化叙事就是将抽象数据具象化，挖掘出数据之间的相关性，形成新闻文本的同时，制作出具有高度互文性、动态性、参与性的可视化信息，用动态、直观、互动的文本挖掘出数据背后的深层意义。这种叙事模式既增强了文本的交互性、内容的易读性，还加强了传受双方的互动性，为受众检验和学习数据新闻中所包含的信息提供了更加便捷的渠道。[②] 当数据成为叙事的主要语言时，传统的叙事结构和逻辑被打破，舍弃了以故事为中心的叙事结构，采用依据数据间的内在逻辑关系，从不同维度、以有序的方式排列和呈现数据，表现出信息的结构化，而呈现时的视觉设计和技术水准影响着可视化的效果。被视觉化的新闻不仅承载很多信息和数据，而且具有欣赏价值。这一方式在很大程度上受内容驱动，是一种新的新闻叙事方式。[③]

2. 弥补了传统新闻宏观叙事的不足

为了使故事更精彩和更具吸引力、感染力，传统的新闻叙事更注重细节，抓典型、找个案，力求"以小见大""见微知著"。当这种新闻叙事缺

---

① 刘杰. 数据新闻可视化叙事初探 [J]. 科技传播，2013（16）：26.
② 刘杰. 数据新闻可视化叙事初探 [J]. 科技传播，2013（16）：26.
③ 郑薇雯，姜青青. 大数据时代，外媒大报如何构建可视化数据新闻团队？——《卫报》《泰晤士报》《纽约时报》实践操作分析 [J]. 中国记者，2013（11）：132.

乏足够的新闻事实，或者说缺乏典型案例时，媒体往往采访一些、政府官员、相关行业的专家或负责人，用他们的话语和观点来提高报道说服力。但是，这种操作手法，一是可能存在"片面真实"和"断章取义"的风险，二是因私利、立场的不同，容易被人利用，使媒体的公共服务性大打折扣。

从统计学的角度看，传统的新闻叙事是基于个案或小样本的报道，数据新闻的可视化则是基于大样本或全样本的报道。个案报道以典型性、代表性给受众以启发，大样本或全样本则呈现出客观的一般性规律。可以说，可视化的叙事模式是通过数据对报道客体的一种宏观叙事。因此，数据新闻的可视化弥补了传统新闻在宏观叙事方面的不足，借助大数据的优势，表现出一定的宏观解释力。

3. 改变以文字为中心的传统新闻叙事

在以文字为中心的传统叙事方式中，文字是承载新闻信息的主体，即使有图片和数据，也只是文字的"配角"，为文字叙事做辅助。

数据新闻的生产流程可以划分为三个阶段，即获取数据、处理数据和呈现数据。第一阶段是海量的数据搜集与准备；第二阶段是深入分析、挖掘数据的新闻价值和新闻故事，并确立新闻选题；第三阶段是将数据、故事及深层含义以视觉语言的方式呈现给受众。可视化处于最后一个环节，可以说是报道的"点睛之笔"。因此，可视化的重要性远超过其在传统新闻报道中的作用，关系着新闻传播的成败，如今被提高到前所未有的高度。在数据新闻中，数据是叙事语言，数据可视化就是将数据以更清晰的逻辑和更好的阅读体验呈现给用户。从本质上看，数据可视化不是追求"酷炫"，而是一种新闻叙事，是一种诉诸视觉语言来呈现数据含义的途径，而并非唯一表达方式。

数据可视化作为对传统新闻叙事方式的升华，不仅有助于整合信息、提高信息传播的审美价值，而且在解读文本、揭示事物间的联系、表达观点上更加清晰、有效。尽管数据可视化的优势明显，但是，数据新闻的核心价值仍然在于挖掘出事实的真相。

第二节 数据新闻的可视化策略

数据新闻强调通过深度挖掘和分析庞大数据背后的联系来讲述新闻故事，正如英国《卫报》数据新闻编辑西蒙·罗杰斯所说："数据新闻不是图形或可视化效果，而是用最好的方式去讲述故事。只是有时故事是用可视化效果或地图来讲述的。"① 也即最终目的是用巧妙的可视化方式争取比文字更好的叙事效果，让用户更容易认知复杂的情景。

一、数据新闻可视化的媒体类型分析

1. 报纸的数据可视化

报纸上刊载新闻信息主要是用文字语言符号和图形符号，其可视化主要表现在由文字、数字、图形、色彩或照片等元素组合而成的静态信息图表上，色彩和图形在其中发挥着较大作用。随着传播方式多媒体化趋势的增强，静态信息图表逐渐显露出一些明显的缺陷。一是传播符号较少，缺乏趣味性。即使视觉设计再有创意，与多媒体的表达方式相比，也难以摆脱因表现手法陈旧而显示出枯燥和平淡的劣势。二是缺乏传受互动，影响传播效果的提升。静态图表难以调动视觉之外的感官，导致受众参与的积极性较弱，进而影响了认知和兴趣度。那么，报纸在可视化上如何破解这个难题呢？笔者认为主要可从三个方面入手。一是利用资源优化选题。党报、都市报都有着丰富的数据来源和专业的新闻人才，其策略重点在于"深耕"，在挖掘资源中实现原创，用敏锐的洞察力发现群众关心的话题，进而"精耕细作"。二是精编版面吸引眼球。数据可视化与传统编排方式的

---

① Rogers S. Facts are Sacred [M]. London: Faber and Faber, 2013.

有机融合，成为报纸视觉设计的创新点和吸引读者的有效手段。三是报网互动融合发展。纸质版和网络版相互补充，采取共同传播新闻信息的有效形式，一方面扩大了报纸数据新闻的传播效果和影响力；另一方面与受众形成互动，体现了多媒体融合发展的良好态势。比如，2016年"两会"期间的《人民日报》在纸质版上充分利用数据图表，结合传统美学艺术，尽展版面的魅力。在人民网上同步推出的"两会特刊全息图"与之呼应（如图4-1所示），首页简单明了，导航栏分类明确：热点话题、代表委员说、省份扫描等，电子报刊的交互性在网络上得到充分体现。在热点话题分栏中，"两会"期间每一天的热点话题都由气泡图来呈现，气泡的大小代表话题的不同热度，当受众对某个话题感兴趣时，点击该话题气泡后就会链接到《人民日报》上的相关报道。可以说这是一个题材多个形态，充分利用资源的理想方式。

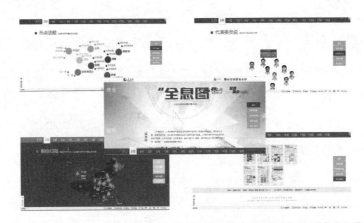

图4-1　2016年"两会"期间人民网同步推出的"两会特刊全息图"

2.电视的数据可视化

视频网站的出现为受众提供了更多的选择机会，电视的传统图像传播方式受到了挑战，而数据新闻的兴起，改变了电视以现场画面为主要载体的表达方式。除了采用数据可视化常用的静态、动态的信息图表和Flash动画外，为了丰富报道形式，让新闻信息更加形象化，使画面充满视觉美

感，作为艺术创作与科技手段相结合的电视制作，尝试性地采用了两种方
法。一是把数据图表与画面有机结合。比如央视在《数说命运共同体》中
将航运贸易、能源交换、商品流通、基建工程等抽象数据转化为"全球航
运 GPS 路线图""挖掘机热力分布图""茶叶的迁徙"等直观图像。把数
据与气势磅礴的画面融为一体，极大地提升了数据可视化的传播效果。二
是应用虚拟衔接技术。央视《数字两会》节目中有一期《国家忙碌这一年
百姓怎么看?》（如图 4 - 2 所示），在谈到"反腐倡廉"话题时，除了挖
掘、分析、可视化相关数据之外，在画面上"反腐倡廉"四字如泰山压
顶，坚固的笼子里囚禁一只"老虎"，还飞来一些"苍蝇"，主持人边拍苍
蝇边讲"拍苍蝇也绝不能含糊"，苍蝇应声而落，给受众带来了全新的视
角与体验。虚拟空间以及数据可视化技术使得枯燥乏味的政策解读变得生
动活泼。央视对数据可视化的运用被各地卫视纷纷效仿，如：江苏卫视推
出了《大数据看迁徙》《大数据说消费》；浙江卫视推出了《大数据看春
运》《大数据看出行》；湖北卫视的《湖北大数据》栏目也围绕着"春运"
"两会"等热点话题、焦点事件，运用大数据技术挖掘出许多鲜为人知的
新闻。

图 4 - 2　央视在《数字两会》节目中应用了虚拟衔接技术

3. 网站的数据可视化

网站的数据可视化多是在前期搜集整理了大量信息、多组数据，经过加工整理之后，制作成形态为"长图表"的专题，这类可视化产品在题材上丰富多样。时政新闻类图表以综合性总结和历史性回顾为主，内容经过精心策划和筛选；科普知识性图表则类目清晰、面面俱到、细致入微；民生娱乐类图表视角新颖、时尚健康、生动幽默。总之，网站可视化产品的优势主要表现在两个方面：一方面是专题性很强，分析事物透彻。借助网络空间的优势，可以有条不紊地安排各层级的信息。通过梳理时间线、空间线、反应线、互动线和资料线，合理体现信息、数据之间的关系与层次，从多个层面、多个视野上展开立体化的报道，满足人们对于一个事件或主题在广度与深度上的信息需求；另一方面是数字化带来参与感和体验感。从视觉效果和阅读体验看，长图表比单幅传统图表更具连贯性，用户只需滚动鼠标或者滑动触摸屏便可浏览整幅图表，这种自上而下的阅读流畅感是传统信息图表所不具备的。特别是融合了交互技术的可视化产品，打破了传统的新闻叙事方式，受众可以根据兴趣或需要，选择性地关注新闻，实现了信息对话和受众的参与性。同是 2016 年"两会"的可视化报道，澎湃新闻则统计了近十一年的政府工作报告中的热词，通过数据分析来反映国民所关注的热点问题的变化。澎湃新闻的可视化作品不是简单地罗列数据，而是在分析、整理数据的基础上，根据数据的特点，呈现一种规律和趋势，受众既可以看到近十一年纵向的趋势比较，又能看到各个热词之间横向的对比，有助于受众全面清晰地了解政府工作报告。一幅优秀的可视化作品不是简单地罗列数值，而应该有好的"数据分析"，澎湃新闻的《一图看懂〈政府工作报告〉》（如图 4-3 所示）展现了数据新闻"用数字讲故事"的特性。

图 4 - 3　澎湃新闻对 2006 年至 2016 年《政府工作报告》的统计分析

4. 移动平台的数据可视化

依据中国互联网信息中心的报告，2014 年我国网民使用手机上网的比例首次超过 PC 机上网比例，这意味着作为移动终端的智能手机开始占有更大的受众份额。近年来智能手机的软硬件发展，如滑动功能、触屏功能、缩放功能、定位功能等得到进一步的开发。另外，相比 PC 端，手机端的浏览器相对统一，可以较好地解决网页兼容性问题。微信等社交媒体的流行，使得 H5 作品可以轻易地通过社交平台进行分享，形成几何级增长的传播效应。随着移动端的快速发展，人们开始在 APP 上花费更多的时间，从中获得更多的信息。在众多的 APP 中，数据可视化不只是为了传达信息，更是窄屏上有效的"调味品"。在窄屏上阅读文字、数字比较费力，缺乏流畅感，与 PC 端相比较，其用户体验相对较差。当前较流行的设计方式是将可视化数据与动画效果结合起来，以此来增强界面效果，提升用户体验。在移动互联网时代，相对于静态的可视化数据，动态的可视化数据处理对用户而言，更符合其心理需求，也更具视觉牵引力。只有愉快的体验才能够引起用户的兴趣，他们才愿意付出更多的阅读时间，因此，如何通过动态效果把用户的注意力引导到界面中的重要信息，并使用户体验更加流畅，这是整个可视化过程中的关键环节。把数据与动态效果有机地结合起来，使可视化成为讲述新闻故事的"动画"，用户在观赏"动画"时了解数据的含义，在交互中感受数据的变化，进而提升用户的体验感。数据可视化不仅仅是对数据的美化艺术，更重要的是要处理好信息功能与外观之间的平衡关系。在移动端的可视化作品中，不单单要看"剧情"如何，"演技"有时也很重要。

二、数据可视化的常用呈现方式

随着各种计算机处理软件和制图工具的发展，数据可视化被用来展现数据信息，使人们在理解这些数据及其关系时，更易于发现其背后的新闻事实与意义。同样的一组数据可以从不同的维度来阐释，不同的媒体也可以采用不同的可视化软件来呈现数据，但总体来看，数据可视化常用的呈现方式主要有如下几种：

1. 数据地图

地图是一种表现事物空间地理数据的图形。空间地理数据是新闻事实的基本要素，与新闻中的人物、事件等密切相关，如城市道路的发展、自然灾害波及的区域等。空间地理数据较为抽象，空间感有时非语言文字所能表达清楚，采用地图来呈现则能删繁就简，化抽象为具体。

数据地图是数据新闻中最具有代表性的一种可视化类型。数据地图就是把数据添置在地图的坐标中，宏观、清晰地揭示地理位置与数据之间的关联。当数据新闻中的新闻事件涉及交通、地理位置等空间变化时，文字报道、静态图片往往难以帮助受众建立空间概念，而数据地图则可以将地理信息、新闻信息与新闻数据结合在一起，将数据按地理空间分类呈现于地图之中，在传达信息的同时，表现出时空的变化。现在有很多绘制数据地图的在线工具，通过图钉式定位、颜色更换、悬浮窗口等技术，帮助受众从宏观上把握某些地区的数据变化，如 GDP、CPI 或人口密度等。另外，空间数据和时间数据如影相随，在交互式地图中，拖动地图上的时间滑块，可以清晰地观察到线条粗细的变化（表示道路的发展），颜色的深浅不同（显示人口的稠密程度）等。

2. 时间轴

时间轴又称时间线（timeline），就是从时间的维度，系统、完整地记录、展现事物的变化轨迹，是基于时间顺序呈现事物发展的可视化形式。从叙事角度来说，大部分的新闻叙事其实都是按事件发生和发展的时间序列来讲述的。当讲述的时间跨度较长，或是事件众多繁杂之时，传统的新闻文本式叙述就有可能力不从心。如果将众多事件视作数据，就可以使用专门的软件制作成基于时间线的可交互的动态作品。①

当受众拖动时间轴上的滑块，与时间节点相关联的详细信息（事先制作的各种链接素材）就会相继呈现出来。时间轴便于将众多事件之间的时间顺序、因果关系表现得更明晰，增强受众阅读的持续性和使用黏性，更重要的是，有助于增强新闻报道的纵深感和历史感。

3. 数据图表

数据图表是以数据为主体的信息图表，有静态和动态、单一型与复合型的区别。静态数据图表主要用于表现数据之间的关系，常见的有饼图、条柱图、折线图等。动态数据图表也即交互式图表，融入了视频、音频和动画等元素，有利于减轻数据的枯燥感，提高受众的参与度。单一型数据图表是指在呈现一组数据时，选择某一维度，使用一幅图表。复合型数据图表则是从不同维度，制作多幅图表予以呈现，这类图表有助于展示事物的全貌。具体选择何种数据图表，主要依据数据的复杂程度和数据背后的意义大小而定，有时还要参考图表编辑所追求的视觉效果。

判断数据图表好不好关键要看它的来源。一般而言，来源的权威性、可靠性和中立性是高质量信息源的必要条件，特别是经过第三方审核的数据更能避免偏颇，增强可信度。数据是构建数据图表的内容元素，一个数据的错误可能会毁掉整个图表：坏数据＋好的可视化＝坏图表。② 数据的使用要考虑语境，这样才能公正地呈现事实，并以此来提高信息的可信度。如果缺乏上下文的佐证，受众可能被误导，或者难以理解数据背后的价值及意义。特别是只给出增长或减少百分比而没有给出基准数值的数据，就更没有任何参考价值了。③ 根据数学上对精确度的要求，有时数据需要保留

---

① 章戈浩. 作为开放新闻的数据新闻：英国《卫报》的数据新闻实践 [J]. 新闻记者，2013 (6)：10.

② Wong D M. The Wall Street Journal：Guide to Information Graphics [M]. W. W. Norton & Company Inc，2010：26.

③ Wong D M. The Wall Street Journal：Guide to Information Graphics [M]. W. W. Norton & Company Inc，2010：27.

小数点后几位，一些图表编辑为了方便操作，在数据整理、分析阶段就四舍五入了，导致最后的结果产生累计误差，影响了源于数据的信息价值和所要揭示的意义。当然，并非在制图中不能四舍五入，关键是在什么环节四舍五入，正确的环节是在最后的数据呈现阶段，这时候应该把误差降低到最低限度。

4. 交互式图表

传统的数据图表多为平面和静态的，传播符号少，趣味性弱，并由于缺乏传受互动，影响了传播效果。随着媒介融合成为新闻行业的趋势，一些媒体在设计制作数据图表时，充分利用网络特性，融入了多种传播符号，如添加地图、动画、音频、视频等，交互式设计不仅可以使受众点击图标，或者拖放进度条、输入数据，查询更详细的信息，还能使受众从数据和新闻中找到自己感兴趣的内容。交互式图表有助于加强受众的悦读性、参与性和互动性。交互式图表又称互动式图表（active infographics），其精髓在于"互动""对话"，弥补了传统信息图表传播符号较少，缺乏传受互动的缺陷。

根据受众的参与情况和图表设计制作的复杂程度，互动式图表有 Flash 动画型、信息查询型、问卷调查型和综合集纳型。互动式信息图表具有明显的时间线、地理方位、逻辑关系、视觉效果等特征。交互式数据图表对于传统数据图表，乃至传统新闻报道而言，其意义就在于让受众以一种愉悦、有效的方式参与到信息的传递过程中来，帮助受众更好地理解抽象的概念或复杂的事物。互动只是一种方式，其存在的最大意义是被受众便捷地使用并有所收获。

5. 人物关系图

在新闻报道中，人物之间的关系是随着事件的发展逐渐显露的，而时间越长，空间越大，人物关系就越复杂，受众梳理起来就越困难，花费较多的心智成本将会严重影响受众持续阅读下去的兴趣。人物关系图能够帮助受众更清晰地了解新闻人物之间盘根错节的关系。因此在近几年，人物关系图也成为报道中的一种呈现方式，尤其是在以数据挖掘见长的数据新闻中，用直观的图形梳理人物关系，既不会因关系复杂而使头绪杂乱，也不会丢失相关信息，更利于受众了解事物的全貌。

目前较流行的是交互式关系图，其最大优势是赋予受众选择信息的权利。图表设计师在构图与色彩的使用上积极创意，通过不同色彩、不同形状将各个人物加以区分，用线条将相关联的人物和事件相连。当鼠标点击关系图中的人物时，就会出现浮动窗口，介绍相对应的人物和事件，帮助人们把事件的来龙去脉弄清楚。比较具有代表性的是财新网制作的《周永康的人与财》，该图以周永康及其直系亲属、下属、家族下属企业和相关企业为内容，构建了一张关系复杂但脉络清晰的人物关系图，以直观、简洁的呈现方式帮助受众快速理清人物间的复杂关系。①

三、我国数据可视化的现存问题与发展特征

2013 年以来，数据新闻在我国传媒界开始蔚然成风，从纸媒、电视媒体到网媒、社交媒体，纷纷试水数据可视化产品，至今作为一项新鲜事物依然热度不减。数据新闻可视化的传播优势给新闻业注入了新的活力，但是它同样在实践中暴露出一些缺陷和问题。客观、理性地看待这些问题，也有利于我们对数据新闻的认识和理解。

1. 我国数据可视化的问题分析

第一，数据来源单一，图表缺乏互动性。从数据新闻的来源看，其主要来自政府、企业、社会团体等主动公开的数据库，或是媒体自己建立的数据库，或是用户数据、社会化平台上的 UGC、移动终端的地理信息，或

---

① 焦阳，张欣. 数据可视化：数据新闻的呈现之道——以财新网"数字说"为例［J］. 视听，2015（11）：122.

是物联网及各种传感器捕捉的数据。① 国内媒体的可视化作品所依据的数据主要来源于有关部门公布的材料，而对于公众关注的话题或舆论焦点，亲自组织调查、收集数据的情况较少。导致数据来源单一的原因是获取数据较困难，我国政府部门的数据有待进一步开放，数据造假现象有待治理，商业信息不系统也有待改善。另外，对数据的分析也主要是围绕新闻事件的某一方面或其表层展开，可视化作品呈现效果虽然简洁明了，但对数据挖掘的深度和广度不够，所呈现的信息和意义被受众一次性了解，在减少阅读时间的同时，也降低了回看的可能性。从图表类型看，国内较早尝试刊发数据图表的当属四大门户网站，其可视化作品均以静态图表为主，偶见交互式图表。尽管静态图表比传统的文字叙事形象生动，但缺乏与受众的交流互动，势必影响传播效果，不如交互图表更具阅读体验感。

第二，可视化设计过于追求酷炫效果。数据新闻可视化是方法、路径，不是目的，其目标是优化信息传递效率。一些媒体为了可视化而可视化，将手段当成了目的。可视化产品的设计、制作过于酷炫，遮蔽了数据信息的重要价值和意义，导致可视化产品的实用性不强，也误导了受众的注意力和思考方向。这是对可视化的核心内涵认识不明确的后果。"数据新闻不是图形或可视化效果，而是用最好的方式去讲述故事。只是有时故事是用可视化效果或地图来讲述的。"② 换言之，可视化只是数据新闻借助视觉来展示、表达与呈现数据含义的方法，并非是唯一的表达方式。数据新闻的技术基础是基于大数据的抓取、挖掘和分析，往往所揭示的事实、得出的结论，仅凭人力是无法从庞杂的大数据中发现的。数据新闻的终极目的是传播有价值的事实和结论，从传播效果的角度看是要实现信息的传达或观点的说服，数据可视化只是帮助内容（信息、观点）传播的有效手段，因

---

① 宋素红. 数据新闻：对传统新闻的完胜？[J]. 中国记者，2014（8）：85.
② Rogers S. Facts are Sacred [M]. London：Faber and Faber，2013.

此，也要遵循"形式服从内容"的原则。

第三，缺乏深层挖掘和问题意识。在挖掘数据深层的含义时，需要有问题意识。仅仅孤立地看待数据很难发现问题，这就需要从时间、空间的维度进行横向纵向的对比，而不是仅仅停留在展示数据的层面上，要勇于发现问题并作进一步的追问，这样的数据可视化才能在议题上有所突破，在话题上有热度，才能吸引并留住受众。"如果在一开始我们不知道自己想了解什么，或者不知道有什么可以去了解，那么数据就是枯燥的。它不过是数字和文字的堆砌，除了冰冷的数值之外没有任何意义。而统计与可视化的好处就在于可以帮助我们观察到更深层次的东西。"① 数据新闻的价值和意义并不只是用丰富多彩的图形将显在的数据呈现出来，而是对核心信息的挖掘，特别是"富矿"的发现更需要深入开掘，而不能满足于对浅层信息的梳理和呈现。缺乏数据挖掘的可视化产品仅是对既有信息的梳理，而不能生产出新信息。数据新闻的选题决策、数据加工以及数据呈现，实质上就是一个新闻的发现和深化的过程。

第四，缺乏对受众阅读习惯的认知和区分。大数据分析对新闻传播行业的一个益处就是对受众阅读行为的细化研究，进而提供个性化的产品。现实是我国传媒界缺乏对受众接收数据新闻情况的细分研究，对于目标人群并无精准定位，导致可视化产品定位模糊。可视化产品的受众也存在"外行看热闹，内行看门道"的情形。当然，"内行看门道"的前提是图表中的某些东西打动了受众，促使其能够系统地从中提取所需的信息，包括聚精会神地阅读每一个细节。这类受众对可视化产品的要求是组织严谨、条理清晰、多数据、少装饰性的图形。而"外行"是那些容易被视觉化图形元素吸引的受众，他们倾向于关注漂亮的图形，尽管有些图形并不能传

---

① Yau N. 鲜活的数据：数据可视化指南 [M]. 向怡宁，译. 北京：人民邮电出版社. 2012：2

递信息。因此，可视化设计师可以把目标受众划分为精读式受众和浏览式受众，在设计图表时，需要同时兼顾两种受众的行为特点。非专业的浏览式受众易于接受简单明了、生动直观、明示结论的可视化图表；专业领域中的精读式受众，则更倾向于交互性的、提供原始备份数据，以及专业分析过程的可视化产品。因此，在数据可视化生产时需要增强受众意识。

2. 我国数据可视化的发展特征

我国数据可视化的发展经历了由简单到复杂，由平面到立体，由辅助到独立，由静态到互动等跨越。可视化新闻产品不仅在我国的网络媒体站稳了脚跟，而且拓展到了电视及报纸等领域。可以说，无论是突发事件的报道，还是常规重大活动的信息发布，可视化新闻产品已经成为必备的传播利器。纵观近些年的发展历程，数据可视化在新闻传播领域表现出以下发展特征：

第一，传播地位由配角到独当一面。可视化新闻产品进入传媒领域初期，其地位是文字报道的配角，在找不到合适的照片来补充，或缺乏佐证报道内容的情况下，就考虑绘制图表来"打补丁"，顺便还可以"图文并茂"美化版面。现如今，一些报纸开辟了刊发数据图表的专版、专栏，过去都是在重大事件、重大活动时才播发图表，现在已经成为"常规武器"。大家熟知的四大门户网站以及新华网、财新网等也相继开辟了数据可视化版块，可以说，可视化产品地位由配合报道发展到独立传播，实现了传播地位的质变；由版面的"补丁"，变成媒介竞争中出其不意的"撒手锏"，继而发展为新闻传播的新常态。

第二，传播内容由单一到多样。初期的可视化新闻产品以地图和经济数据图表为主。随着技术和业务水平的不断提高，可视化产品的内容呈现出品种细分化的发展趋势，除了大家熟悉的时政类图表、重大工程图表、科技科普图表外，卫生类、文化类、体育类图表层出不穷。而每一类图表还可以再细分，如财经图表可以分为走势图表、解释类图表和专业知识类图表。科技科普图表也可以再分为常规科普图表和重大科技事件图表。可视化产品不仅呈现出品种的细分化、多样化，而且制作精良，专业化水平较高。

第三，呈现形式由平面静态到立体互动。可视化呈现方式的变化与媒介竞争环境、制图软件的升级换代密切相关。二维、静态的图表制作技术难度小、耗时少，明显优于立体互动图表，但是，具体到图表所展示的报道客体，如科技类、突发事件、重大工程等，则是立体、互动式图表更胜一筹。由于阅读体验、受众参与（众包）在新闻传播中日显重要，以及互联网所赋予的信息载负平台的互动特性，这些都有力地支持了交互式图表的盛行。3D MAX、MAYA、POSER 等三维软件以及 H5 的普及应用，也从技术层面支持了立体仿真图和交互式图表的发展。

第四，传播载体由纸媒到互联网。中外信息图表的载体经历了由报刊到电视再到互联网的过程，这和传播技术的进步、受众信息需求的变化相关联。从新华社新闻产品营销平台的图表用户和各传媒集团的新闻发布平台分析，即使是二维的静态图表，也都在网络平台有所体现。这种情况的出现和受众获取信息渠道的变化、网络传播技术的发展以及互联网交互、海量的特性密切相关。当前几家比较新锐的媒体，可视化呈现除了运用文字、图表，还可借助视频、音频等表现手段，使得可视化产品不仅仅囿于二维图和单一符号，还可利用三维图与多媒体形式来展示，因而带来了全新的阅读体验。

随着传播技术的发展，传播理念和受众地位的转变，数据新闻的可视化呈现将体现出适应移动互联网环境的特性，从而受到更多新闻用户的青睐。在尊重用户、遵循大数据规律的前提下，数据可视化将出现新的发展态势。

第三节　互动式数据图表的应用及设计

我们生活在一个多元化的社会系统里，数据的大量积聚使得人们对数据的整理、加工和传播有了更高的需求。数据可视化（data visualization）就是满足这一需求的最经济而有效的方式。通过分析、组织信息或数据，让其通过可视化手段进行再现和传递，数据更容易被理解和接受。

一、互动式图表的优势与发展

互动是一个社会学概念，指各种因素之间相互影响、相互促进、互为因果的作用和关系。托夫勒在《第三次浪潮》中预言，20 世纪 90 年代之后，社会将进入体验经济时代，更多地强调受众的参与性和体验过程。在信息社会的大背景下，互动也成为数据图表设计的一个发展方向。

数据图表就是一种可视化的传达方式。传统的数据图表是以平面和静止状态呈现的，随着传播方式多媒体化趋势的增强，传统数据图表逐渐显露出一些缺陷，而互动式图表可以弥补这些缺陷。

1. 画面富有动感和生机，更具趣味性

以纸媒为主要载体的传统数据图表是由文字、数字、图形、色彩或照片组合而成的，是不折不扣的静态图表。即使设计得再有创意，与多媒体的表达方式相比较，也难以摆脱因表现手法陈旧而显示出枯燥和平淡的劣势。而动态数据图表则不然，由于加入了音频、视频及动画等元素，增强了画面的动感和生机，更利于吸引受众的注意力。

2. 传受互动，信息量大，操作简单

我们常说的传播效果，实质上就是传播者通过传递视听信息而对受众产生的影响，使受众在态度、认知和行为上发生变化。吸引、动员受众参与传播活动，在传播过程融入交互环节，更利于实现舆论引导，取得预期效果。

随着传播技术的发展，传统媒体在内容制作和传播渠道等方面日益注重对网络特性和优势的运用，互动式数据图表（active data graphics）就是在这样的背景下应运而生的。它是发布在网络上，综合了文字、图像、音频、视频等符号，以动态为表现特征，具备了和受众即时互动，实现双向交流等功能的数据图表。这种传播方式的诞生，是在媒介融合大趋势下的一种主动而积极的应对。

互动式图表的使用可以追溯到 2001 年，美国的一家网站 MSNBC 就用 Flash 报道了"9·11"恐怖袭击。该网站用了 3 个图表分别介绍了撞击世贸大厦飞机的路线、世贸大厦内的情况与坍塌过程、世贸大厦第二次被袭击的情况。该图表运用了互动手法，受众可以连续收看五角大楼遭袭的所有片段，也可以选择其中的某一个片段，或反复收看其中的一个片段。[①]

2004 年 10 月，时任新华社图表编辑室副主任的朱剑敏走访了韩国联合通讯社，发现该社自 2002 年起，为了加强图表新闻参与网络传播的竞争力，充分依据视觉传播原理，引入网络动画、音视频拍摄及剪辑技术，研发了集文字、图片、图表、音频、视频、动画等于一体的网络互动式图表新闻（active news）。该类图表的推出使韩国联合通讯社图表组在国内名声大振。[②]

互动式图表的精髓在于"互动""对话"。帮助、引导受众通过自己的操作完成传播活动，不同的受众可以获得不同的信息。互动式图表同样有助于传播者随着事件的发展及时更新和添加内容。由于匹配了各种多媒体

① 彭兰. 网络新闻学原理及应用［M］. 北京：新华出版社，2003：289-290.
② 朱剑敏. 国内外图表新闻现状与新华社图表新闻发展构想［M］//传媒发展与未来规划，北京：新华出版社，2007：128.

的信息资源，互动式图表的信息容量往往很大，然而其阅读的操作过程却很简单，只需鼠标点击或拖拽便能获得所需信息。

二、互动式数据图表的类型分析

互联网、手机等新媒体的互动功能让传统媒体望尘莫及，借鉴和更好地发挥这种双向的传播模式，增强新闻传播的吸引力和效能，不仅被通讯社、报业集团所关注，也被一些门户网站所青睐。互动式图表具备了传统数据图表的构成要素，根据受众的参与情况和图表设计制作的复杂程度，大致可以归纳为四种类型。

1. Flash 动画型

指的是借助于 Flash 动画的数据图表，在图表的展示过程中仅需受众用鼠标点击某个图标，不同图片或图表将接二连三地展示相关信息。2011 年 3 月 11 日，日本发生里氏 9.0 级地震，地震引发大规模海啸，并导致福岛核电站发生核泄漏事故。搜狐网为此作了专题报道《日本 9.0 级地震引发系列灾害》。在该专题的上端就是一幅核电站机组运行的动态图表，标题是"福岛核电站到底发生了什么?"。受众首先看到的是机组在正常状态下的示意图，如果点击右下角的按钮"事故分析"，示意图上的冷凝水泵、水处理器、应急供水系统、循环泵、供水泵等部分即刻出现阴影，同时弹出"标注式窗口 1"，内容为"核电站的紧急供电设备因地震无法工作，冷却水无法被传送到反应堆"。该动态图表以阴影和"标注式窗口"的方式分 4 步依次显示了事故的原委。

2. 信息查询型

该类型图表主要通过受众的点击、移动等操作来获取信息，更多地体现出接受者主动搜寻信息的意识和行为。为此，尽量降低受众在查找时的心智成本，在制图中融入人性化设计成为关键环节。《华盛顿邮报》在其网站上推出了一款交互式新闻地图"时空"（Time Space）。该地图不仅能够显示邮报里最新的新闻，而且允许用户浏览来自全球各地的新闻、图片、视频、评论、博客等内容。移动地图下方时间条上的滑块，世界地图上则会出现一些灰色方框，这是在某一时间发生在某地并被邮报报道的新闻，点击灰色方框，即可显示新闻内容，还可以直接进入《华盛顿邮报》网页。有时，"时空"地图上的新闻还整合了来自多家媒体的内容，覆盖范围广，内容丰富（如图 4-4 所示）。

图 4-4 《华盛顿邮报》网站的"时空"新闻地图

3. 问卷调查型

该类型图表是以调查问卷的样式表现出来的。即时反馈信息是网络传播的突出优势之一，借鉴互联网的信息反馈功能，把调查结果即时反馈给受众，有助于提高受众的参与兴趣和动力。在 2012 年全国"两会"期间，中央电视台、中国国际广播电台，以及一些地方媒体和腾讯合作，推出了诸如《我有问题问总理》《两会问卷调查》《民生十问》等与网民互动的栏目，这些互动栏目无一例外地采用了问卷的形式，受众在提交答案后，即可查看统计结果。

4. 综合集纳型

简单说，该类图表是对信息的集纳与汇编，是网络媒体超链接技术和网状信息结构的应用，它主要是对近期重大事件或者热点新闻的归纳总结，是一种较完整的信息解读。对受众而言，"信息消费只是业余生活中的一部分，他们不可能全天候地跟踪世界的发展与变化，并做出合理的解释。这样一种跟踪与解读的工作，应该是由媒体来完成的"①。2011年新浪网为神舟八号和天宫一号制作了特别报道《仰望我们的天空家园》，包括"神舟八号发射全程3D模拟动画""透视神舟：中国人未来的太空房间""中国载人航天之路"，还有"生活在太空：聚焦国际空间站"等一系列互动图表。集合文字、照片、视频、音频、动画等传播符号，对受众而言，无疑是一次内容丰富的航天知识的盛宴。

三、互动式数据图表的应用特征

互动式数据图表是在"图表"的大框架下，将各种多媒体的操作手段运用到设计、制作中的一种形式，一般而言，互动式图表具有以下5个应用特征。

1. 具有明显的时间线索

事件性新闻往往是按照时间顺序发生发展的，且环环相扣。此类互动式图表首先梳理事件发生过程中的关键环节，然后在每一个重要的时间点，链接已经采集并加工好的素材（包括文字报道和相关的图片、视频、音频报道，以及现场效果图、Flash模拟动画等），受众通过点击时间按钮，便能够了解各个时间点发生的事情。2007年4月16日的《今日美国》在其网站上采用互动式图表报道了弗吉尼亚理工大学枪击案（Tragedy at Virginia Tech）。标题下的导航条中的第二个就是"Timeline"。点击该按钮会出现一条4月16日上午7点到下午5点的时间线。时间线上标明了11个时间点，还有3个信封图标。点击这些时间点和信封图标，则会出现对该时间所发生

---

① 彭兰. 中国网络新闻的六大发展［J］. 杭州师范学院学报（社会科学版），2004（5）：19.

事件的描述和学校发送给学生的 Email 的内容（如图 4 - 5 所示）。

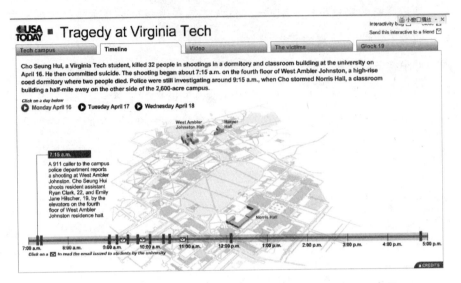

图 4 - 5　《今日美国》网站上弗吉尼亚理工大学枪击案新闻专题

2. 具有很强的地理特点

通常情况下，事件发生的地点和时间是如影相随的，但有时，地点的特性比时间还强。2015 年《柏林晨邮报》在其网站上刊发了一幅交互地图"你家门前有多吵"，如图 4 - 6 所示。受众通过滚轴放大地图，然后移动鼠标的指针到某个具体位置，地图上就会出现浮动窗口，显示该地区的噪声数据。地图制作得非常精细，加上所关联的大体量数据，可以精确到每个住户家门前的环境噪声情况，真实地反映出柏林一些地区的噪声已达到危害健康的地步。

《今日美国》报网络版也有互动地图的应用。打开《今日美国》报的网络版天气报道，点击"Weather"图标旁边的小箭头，在全美地图上的主要城市图标会依次显示最近 12 小时的天气情况。如果在右侧的搜索栏中输入城市名称，会在该栏的下面显示最近 10 天的天气情况。与以时间为线索的图表不同的是，以地点为主线的图表，更多地使用地形图和三维模拟图。

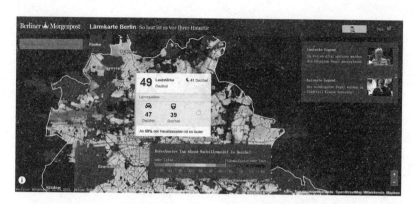

图4-6 《柏林晨邮报》网站关于柏林城市噪声的交互地图

资料来源：Tröger J，Möller C，Klack M，et al. Lärmkarte Berlin：So laut ist es vor Ihrer Haustür.（2015-09-22）[2017-05-17] http：//interaktiv. morgenpost. de/laermkarte-berlin/.

3. 具有一定的逻辑关系

这类图表大多是关于当前某一社会问题或者热门话题的讨论，对某种社会现象的阐释等，体现信息的深度和广度及各类信息之间的逻辑性是其特色。2008年11月14日，《纽约时报》网络版针对总统大选的投票情况做了一个互动式图表。该图表的主体是一幅美国地图，地图上边有一条具有投票资格的县市人口数量的线段，左侧是代表各类人群的按钮，包括黑人、白人、中等阶层、低收入者、天主教徒、失业者、大学生等，点击按钮，并拖动线段上的滑块，会在各州的版图上出现深红、浅红、深蓝和浅蓝的变化（蓝色代表奥巴马的选票，红色代表麦凯恩的选票），同时，右侧两位竞选人的选票百分比数字也相应变化，右下方代表3 141个县市投票情况的柱状图也随之呈现高低起伏的态势（如图4-7所示）。

4. 注重视觉效果展示

纸媒在报道中很难突破版面容量的限制，无法大面积地使用图表，而网媒则有着足够的空间来拓展报道。新浪、搜狐、网易和腾讯针对2011年重大新闻事件（以《人民日报》评选结果为依据），共制作了109幅图表，

图 4-7 《纽约时报》网络版有关 2008 年美国总统大选的交互图表

其中 41.3% 是以一个满屏的面积展示的。[①] 满屏的图表不仅保持了信息的完整性，方便受众专注地读图，而且满屏在构图、色彩上也利于整体设计。比如在 2011 年 7 月的甬温动车事故报道中，搜狐网在新闻专题中绘制了 3 幅满屏的示意图：第一幅为动态图，依据上面的时间线，一次展示整个事故的过程；第二幅为静态三维仿真图；第三幅是可以放大缩小的地图，通过滚动鼠标滑轮，会清晰地看到事故发生地的方位（如图 4-8 所示）。再如在

---

① 李欢. 新闻图表在重大新闻报道中的应用研究 [D]. 北京：中国人民大学，2012：32.

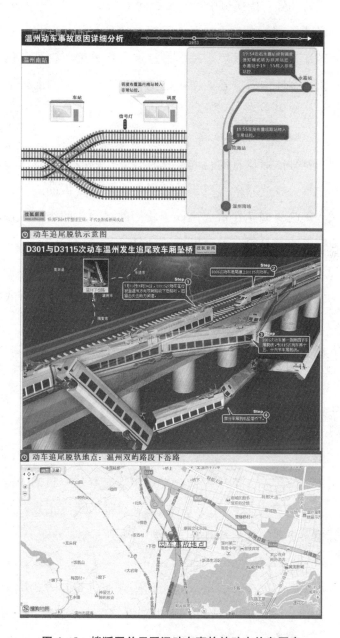

图 4-8 搜狐网关于甬温动车事故的动态信息图表

神舟八号和天宫一号对接报道中，新浪、网易和腾讯均以一个满屏来展现，深蓝色的宇宙背景给人浩瀚、神秘的遐想，神舟八号和天宫一号对接的动态三维仿真图让人有身临其境之感。通过点击相关按钮就可以模拟交会的过程，加上采用多种传播符号，在满足视觉、听觉需要的前提下，报道主题得以形象化的展示。

5. 交互式结构体现认知规律

采用图形符号传播信息的目的就是减轻受众的收受成本。加入互动交流功能，则能够提升受众的接受兴趣，进一步增强传播的效能。笔者综合考察了我国四大门户网站在重大事件中所用的互动式图表后发现，人性化在设计中得到了充分体现，并且非常尊重认知规律。具体而言，这些互动式图表首先是采用新闻地图或三维仿真图，来还原事件发生的场景、展示事物的结构。等受众对事件有了清楚的了解后，再用时间线方式梳理事件发生前后的关键点，分析事件发生的原因。接下来，或者以时间线、关键地点，或者依据事物本身的逻辑性来集纳相关信息，为报道提供背景知识，进一步拓展报道的深度和广度。

四、互动式数据图表的设计环节

互动式图表传达信息有两个关键问题需要解决：一是把数据可视化为相关联的图形；二是在互动中，受众易于实现有着认知目的的操作，并在可视化的各个环节获得信息。因此，从交互设计的角度出发，互动式数据图表的设计框架主要包括两个部分，如图 4-9 所示。

1. 传受交互操作设计

交互式数据图表的设计目的就是帮助受众通过交互方式快速、有效地发现所需要的信息，或者探寻到隐藏在抽象信息中的特征、规律或趋势。通常情况下，受众在互动之前有着明确的目标，设计者需要考虑受众的行为和心理特征，依据所传播信息的内容、属性，以及任务流程来进行设计。

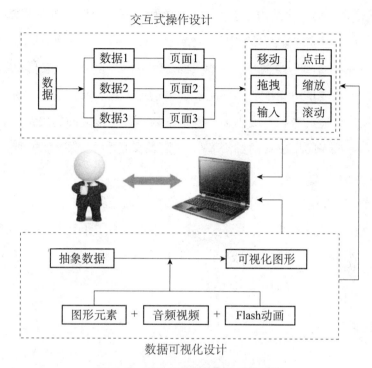

图 4-9　互动式数据图表的设计框架

第一步是把传播内容进行层次化的分解，确定各层次展示的先后顺序和位置（串行或并行）。第二步是在此基础上进一步明确不同层级的内容与网页之间的跳转关系。第三步是把操作步骤具体化和人性化。设计者考虑采用移动、点击、拖拽、缩放、输入、滚动等方式来帮助受众进入交互流程，并获取信息。有效的互动一定不只是形式上的，受众在互动中不只是为了点击鼠标，让受众在最短的时间内耗费最少的精力弄明白如何互动，并且获得实实在在的信息，是传受交互操作设计的原则。

2. 数据可视化设计

信息（数据）可视化是对某事物建立心理模型或心理图像，它是人类的认知活动，不仅涉及视觉经验，而且除了图形外，声音和其他感知形式都可以用作数据描述。信息（数据）可视化的主要任务是帮助用户从数据中提取信息。[1] 可视化结构是指能够被人的视觉有效处理的图形系统，一般具有三个基本组成部分：图形空间、标记及其图形属性。[2] 可视化设计就是设计者在一定的图形空间里，用标记及其图形属性对数据或信息进行编码。标记就是图形空间中的图形元素，包括点、线、面、箭头、标志、色彩等。设计者通过形状、大小、位置、排列、各元素之间的关系，以及对视频、音频和 Flash 动画的综合运用，把抽象的数据或信息进行可视化组合。

总之，在互动式数据图表的设计框架中，简捷实用是首要原则，即受众能在互动中找到获得信息的路径。互动形式是为了更精巧和有趣地呈现内容，并且让受众因此在内容上停留更长的时间，对信息有更充分的掌握。[3]

① Spence R. 信息可视化交互设计［M］. 陈雅茜，译. 北京：机械工业出版社，2012：3.
② Card S，Mackinlay J，Shneiderman B. Readings in Information Visualization：Using Vision to Think. San Francisco：Morgan Kaufmann，1999.
③ 马忠君. 走进《纽约时报》互动新闻报道部［J］. 新闻战线，2011（11）：92.

第五章 中外数据新闻比较与新闻传媒业的反思

中外数据新闻在实践上的不同之处不仅表现在数据来源、呈现方式和传播渠道等方面，而且在组织机构、运行机制上也有各自的选择。从立法、行业和技术等层面对个人数据的非法采集和过度分析行为加以规制，有助于数据新闻的良性发展。大数未必就是"全数据""真数据"，正确看待大数据，认识数据新闻在时间、技术、人才、成本等方面所面临的困境，有助于新闻传媒避免因盲目的数据崇拜而造成误判，保障新闻报道的科学性。

第一节 中外数据新闻的比较

经过几年的发展，欧美在数据新闻实践上已经取得了较大的建树，无论是成绩、突破还是经验、教训，都为尚处于探索期的我国传媒提供了学习的范本。只有比较才能发现差距和问题，才有赶超的意识和动力。

一、数据新闻编辑室的构成与运行机制

数据新闻主要是通过使用计算机和互联网来实现对数据的收集、整理及可视化，从生产特点与工作属性看，从事数据新闻的工作者类似于新闻编辑一类。这些数据新闻编辑在日常工作中除了寻找、分析、展示数据外，还要与记者沟通交流，征询他们的意见，比如如何找到数据，对呈现数据

的方式有何建议，此外，要参加一些新闻报道的策划会，为一些报道提供数据支持。

数据新闻的发展推进了媒体机构的改革，国外媒体称之为"推倒新闻编辑室的那面墙"。欧美媒体根据自身情况，在数据新闻编辑的组织安排及编辑室设置方面表现出多样化的特点。目前，数据新闻的组织机构主要有3种运行机制：

1. 建立松散的柔性组织

这种组织结构不建立专门的、独立的生产组织。这些工作人员平时分属于不同部门，当选题确定后，就以数据新闻项目的方式把大家汇聚在一起。比如，《卫报》的数据新闻团队目前主要由五人组成，其中 西蒙·罗杰斯创立了《卫报》的数据新闻项目，编辑《数据博客》和《数据商店》等栏目，约翰·伯思-默多克（John Burn-Murdoch）本人既是记者也是数据研究者，他们两人在数据新闻界相当活跃。其他成员则并非全职的数据新闻记者，同时还隶属于《卫报》的不同部门，从事其他新闻采编工作。[①] 这种结构有助于内部资源的合理利用和优化配置，不足之处是工作人员的归属感不强，存在沟通不畅、协作中不合拍的问题。

2. 把数据新闻团队嵌入新闻编辑部

这种团队成员以数据技术人员为主，他们在和其他新闻采编人员的合作中发现数据新闻项目。大家同在一个编辑部门也有利于相互的沟通交流与专业合作，使新闻敏感和数据处理技能可以更好地结合。2014 年 3 月，《纽约时报》在《创新报告》中提出改革传统媒体机构的计划：要脱离过去采编部分独立于其他部门，只关注内容生产的单一模式，加强与技术、设计、产品、市场部门的合作，记者、编辑也要参与到内容推广的流程当中。

---

① 章戈浩. 作为开放新闻的数据新闻：英国《卫报》的数据新闻实践［J］. 新闻记者，2013
(6)：9.

用户的需求是媒体内容生产和机构改革的动力之一。简言之，就是要把各部门进行融合，让数据团队入驻新闻编辑部。①

3. 组建独立的数据新闻部门

英国 BBC 的数据新闻团队和美国国家公共广播电台的"新闻应用团队"采用的就是这种模式。独立的工作组织使团队更稳定、更具凝聚力，同时也证明了媒体对数据新闻的重视。

国内一些门户网站在数据新闻的组织机构上采用的是第一种模式，没有设置专门的数据新闻生产部门，随机性比较强，根据需要由新闻编辑和设计人员合作完成。相比较而言，2013 年 10 月 8 日财新网成立的财新数据可视化实验室则相对灵活与成熟。该实验室有固定成员十人左右，包括编辑、程序员和设计师。数据可视化实验室与财新传媒的其他编辑部门定期讨论近期的热点话题，从中选取适合做数据新闻的题材。编辑部提供的选题需要实验室从数据量呈现形式、可行性等角度进行评估；而实验室提供的选题则需要编辑部从新闻价值和媒体的定位来进行衡量。在两个部门达成共识的基础上最终确定选题。一般情况下，由数据可视化实验室主导制作团队，根据选题需要从其他部门抽调合适的人手加入项目组。项目组的负责人由数据可视化实验室的成员担任，主要负责项目实施中的协调和整个产品的设计。在因某个项目而组合到一起的团队中，来自不同部门的成员优势互补、团结协作，打破了部门之间的壁垒。

新华网的数据新闻部就是比较固定的专门负责生产数据新闻的部门，它由约 20 名成员组成，部门主任和策划编辑负责确定选题，尤其是新闻性、政治性较强的选题，并将文字素材转换为适合直接呈现的短句等。数据分析师和设计师更多的是数据处理、可视化和平面设计。前端工程师写代码

---

① 喻国明，李彪，杨雅，等. 新闻传播的大数据时代［M］. 北京：中国人民大学出版社，2014：73-74.

和制作网页，实现交互功能。在对某一个项目或者话题进行开发时，负责该新闻的团队首先对选题进行讨论与分析，紧接着就是数据的抓取、收集和整理过程，在这个过程中，团队人员不间断地进行线上和线下的讨论和交流，由于个人对于数据的挖掘和理解不同，这种讨论有助于发挥每一个人身上的技术或者学科优势，最大限度地提高了沟通效率，避免内耗。

尽管三种组织结构各有千秋，但共同点在于数据新闻团队是一支具有复合型专业结构、体现媒介融合特征的新闻编辑队伍。数据新闻团队不仅是新闻报道者，也是新产品的研发人员。因此，要使工作团队呈现高效、精干的特点，比拼的不是采访力量和团队规模，而更看重具有新闻敏感的人、具有数据挖掘和分析能力的人以及数据可视化呈现的人相互协作。[①] 合理的专业结构、顺畅的沟通机制都是造就数据新闻组织机构的基础。

二、数据新闻选题类型的对比分析

数据新闻能否产生持久的社会影响力，主要取决于选题是否关注了公众利益，尤其是与公众的健康、经济、安全、教育等密切相关的内容。对这些选题，媒体通过数据分析，挖掘出常规报道所忽视的，不易发现的事实真相，这才是数据新闻的目的所在。

1. 国外数据新闻的选题变化

从 2012 年数据新闻兴起到 2016 年数据新闻热度不减，其间涌现了大量优秀作品，囿于案例的搜集能力和分析时间，本研究选择业界比较认同的"数据新闻奖"[②]（Data Journalism Awards，2012—2015）的提名作品和获

---

① 王斌. 大数据与新闻理念创新：以全球首届"数据新闻奖"为例 [J]. 编辑之友，2013（6）：17.

② 作为全球范围内第一个在数据新闻领域设立的专业奖项，"数据新闻奖"（Data Journalism Awards）自 2012 年创立以来，展示了当今优秀的数据新闻作品，在业界比较权威，能够反映数据新闻报道的发展趋势。

奖作品作为分析对象，来考察国外数据新闻选题上的变化。

2012 年全球数据新闻奖提名作品有 49 篇，6 篇获奖作品；2013 年有 72 篇提名作品，7 篇获奖作品；2014 年有 75 篇提名作品，9 篇获奖作品；2015 年有 61 篇提名作品，17 篇获奖作品。笔者按照政治、经济、社会、教育、健康、环境、犯罪、灾难、其他等标准，将这些作品的选题及内容归类整理，见表 5-1：

表 5-1　　　　　　　　　数据新闻奖（2012—2015）选题分析

年份＼类别	2012 年	2013 年	2014 年	2015 年
政治	窃听丑闻，议员档案，选举费用（2），**信息公开**（2），选举财政，官员薪水，公共采购，官员收入	选举投票（2），选举经费，政治献金（2），总统竞选，官员丑闻，联合政府，选举情况，**国会经费**，官员财产，信息公开，宣传邮件，官员档案，议会议题，划分选区，**权力结构**，政党选举	选举投票（2），政党分布，选举费用，总统竞选，市政府选举，裙带关系，**官员财产**（2），国会经费，媒体法效用，政治群体，信息审查，美德关系，NSA 文件泄露，司法效率，选举权法案，选举经济，政治费用，议员活动	**选举投票**（7），**官员财产**，政府薪水，公共廉政，法院审判，竞选主张核实，联邦德国与民主德国的观念，议会立法，法院捐赠，政治献金，新闻审查
经济	公民收入（2），预算影响，商业发展，地区发展，交通补贴，社会发展，国家发展，占领华尔街，经济衰退，外汇交易，跨国贸易，财政支出，国民缴税，空置房屋	经济表现，资源贸易，能源经济，社会发展，媒体产业，贫富差距，生活成本，跨国工作，财政支出，**男女收入差距**，失业率	经济全球化，海外经济，军费支出，收入不均，瑞士发展，财产比较，**城市发展**，**收入差距**，美国税率，贫困人口，经济走势，**房屋所有权**，行业收入	财政支出，就业问题，收益分配，市政公债，任意没收，**昂贵的汽油价格**，就业市场，收入差距，交易模式，**汇丰银行**，**企业避税**，**贫困问题**，收入比较，利率目标，GDP 增长，就业市场，支票兑现，失业率，工人减少，房地产市场与选举，欧盟气候问题花费，新媒体市场，收入不平等

续前表

年份 类别	2012 年	2013 年	2014 年	2015 年
社会	煤气分布，人口档案，街区变化，移民去向，社交媒体（2），**谣言传播**	移民生子，警察稀缺，**阶层分级**，亿万富翁，少年儿童，人口普查，消防事业（2），高速公路问题，**同性恋权益**，儿童救护，种族隔离，女性学术，粮食援助，宗教调查	慈善机构，矿工权益，**欧洲移民**（2），能源供应，数字时代，人口变化	**博尔扎诺的中国人社群**，互联网，男女比例，地方交通，柏林人口，车间死亡，学术社交，非法移民，**个人信息**，叙利亚难民，非洲儿童，职业追踪，出租车，移民拘留，消防人员，不平等，地方全国出版物，电梯，推特，城市化，全球城市
教育	教育贷款，**教学成绩**，学校档案（3），学生成绩，学校监控	学校档案（2），教育成果，学校信息		**教育收益**，校园事故，教学成绩
健康	医疗事故，医疗账目，儿童死亡，医疗救助，**药物使用**，医疗官司	医疗费用，器官交易，健康问题，药品滥用，生育医疗，医院分布	药品数据，药品滥用，医疗费用（2），看病等待，药物用量，心脏疾病	**疫苗接种，治疗追踪**，医疗保险，医疗费用，抑制素比较
环境	污染物排放，环境污染，水源污染	环境问题	加州干旱，易涝地区	**二氧化碳**，物种灭绝，加州干旱，土地流失，海平面上升，水资源保护，化石燃料
犯罪	谋杀人数，街区犯罪率，执法不力，枪支管制，**恐怖主义**，记者受暴，毒品冲突，警察巡查，警力状况	枪支管制（2）	枪击事件（2），枪支管制（2），大规模杀人	恐怖主义，抢劫犯罪，"圣战组织"，家暴，毒品，性犯罪，性侵犯

续前表

年份 类别	2012 年	2013 年	2014 年	2015 年
灾难	**交通事故**（2）	福岛核泄漏，地震损失	拉普拉塔洪水，灾难数据，桑迪飓风，波士顿马拉松爆炸事件	辐射污染，一战、二战伤亡，交通事故
其他		运动员档案，航班路线，**作品拍卖**，棒球投手，伦敦奥运会	**全球问题**，飞机航线，滑雪爱好者，纽约时装周，行星资料	**运动喜好**，艺术奖项得主，球赛模拟，奥斯卡奖得主，音乐欣赏，世界杯球队

说明：
①表格中黑体部分为获奖作品选题，其他为提名作品选题。
②括号内数字代表选题出现的频次，没有括号标注则为一次。
③由于一些作品属于个人或团队数据新闻展示，或者是数据新闻站点和应用，对选题的涉及不是很明确，笔者将这部分作品排除在外。
④NSA 为 National Security Agency 的缩写，即美国国家安全局。

　　总体上看，国外数据新闻选题越来越丰富，范围越来越广泛，这方面从获奖及提名作品数量的变化可以看出来。此外，2015 年数据新闻奖新增了"突发事件中的新闻数据运用"这一奖项类别，并注明为在事件发生 36 小时之内所刊发的数据新闻报道，此举既是对新闻时效性的凸显，也意味着数据新闻报道选题的进一步丰富。政治、经济、社会等议题始终是数据新闻关注的重点领域，政治议题中的投票选举，无论是地方市政府选举还是国家领导人竞选，一直深受报道者青睐，而围绕选举相关的议题如党派、费用、宣传、主张、活动等也颇受关注，经济议题中的财政支出、收入、税率等问题在每年的数据新闻奖中都有体现，这也反映了当今世界政治民主化和经济全球化的发展趋势。

　　位于选题类型前列的政治、经济和社会选题在 4 年里发生了一些变化：

　　● 政治类选题越来越关注对政府机关、公职人员、司法机构权力的监督，从 2012 年对官员收入的公开到 2014 年政治裙带关系的揭露，再到 2015 年对法院审判、法院捐赠的监督以及廉政建设的报道，反映出传媒界对国家机关的监督意识更加强烈，这受益于政府信息公开、相关数据的获取更加便捷等因素。

● 经济类选题越来越关注收入差距与不平等、贫困、就业等问题，更加注重分析国民收入与经济发展是否协调，而不仅仅是国家宏观经济的发展。2013 年注重对贫富差距、男女收入差距以及失业率的报道，2014 年注重对于贫困人口、收入不均的报道，2015 年这些方面的作品则更多了，如从不同的角度对就业市场、工人减少进行的分析。此外，经济类选题由关注经济大的发展方向逐渐向小切口转变，注重以小见大。2012 年经济类议题主要是围绕商业发展、地区发展、国家发展、经济衰退等，而到 2015 年则出现了工人减少、汽油成本等选题，从微观视角反映经济发展中的问题。

● 社会类选题对特殊群体的关注越来越多。2013 年关注的是同性恋群体、少年儿童、警察、女性，2014 年媒体转向报道矿工、移民，2015 年开始关注中国人社群、叙利亚难民、非洲儿童、移民以及消防人员，彰显了传媒业的人文情怀。

综合归纳 2012 年至 2015 年国外数据新闻报道选题的变化，主要有以下几个方面：

第一，报道视野转向全球。报道选题不再局限于一国一地，全球范围内的数据、事件都在报道范围之内，当然，由于本国数据资料的易获得性，本国的数据新闻选题还是占绝大部分。在犯罪类议题中，选题由 2012 年的街区犯罪扩展到 2013 年、2014 年全国的枪击事件，再扩展到 2015 年对恐怖主义、"圣战组织"的关注。灾难类议题中瑞士对 2011 年日本福岛核泄漏影响的报道，社会类议题中 2015 年对叙利亚难民的报道等，体现出报道视野在不断拓展。

第二，热点时事报道增多，凸显新闻时效性。数据新闻作为新闻的一种形式，依然要遵循新闻传播规律，追求选题的时效性和新鲜度，越来越关注当下的新闻事件。比如灾难类选题，2012 年还仅仅是对交通事故的报道，2013 年、2014 年则延伸到当年天灾人祸的报道，如日本大地震、拉普拉塔洪水、桑迪飓风、波士顿马拉松爆炸事件。各个年份标志性的事件也被纳入报道范围，如 2013 年的伦敦奥运会、2014 年的纽约时装周和 2015 年的世界杯和奥斯卡奖（数据新闻奖项评选的一般是前一年的报道内容）以及 2015 年的叙利亚难民问题、网约车对出租车行业的冲击等等，都反映了以时事为选题的报道在增多。

第三，泄密文件报道和追踪报道增多。数据挖掘技术的发展让报道选题更加丰富，2015 年的两个获奖作品就是依靠泄密文件制作出来的调查报道：《瑞士泄密》是关于汇丰银行如何从遍布世界各地的逃税者和犯罪分子身上获利的报道，《卢森堡泄密》则是关于超过 370 家企业规避上亿所得税一案的报道。追踪报道的数量也增加了，2015 年获奖作品中有一个是对于治疗效果的追踪，还有一个对于个人信息的追踪，均获得了公共数据奖。此外还有对职业的追踪报道。

第四，环保报道增多。2012 年关于环境的报道作品只有 3 个，2013 年 1 个，2014 年 2 个，到 2015 年则有 7 个，选题也从环境污染扩展到化石燃料、物种灭绝、干旱、土地流失、海平面上升，反映出环保问题引起了更多的重视，人们对环保的认识更加深刻。

第五，"软"新闻增多。一些数据新闻作品性质偏"软"，富有知识性与趣味性，用可视化、游戏等方式，以新奇亲切的视角向公众展示世界。这类报道逐渐增多，从 2012 年的零个到 2013 年、2014 年的 5 个，再到 2015 年的 6 个，内容也从飞机航线、运动员档案到如何获得奥斯卡奖、测试运动喜好、球赛模拟等。

第六，档案类报道减少。2012 年和 2013 年数据新闻作品中有不少信息档案类的作品，如社会议题中的人口档案，教育议题中的学校档案，政治议题中的议员档案，还有运动员档案，在 2014 年和 2015 年这种类型的报道就很少了。

结合选题内容和报道时间，我们可以发现，早期的数据新闻实践囿于传播技术和数据采集分析能力，在选题上更多的是关注一些具体的新闻事件，特定性和纵深性在数据的收集和挖掘上体现得较明显，比如交通事故、某个谣言或某次反恐等。而通过考察 2014 年和 2015 年的获奖作品，我们发现选题范围在逐渐扩大，开始把城市发展、收入差距、移民问题等时空跨度更大的话题纳入数据新闻的报道视野。一些数据新闻作品出现对多组数据的处理，从不同数据中挖掘出不同的结论，从不同的角度来叙述新闻主题。报道选题在广度深度上的拓展，反映了传播者报道思路的变化，之所以"敢想敢做"，根源在于数据源的获取状况有了更好的改善，大体量、多元化数据为很多议题创造了被挖掘的基础和机会。实际上，影响报道选题变化的因素不仅有客观的国际政治、经济、文化等宏观形势，还会有国别、传播理念、传媒技术等因素，以及一些难以预测的突发事件，都会共同作用于媒体在数据新闻生产中的选题决策。

2. 国内数据新闻的选题情况

2012 年之后，新浪、搜狐、网易、腾讯等四大门户网站开始用数据来解读新闻，并为此开设了一些数据新闻栏目。这些栏目在报道选题上表现出一些共同的特点：大多是当下的热点新闻，或者和老百姓工作、生活关系密切的话题。这些新闻或话题涵盖了时政、财经、民生、科普、娱乐等领域，易于满足受众的欲知期望，拉近和受众的距离，因而更能够引发受众的关注。比如选题多围绕重大事故、贪腐、雾霾、养老金、房价以及食品安全等。这些话题，特别是民生领域的，往往关联着受众的切身利益，比较容易引起大多数受众的共鸣，部分受众阅读之后还会进行评论或者分享。

财新网的《数字说》代表了门户网站的较高水平，受众点击页面右侧的矩形结构图即可阅读关注的话题（如图 5-1 所示）。《数字说》的选题范围包括经济、环境、房地产、IT、食品安全等，除了与网站定位契合的经济类新闻外，也关注热点时政新闻和社会新闻。

图 5 - 1　财新网的《数字说》栏目

与网络媒体相比，受版面空间的影响以及可视化技术的应用程度限制，只有较少的报纸在进行数据新闻的尝试。《南方都市报》佛山新闻部于 2012 年 5 月首开"数读"版。该专版的发展经历了 3 个阶段：第一阶段，对于民调、排行榜、调研报告等新闻，直接把数据转换为图示；第二阶段，搜寻存在于不同时空的海量数据，并按照各种角度和创意进行深加工，发现数据之间的逻辑关联和真相，使新闻内容实现增值；第三阶段，与新媒体嫁接，实时地、动态地、开放地，将数据新闻转化为数据应用产品。① 后来，《南方都市报》在 A 叠设置了一个"数据"版，不定期地以数据的方式报道新闻。选题多为当前的热点新闻，报道范围从广州本地延展到全国，呈现方式以信息图表为主（如图 5 - 2 所示）。

《北京晚报》从 2012 年开始探索数据新闻，并在实践中进行了初步尝试。在数据新闻的实践中，《北京晚报》除了通过记者采访来发现数据，有

---

① 邹莹. 南都一期"数读"作品的诞生 ［EB/OL］. (2013 - 11 - 20) ［2017 - 05 - 15］. http：//www.nfmedia.com/cmzj/cmyj/jdzt/201311/t20131120＿362395.html.

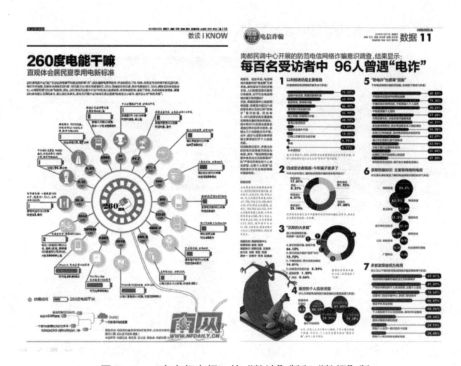

图5-2　　《南方都市报》的"数读"版和"数据"版

目的地搜集、整理有关选题的数据，还关注有关部门的研究报告，从中挖掘出具有新闻性和社会意义的选题。北京市政协社法委青少年工作小组、团市委和对外经贸大学廉思团队为勾勒出"80后"在京工作青年群体在北京的居住图景，从2013年4月起，累计召开了8场座谈会，发放了5 000份问卷。三方合作所完成的调研报告于2014年1月在《北京晚报》推出，协同刊发的两个版面中的数据图表就是基于调研报告绘制的（如图5-3所示）。

国外数据新闻的选题主要集中于调查性报道。只有揭示数据背后的社会问题、调查影响深远的新闻事件，才是数据新闻的核心功能和用武之地，而不是普及常识。与国外类似数据新闻产品相比，我国的报道选题显得在横向信息的拓展和纵向信息的挖掘上力度不足，给人言犹未尽的感觉。

图 5 - 3　《北京晚报》基于调研报告的数据图表

三、国内外数据新闻实践中的差异

1. 数据来源的差异

数据来源对数据新闻实践发挥着决定性影响。因为信息开放程度不同，中外数据新闻实践中在获取数据的来源方面也存在差异。就社交媒体产生的数据量而言，我国腾讯的微信、QQ 所拥有的用户并不比 Facebook 和 Twitter 的用户少，每天所产生的数据也不比 Facebook 和 Twitter 少，并且在地域上更集中，信息密度更大。Google 退出中国市场使得百度一家独大，尽管在世界排名中，百度居于 Google 和 Yahoo 之后，但其作为最大的中文搜索引擎，在用户总量上具有不可小觑的优势。可以说，在收集、挖掘社交媒体、搜索引擎用户所产生的巨量数据方面，我国数据新闻在实践上先天并不弱于欧美媒体。但遗憾的是，目前我国多数数据新闻产品的数据来源中，来自社交媒体和搜索引擎的数据所占比例较少。

开放数据运动有力地推进了全球开放数据运动的发展。2009 年美国的 data.gov 上线，2010 年英国创建 data.gov.uk，2014 年 2 月，有 63 个国家加入了开放政府合作伙伴组织。这就为数据新闻的发展创造了良好的外部环境。西方媒体除了能够从政府部门获取各项详细数据外，还有类似"维基解密"或"棱镜门"这样的泄密事件所带来的庞大数据。例如获得 2015 年数据新闻"年度最佳调查"奖的作品《瑞士泄密》（Swiss Leaks），就是在瑞士汇丰银行前雇员法尔恰尼（Falciani）窃取的机密资料（6 万份文件包含了 203 个国家近 10 万名客户的账户资料，金额超过 1 000 亿美元）基础上制作的。国际调查记者同盟（ICIJ）在获取该资料后与 45 个国家的 140 多名记者合作，进行了深度挖掘，曝出汇丰银行瑞士分行协助客户避税及隐藏巨额资产的特大新闻，引发国际关注（如图 5-4 所示）。可以说，广泛的数据获取渠道、巨大的数据体量使欧美数据新闻在选题决策上更加灵活，在内容生产上更具广度和深度。

图 5-4　2015 年数据新闻"年度最佳调查"奖的获奖作品《瑞士泄密》

　　国内许多数据新闻产品来自无新闻采访权的网络平台，其数据来源主要依靠传统的主流媒体，而这些主流媒体的数据又主要来自政府部门。这不仅暴露了数据来源单一的问题，还受限于政府数据公开的程度，导致用于数据挖掘的量很难达到足够大，进而影响了国内数据新闻的广度、深度和原创性。有国内学者对 2015 年首届数据新闻大赛作品进行了实证研究，发现业界所采用的数据主要来自政府与政府组织（政府在政府信息公开网站或政府报告中直接公布的数据）、非政府组织与企业，分别占 52％和 43％。[①]虽然我国数据新闻的数据来源较广，包括政府、研究机构、企业、媒体等多个渠道，但巨量的数据还是掌握在少数互联网企业手中，它们自己所抓取和挖掘的数据也主要用于商业营销等目的。近年，我国政府逐渐认识到了大数据的重要作用，也在加大数据库建设和数据开放的力度和范围，但数据来源的种类和量级与欧美数据新闻相比依然存在着一定的差距。

　　2. 呈现方式的差异

　　众所周知，人的大脑皮层当中，有 40％是视觉反应区，人类的神经系统天生就对图像化的信息最为敏感。通过图像，信息的表达和传递将更加直观、快捷、有效。[②] 因此，借着大数据的"春风"，国内外传媒在数据可视化方面都想有所作为，限于各自的传播环境和技术实力，中外媒体在呈现方式上各有侧重，呈现水平上也有所差别。

　　通过梳理、分析国内主要媒体的"数据可视化"产品，我们发现，除获得数据新闻奖的几篇作品采用了交互方式之外，绝大多数是静态图表。无论是四大门户网站的数据新闻栏目，还是新华网的数据新闻产品，基本都是以静态的长图表为主。尽管信息含量丰富，构图上主次分明、逻辑清

　　① 陈积银. 中国数据新闻实践的前沿：基于中国首届数据新闻大赛作品的实证研究［J］. 西北师范大学学报（社会科学版），2016（5）：142.

　　② 涂子沛. 大数据：正在到来的数据革命，以及它如何改变政府、商业与我们的生活（3.0 升级版）［M］. 桂林：广西师范大学出版社，2015：102.

晰，但从严格的大数据标准来衡量，可能用"图解式信息图表"来表述更准确一些。所谓的"图解式信息图表"就是把原本用文字传播的信息，转换为用图形来传播，用图形的视觉效果来引发受众的关注，以数值的上升下降、百分比的变化、图形之间的逻辑关系、构图与色彩等的含义来引发受众对所传播信息的思考。"图解式信息图表"的优势在于将冗长复杂的信息条理化、直观化，特别是对那些错综复杂的各种关系加以梳理，使其脉络明晰、一目了然。另外，从技术层面看，"图解式信息图表"往往采用Photoshop、AI和Coreldraw等图形图像软件，相对于繁琐复杂的表现交互的软件更易于操作。国内学者认为，信息图表是将数值型和文本型的信息形象化、可视化的一种方式。信息图表的作用主要表现为呈现数据、提示要点、图解过程、梳理进程、揭示关系、展现情状、整合内容、表达意见、分析解读等。[①] 而最能够显现信息图表作用的莫过于对事件进程的数量和复杂关系的揭示及深层意义的解读，但是，由于呈现方式局限于静态化和平面化，使得可视化的设计理念难以有创新性，反过来影响了数据所承载的传播价值、社会意义，使图形在表现上缺乏内在逻辑性，难以实现受众对深层含义的探究。

国外的数据新闻在呈现方式上表现出多样化的特点，不仅有静态的信息图表、数据地图，也有时间轴和交互程度不同的可视化方式，用于呈现那些关系相对复杂、背景较为宏观的数据。梳理国外一些经典的和获得数据新闻奖的作品，它们几乎都采用了可交互型数据新闻报道方式。这些具有交互功能的可视化产品，不仅有助于受众快速发现自己感兴趣的信息，而且可以提供定制化的信息服务，帮助受众参与到信息的呈现过程中。

3. 传播渠道的差异

虽说数据新闻兴起于欧美，对我国传媒界而言是舶来品，但处于变革

---

① 彭兰."大数据"时代：新闻业面临的新震荡［J］.编辑之友，2013（1）：10.

中的我国网络媒体意识到了这种传播方式的潜力，几乎在其兴起的同时开始试水数据新闻。从传播渠道的角度分析，我国数据新闻实践与欧美传媒界的不同之处主要有两点：

第一，数据新闻的传播主体不同。以搜狐、新浪为首的门户网站利用其技术优势，走在了传统媒体的前面，纷纷开设数据新闻栏目。这些网络媒体既是开拓者，也是目前我国数据新闻实践的中坚力量。新华社图表室虽然较早地开展了图表新闻的制作和发布业务，把抽象的数据图形化，但从数据体量上看，还不能称为大数据，且篇幅较小，主要为国内报纸供稿。2013 年 3 月全国"两会"期间，《人民日报》破天荒地大量应用信息图表，5 月还在人民网上刊发了长图表"走进中央党校的国际政要"，尽管有学者认为这标志着传统媒体数据新闻实践的开端，但对其内容分析后发现，该图表主要是对 2002 年至 2012 年期间，10 位国际政要在中央党校发表演讲的梳理，信息要素包括国别、职位、姓名、到访时间、交流形式、演讲的主题及概要，还算不上是数据新闻。从严格意义上讲，我国传统媒体的数据新闻发端于 2014 年央视与百度合作的《据说春运》。尽管地方媒体中如《南方都市报》《新京报》等也不定期地发表一些数据新闻产品，但总体上看，我国数据新闻的实践者中，传统媒体仍属凤毛麟角，传播主体以网络媒体为主。欧美则与之形成鲜明对比。英国的《卫报》、BBC 和美国的《纽约时报》《华盛顿邮报》等都是数据新闻的领跑者，在传统纸媒式微的情况下，这些大报把数据新闻作为转型变革的试验田，探索走出困境的策略。尽管有类似 ProPublica 的网站也进行数据新闻实践，但总的来说，仍是传统媒体在引领国外数据新闻的潮流。

第二，数据新闻传播媒体的类型覆盖面不同。国外数据新闻的传播媒体主要集中于主流大报的网站，传播渠道的类型相对较窄。相对而言，我国数据新闻作品的传播渠道则更多一些，即针对不同传播媒介的特性，传播不同的数据新闻作品：有传统报纸和电视，如央视、地方报纸和地方电视台；有门户网站如新浪、腾讯等；有搜索引擎如百度；还有客户端如澎湃新闻。在传播渠道类型上，我国数据新闻的传播媒体更加多元化，媒体类型的覆盖面更大。

四、对中外数据新闻实践差距因素的分析

在数据新闻实践上，造成我国与欧美等国存在差距的原因是多方面的，不仅表现在新闻生产理念上的不同，还有新闻人才、生产技术等内部因素和数据源开放程度等外部环境的影响。以上影响因素在前面的一些章节已有论述，另有两方面的因素同样值得深思：

1. 受众定位与数据新闻特征的一致性

自 20 世纪 90 年代中期以来，处于社会转型期的我国社会结构在不断分化，产生了不同的社会阶层，其中以平民阶层（大众阶层）占了人口的大多数，中产阶层、白领或精英群体则处于少数。数据新闻产品传播效果的实现，除了需要相应的设备和条件（如计算机、能上网）之外，更重要的是受众的解读能力，毕竟读懂数据可视化产品，无论是数据地图、信息图表都需要一定的心智成本。从某种意义上看，数据新闻产品更符合中产、精英阶层的信息需求。而我国数据新闻实践的主体是几家门户网站、央视和都市报，它们的目标受众则以普通市民（平民阶层或者大众阶层）为主。产品特征和受众定位之间的尴尬状态使得我国数据新闻在专业水平不足和曲高和寡之间摇摆不定。

欧美社会结构呈枣核形，占人口大多数的中产阶层也是各类社会媒体的目标受众、主要的信息消费者。《卫报》《纽约时报》《华盛顿邮报》以及 ProPublica 网站等媒体通过挖掘出大数据隐含的信息价值，并以相应的呈现方式传播出去，整个过程不仅体现了数据新闻的产品特性，而且也满足了广大受众（中产阶层）的共性和个性化需求，实现了受众定位与数据新闻传播特征的一致性。

2. 传媒环境给予新闻主体的发展空间

在我国传媒生态环境中，传媒业的各项变革主要来自于行政管理的驱动，而非像完全商业体制下的欧美传媒行业那样，源自于媒体自身变革和遵循市场调节的需求。数据新闻也属于新闻传播变革的方式之一，国内外传媒都视之为大数据时代变革新闻传媒业的有效方略。具体而言，我国数据新闻的实践主体是网络媒体，但是，大多数网站尚未获得新闻采编权，尽管在数据处理技术等方面具有优势，但在获取数据方面难免有障碍。完全依靠传统主流媒体所提供的数据势必影响报道的原创性，而从专业数据公司购买数据则会增加制作成本。央视及若干家都市报的数据新闻报道确有市场因素在发挥作用，但面对数据处理技术等方面的不足，还是要借助跨界合作来予以弥补。

第二节　数据新闻实践中的法律问题分析

大数据作为一种重要的资源，在为我们的工作、生活带来便利的同时，也会因采集、使用和存储不当，危及国家安全或个人隐私，因此，将数据新闻纳入法制轨道，促使其良性发展，有着深远的意义。

一、当前数据采集的主要特征

1. 采集领域日渐广泛

目前看，大规模收集数据信息的主要为政府部门、涉及公共服务的行业和营利性企业（包括互联网行业）。政府部门为了公共管理和公共服务，在人口普查、户籍、税收等领域大规模收集有关公民的各类数据。医疗、教育、银行、保险等行业机构、商业企业等通过病人、用户、储户、消费者所提供的个人信息，不断收集、存储着大量公众数据。互联网行业也通过网络用户注册的方式，实现对用户信息的搜集和存储。

2. 采集方式更为隐蔽

在采用纸质方式收集数据信息的时候，通常情况下，被采访者会被告知是哪个机构在采集信息，采集的是哪些方面，将被用于何种目的等，具有明显的公开性。如今，传统的数据收集方式被互联网技术所取代，公众在网上购物、搜索或者使用某个程序时，在不知不觉中就被网络公司拿走了与个人生活相关的一些数据。仅有一些正规的运营商，在公众（用户）使用应用程序时，会以适当的方式提醒用户注意个人数据的安全，并给予保证。

3. 采集范围不断扩展

个人信息的传统收集内容相对简单，仅是姓名、性别、年龄、籍贯、民族等基本资料，其作用是身份的识别。随着通信技术、互联网技术的发展，对公众（用户）数据的收集变得事无巨细了。特别是各行业实名制的推行，使得我们生活中的一言一行、点滴小事都被记录下来。原本被收集的基本信息逐渐扩展到更多的甚至涉及私密的数据。如央视做过的《据说春运》就借助了对用户手机定位数据的分析，美国的《谷歌流感预测》也是基于对搜索引擎中检索流感关键词的 IP 地址等的分析而进行报道的。

二、公民个人数据所面临的危险

新闻报道是关于人的活动的信息传播，新闻事件的主体是一个个鲜活的人，关于人的数据是数据新闻实践的基本要素。在数据的采集和处理中，公民个人将面临两种潜在的危险。

1. 公民个人数据的非法收集

采集足够的数据是进行大数据分析、挖掘的前提。非法收集指的是在被收集人未被告知的情况下，被强制收集或暗中收集了属于公民个人的信息，如果将个人数据的法律属性界定为人格权的话，上述行为就侵害了公民个人的人格权。公民个人除了享有名誉权、肖像权、隐私权等既存的人格权外，还有信息自决权，即公民个人依据法律，控制自己的个人信息并决定是否被他人收集和利用的权利。有关法规规定："个人有权了解谁在搜集其信息资料，搜集了怎样的信息资料，搜集这些信息资料从事何种用途，所搜集的信息资料是否客观全面，个人对信息资料是否有自我利用或允许他人利用的权利等。"① 现如今，社交媒体、电子商务、云计算及互联网的快速发展，为大数据行业机构快速"捕捉"数据提供了便利，为了避免因数据的非法收集和使用给公民个人带来损害，数据采集者应在被采集者知情并同意的前提下方可收集公民的个人数据。

2. 公民个人数据的过度分析

大数据技术使采集和存储数据信息成本低廉，更重要的是，通过对原始数据的分析挖掘就可以推导出过去、预测出将来的相关信息。比如，通过对转账的时间、数额、对象等信息进行数据分析，可以洞察账户主人的经济状况和社会交往范围等。大数据分析的结果有时会出乎意料，超出了数据被采集者的告知范围。但这不能成为对公民个人数据过度分析的借口。众所周知，孤立地看一组数据、一个案例可能没有价值，但如果把若干组数据、若干个案例关联起来，找出其中的相关性、因果关系，则会使秘密暴露无遗。一方面，人们在社交媒体上生产着无法计量的数据；另一方面，各社交网站则不同程度地开放用户所产生的实时数据，这些数据如果被个别数据分析机构所收集，并通过和智能手机中的定位信息、网络购物等多种数据相组合，则可以精确地把握公民的个人情况。采用大数据技术对原始数据进行运算、挖掘之后获得的公民个人数据属于延展性产品，但是这类数据的指向性更明确、价值更大，理应和原始数据一样得到法律的保护。对大数据的开发程度越深，大数据的实现价值越大，大数据使用者由此所获得的利益也就越大。因此，规范大数据分析的行为和尺度，才能有针对性地消除对公众个人数据的滥用。

---

① 王利明．"个人信息资料权"是一项独立权利［N］．北京日报，2012-07-09．

三、媒体在数据采集环节面临的法律问题

对新闻传媒而言，采集数据的方式主要有两种，即主动采集原始数据和从其他机构获得数据（无偿使用、有偿转让）。由于大数据的采集可能涉及公共安全、商业秘密、知识产权、公民的个人隐私等，因此数据的采集行为需要遵循法律规定。①

1. 采集原始数据的合法性

媒体直接采集原始数据建议注意两点：一是采集的主体要取得相关数据采集的资格。媒体是新闻信息的发布机构，为了生产新闻信息，获取某些领域、行业的一般性信息（对外公开不会影响其名誉或利益）无可厚非。但如果所要获取的数据有一定的特殊性，如涉密、涉及隐私和安全等，因数据公开可能给数据提供者带来负面影响，媒体将不得不考虑自身的社会属性和机构性质，衡量选题的适宜性。二是采集的行为要符合法律的规定和要求。新闻媒体应该明确告诉数据提供者自己的身份、数据收集的目的和用途，收集时不得采用欺诈、非法访问或其他非正常手段，并且对所收集的数据不得任意修改或歪曲，未经同意，不得改变数据的用途，不得擅自将数据公开或告知第三方。

2. 间接获取数据的法律规定

第一，媒体从其他机构获取、使用数据时需要有法律的保证。随着大数据产业的日益发展，数据的转让、购买成为普遍现象。媒体在以有偿、无偿的方式获取数据时，要明确数据提供者是否是依法获取的数据，而不是以不正当手段获得的、存在一定隐患的数据。同时还要了解数据提供方对数据的所有权情况，是否合法拥有并可以合法出让。为了避免因数据转让产生纠纷，

---

① 此处关于"媒体获取数据的法律规范"的论述参考借鉴了邵俊武教授刊发在《法制社会》2016 年第 2 期的《法律视野下的大数据问题研究》一文。

媒体在数据交易中要签订数据转让合同，对数据的数量、使用范围、使用时间、使用方式等做出明确、具体的约定。第二，媒体获取公共数据需要法定授权。公共事务因涉及国计民生而成为新闻报道中的重要选题。尽管社会公共领域所产生的数据在权属上具有公共性，但是，在我国现行制度下，拥有公共事务管理权的是各级行政部门，这些部门自然也被赋予了获取公共数据的专属权力。其他的社会组织机构只有获得法定授权，方可采集公共数据。2008 年 5 月 1 日，《政府信息公开条例》开始实施。新闻媒体可以根据该条例，向持有相关数据信息的政府部门提交申请，以获得需要的公共信息。

如今，大数据的采集扩展到了各个领域，即使那些没有被授权的公司企业，也在广大公众不知情的情况下采集了大量关于个人生活的数据，并且用于分享、赢利或其他公众所不知道的目的。法律是人们的行为规范，担负着维护社会良性运转的责任，因此，完善以大数据应用为内容的各项法规，也为数据新闻实践提供了保障。

四、数据新闻应对侵害隐私权的策略

2013 年，中央电视台在"3·15"国际消费者权益日专题晚会上曝光了一些互联网企业非法窃取和利用 Cookie，非法侵犯网民隐私权的事例。Cookie 是由 Web 服务器保存在用户浏览器上的网络插件，它包含了网民上网、浏览所留下的痕迹信息，通过分析 Cookie 就可以了解一个素不相识的人，这一曝光引发了公众对网络使用中如何保护隐私权的关注与热议。

隐私权是指自然人享有的私人生活安宁与私人信息秘密依法受到保护，不被他人非法侵扰、知悉、收集、利用和公开的一种人格权，而且权利主体对他人在何种程度上可以介入自己的私生活，对自己是否向他人公开隐私以及公开的范围和程度等具有决定权。[①] "保护公众的隐私权"是新闻传

---

① 陈绚. 大众传播法规案例教程［M］. 北京：中国人民大学出版社，2009：178.

播领域老生常谈的话题。尽管在平衡公众知情权和保护隐私权之间有一定的难度，但是，国内外的传媒行业就新闻采制中如何保护公众的隐私权已经做了不少的努力，包括制定相应的职业规范、行业条例等。

现如今，大量社交媒体如 Facebook 、Twitter 以及国内的"今日头条"等都是利用大数据技术运行的，通过对用户的个人数据进行持续分析，提升新闻信息推送的精准性和个性化的效率。个人数据指的是人们在私人活动中产生的数据，这些数据可以直接体现个人在做出选择时的偏好，有着较高的市场价值，自然也就被许多电商、数据挖掘公司所关注。但是，也不可否认这样的事实：我们日益变得透明了，原本看似属于个人的私人空间，也难免遭他人"窥视"和"侵入"。

大数据技术引发了传媒行业格局的变动，传统新闻生产中形成的隐私保护体系开始松动，在新的传播技术和传播样式中求得隐私权与知情权的平衡，成为数据新闻生产不可回避的课题。大数据技术可以挖掘出数据背后的关联性，可以将个人的零散信息汇集成整体，实现对目标人群或个人行为、意愿的掌控。所以说，在大数据时代，数据为王，拥有了数据也就占据了行业制高点。但是，我们在利用大数据为人们提供生活便利的同时，也存在着个人隐私随时暴露在"第三只眼"之下的危险，因为有些数据被收集、被挖掘后，个人却并不知道其用途。因此，"没有坏数据，只有对数据的不合理使用"① 这句话不无道理。

数据新闻生产的前提就是尽可能地收集数据、挖掘数据，为了"投受众之所好"还要分析受众的阅读偏好数据，以及在传受互动中分享受众的个人数据，这都可能导致为了深挖数据而侵犯公众的隐私，特别是为了迎合个别受众而推送一些不宜传播的内容，如低俗信息等，这都将触碰社会

---

① 王芮．纽约时报：大数据时代的隐私问题［EB/OL］．（2013 - 03 - 25）［2017 - 05 - 15］．http://tech.qq.com/a/20130325/000084.htm.

道德和职业伦理的底线，并引发社会争议。那么，针对我国新闻传媒领域的具体情况，怎样才能找到平衡点，既能让大数据技术服务于新闻报道，挖掘出数据背后的新闻价值，又能很好地保护公众的隐私呢？本人觉得有三点值得考虑：

1. 从立法层面加强对公众隐私权的保护

目前，全世界已有近 20 个国家制定了保护个人隐私的法律。2012 年 12 月 28 日第十一届全国人民代表大会常务委员会第三十次会议通过了《关于加强网络信息保护的决定》，要求网络服务提供者和其他企业事业单位在业务活动中收集、使用公民个人电子信息时，应当遵循合法、正当、必要的原则，明示收集、使用信息的目的、方式和范围，并经被收集者同意，不得违反法律、法规的规定和双方的约定收集、使用信息。① 2013 年 2 月 1 日，我国首个个人信息保护标准《信息安全技术公共及商用服务信息系统个人信息保护指南》正式实施，对大数据时代的个人数据信息管理进行了原则性的规定。该标准最显著的特点是规定个人敏感信息在收集和利用之前，必须首先获得个人信息主体明确授权。② 在大数据时代，从法律角度考察公众的隐私权保护，关键问题在于三点：一是明确可抓取数据的范围和边界。抓取用户数据是网络服务商获取信息的前提和基础，2013 年 2 月的《指南》将个人信息区分为一般信息和敏感信息，不同类型的信息要区别对待。尽管单纯的数据抓取并不会给用户造成实质性的损害，但公众允许个人数据被抓取并不等同于允许被使用。事实上，大多数公众还是同意以一部分个人数据（一般信息）来换取优越的互联网体验的。二是给予公众对自身数据更多的主导权。在数据抓取阶段，要告知公众哪些数据被抓取、

---

① 全国人大常委会关于加强网络信息保护的决定［N］. 南方日报，2012-12-29.
② 张辛欣. 我国首个个人信息保护国家标准 2 月 1 日起实施［EB/OL］.（2013-01-21）［2017-05-15］. http://news.xinhuanet.com/politics/2013/01/21/c_114444097.htm.

抓取方法以及使用于何处、使用目的；公众享有修改、编辑错误数据的权利；公众有权决定数据是否可以转售或提供给第三方等。三是明确在数据使用中侵犯隐私权的处罚。不要把隐私权的保护仅仅放在需要征得个人同意上，而是要明确，如果侵犯了个人隐私将会受到怎样的法律追究和处罚。也只有这样，数据采集者和使用者才会对涉及个人隐私的数据予以评价和研判，预估因不当采集或使用可能带来的各种风险，进而从源头上杜绝侵犯个人隐私的行为。

2. 从行业层面规范对个人数据的采集与使用

在大数据时代，公众的个人信息一旦被以数据化形式储存，便掌握在政府部门、企业组织的数据库中，公众个人反而很难进行自我保护。尽管立法部门将大数据技术上升到法律层面进行界定，并规范数据的使用，但是并没有专门的法律法规针对数据分析公司的工作内容、工作职责等进行明确，对于这一行业，需要有专门的行业准则来进行规范。目前，我国互联网行业制定的《中国互联网行业自律公约》（2004 年）第二章第八条要求互联网企业保守用户信息秘密，不利用用户提供的信息从事任何与向用户做出的承诺无关的活动。许多互联网企业在消费者使用服务时都提出了隐私声明，但这些声明大多属于免责声明，不能有效地保护消费者的隐私，导致这两部公约缺乏具体的操作性，难以落实对网民隐私保护的承诺。因此，加强行业自律，制定相应的行业标准、奖惩机制，要比空洞的规约更加切实可行。2012 年 11 月，百度、腾讯、网易、新浪等 12 家互联网企业在北京签署了《互联网搜索引擎服务自律公约》，该公约第二章第 10 条规定：搜索引擎服务提供者有义务协助保护用户隐私和个人信息安全，收到权利人符合法律规定的通知后，应及时删除、断开侵权内容链接。《中国新闻工作职业道德准则》（2009 年）也规定新闻工作者要通过合法途径和方式获取新闻素材；维护采访报道对象的合法权益，尊重采访报道对象的正当要求，不揭个人隐私，不诽谤他人。"合法途径和方式"就是要尊重他人的隐私，使之不要受到侵犯和非法使用。大数据的应用主体包括数据来源型主体和数据分析型主体。签署公约的 12 家互联网企业都属于数据来源型主体，而对数据分析型主体则没有涉及。另外，我国缺乏对行业自律的监管机构，无法真正监督自律组织成员对行业自律规范的执行情况。在数据新闻生产中，数据是基础资源，比较容易涉及隐私保护问题。在收集个人数据时，要区分一般信息和敏感信息，注意保护个人的敏感信息。在使用数据时，要合理地利用数据，处理好个人隐私权和公众知情权之间的关系。尤其是媒体建立的受众数据库中的信息，这些数据关联着受众的消费行为的偏好、习惯和特点，一定要把握好使用的范围和程度，以不侵犯他人隐私权为尺度。

3. 从技术层面消除侵犯隐私权的隐患

人们常说：在 Web1.0 时代，"没有人知道你是一条狗"；在 Web2.0 时代，"人人都知道你是一条狗"；而在大数据时代，"你就是一条透明的狗"。正如美国专栏作家帕特里克·塔克尔（Patrick Tucker）所描述的：正当我们急急忙忙地在周围环境中铺设一层数据收集设备的同时，我们或许忽视了一个事实，我们用来监测周围环境的这款设备，也会轻易地出卖我们。我们会被监视，会被跟踪。一切正在发生。①

在国外，有不少企业将个人数据隐私保护视作商机，推出各种产品和服务，协助人们保护隐私。一种类型是开发个人数据保护的软件产品，协助加密、反追踪或者销毁个人数据；另一种是开发无数据搜集功能的产品，使用户放心使用。反追踪产品中有代表性的是 Do Not Track（Dnt）。这是针对在线广告公司等网上的跟踪行为，向消费者提供的一种能够简单避免被跟踪的手段。此外，Disconnect. me 也是一款具备隐私保护特点的软件。它是一款隐藏网上身份的浏览器扩展工具。Disconnect. me 可以让你监控和

---

① 塔克尔. 赤裸裸的未来——大数据时代：如何预见未来的生活和自己［M］. 钱峰，译. 南京：江苏凤凰文艺出版社，2014：20.

阻止网站搜集你的数据，目前可以监控超过 2 000 个网站。一旦发现网站试图获取你的数据，它将把数据进行加密处理。在搜索引擎方面，DuckDuck-Go 近来异军突起（如图 5-5 所示）。与一般搜索引擎不同的是，DuckDuck-Go 并不会对用户行为进行追踪，而是采取新的技术来提升其搜索质量，主张维护使用者的隐私权，并承诺不监控、不记录使用者的搜索内容。① 也就是说，DuckDuckGo 不收集和保存使用者的识别数据，不保存或者分享使用者所搜索的信息。

图 5-5　消除侵犯隐私隐患的搜索引擎

五、数据新闻产品的法律保护

随着数据新闻报道的实施，会产生一系列的衍生产品，如使用过的数据集、构建的数据库、开发的数据应用等。这些产品及服务，不仅是某次数据新闻报道的产品，更是媒体在大数据时代的核心资产，因此其所代表的经济利益以及背后的基本权利理应得到保护。

1. 数据新闻衍生产品的版权保护

数据新闻报道中，新闻工作者在数据收集环节的工作方法是否具有独

---

① 王忠. 大数据时代个人数据隐私规制 ［M］. 北京：社会科学文献出版社，2014：52-54.

创性，决定该环节的成果能否受到著作权法的保护。根据我国《著作权法》
（2010 年修正）第十四条的规定，汇编若干作品、作品的片段或者不构成作
品的数据或者其他材料，对其内容的选择或者编排体现独创性的作品，为
汇编作品，其著作权由汇编人享有。在数据处理环节，新闻工作者对数据
的价值进行挖掘，从而生产出对他人有价值的新闻作品、数据应用、数据
分析报告等，属于著作权法的保护范畴。另外，在数据分析过程中，新闻
工作者发现新的问题并提出了应对策略，这也在知识产权保护范围之内。
但是，在数据新闻衍生的数据库版权保护上存在着两难的症结。因为在国
际立法层面，按照欧盟《数据库法律保护指令》第 2 条第 5 款规定，数据库
内容的"选择"和"编排"都具有独创性才受到版权保护。① 我国《著作权
法》比照了欧盟《数据库法律保护指令》，将数据库划为汇编作品的类型，
要求数据库具有独创性才能享有版权保护。但是，很多具有高度商业价值、
迫切需要法律保护的事实信息类数据库，如号码簿、通讯录、地图或交易
行情，却不具有独创性。按独创性标准衡量汇编作品的保护，可能使具有
重大意义和实用价值的大全类数据库成为弃子。②

　　2. 数据新闻衍生产品的邻接权保护

　　数据新闻作品及其数据库中的数据大多属于事实信息（天气、经济指
数、地图等），其生产特点在于搜集、整理和分析数据，其内在价值在于传
播和充分利用数据信息，所以以邻接权保护数据新闻作品及其衍生出来的
数据库、数据应用等从理论到实践都是契合的。"邻接权"又称为作品传播
者权，是指与著作权相邻近的权利，是指作品传播者对其传播作品过程中
所做出的创造性劳动和投资所享有的权利。邻接权是在传播作品中产生的
权利。作品创作出来后，需在公众中传播，传播者在传播作品中有创造性

---

① 秦珂. 大数据法律保护摭谈 [J]. 图书馆学研究，2015（12）：99.
② 林华. 大数据的法律保护 [J]. 电子知识产权，2014（8）：82.

劳动，这种劳动亦应受到法律保护。传播者传播作品而产生的权利被称为著作权的邻接权。邻接权与著作权密切相关，又是独立于著作权之外的一种权利。① 德国《著作权法》第87条规定受邻接权保护的数据库是系统地或者按一定方法排列，可通过电子或者其他方式获得的，在搜集、校对或者呈现上需要有质或者量的实质性投资的作品、数据或其他材料的汇集。俄罗斯《联邦民法典》第1333条（规定数据库制作者）和第1334条（规定数据库制作者专有权）也是明确以保护投资而不是独创性为目的、以邻接权模式保护数据库的范例。②

在互联网时代，受众在海量信息中寻找到所需要的内容，不得不耗费一定的时间、精力，而数据新闻及其衍生产品，包括因报道需要而构建的数据库，则为受众获取信息提供了便利。因此，新闻从业者为之所付出的劳动创造理应从法律层面得到保护，同时，法律作为人们行为的规范，在平衡新闻传媒与社会其他利益关系的同时，也赋予新闻传媒以良心、责任等价值追求。

第三节　新闻传媒业应用大数据的反思

"大数据"就像互联网一样，将会在世界和社会的运行方式上带来跨越式的变革。借助大数据，我们会有更好的医疗措施，更少的意外事故，更高效的市场格局，以及对社会更好的理解与认知。但是"大数据"也会增加抓取更多数据以及将它存储更长时间的压力，对数据的过分痴迷会让人

---

① 此处关于邻接权的解释，参见百度百科（http：//baike.baidu.com/link？url=qQAxNXqqn92-2KOCtsIRYrEipRXlygLjHVeQ0NRMXFXAOwIZqEEmEnU1PtHxl8l09mihBfHTs8FPtXsdo6FlbiGtLhFDnjqn1D7lIvZbdKPrm06Km4QrxAeWQ0s5CzPw）。

② 林华. 大数据的法律保护［J］. 电子知识产权，2014（8）：85.

唯恐丢失一些可能获得的潜在价值。① 因此，当我们称赞大数据的作用和优点时，以冷静的头脑、科学的认知对待大数据，并重新审视和思考它，显得尤为重要。

一、对大数据的认识误区

大数据技术在惠及诸多领域之时，也推动着新闻传播行业的变革。在传统新闻的生产、传播范式（即以经验和理论为基石，以新闻敏感为催化剂进行新闻报道）之外，又催生出数据新闻的运作范式（即以数据处理为中心，用大数据思维产制新闻）。新范式在带给新闻传媒行业机遇的同时，也提示我们，应当冷静地看待大数据，科学地运用大数据，避免产生错误的新闻报道。目前，对大数据的认识误区有以下三点：

1. 大数据就是"全数据"

对所有的社会科学学科而言，样本的选择和数据的收集至关重要，因为样本和数据影响着研究结论的科学性。过去，囿于数据收集能力以及数据的存储、分析工具等外部条件，我们只能收集少量数据进行分析。无论采用简单随机抽样、分层抽样还是系统抽样，统计学的目的就是用尽可能少的数据来证实研究者的假设或者发现。

如今，一方面海量交易数据、交互数据和数据处理汇聚成了大数据，另一方面，计算机可以轻易地对这些数据进行处理。大数据方法就是放弃了随机采样并进行分析的捷径，而采用对所有数据进行分析的方法。大数据体量庞大，让我们看到了完整数据库存在的可能性，但是，大数据并不总是全数据，数据体量大并不等于数据体量全，况且更多时候我们能够获取的是数据总量中被允许公开的那部分数据，在不知情的情况下，数据收

---

① 迈尔-舍恩伯格. 删除：大数据取舍之道［M］. 袁杰，译. 杭州：浙江人民出版社，2013：7-8.

集者就误认为获取了全部的数据。尤其是通过网络调查和搜索获得的具有个性化特征的数据，不能含糊地推及整体。在互联网世界，无价值数据远远多于有价值数据，也增加了出现数据错误的可能性。比如在社交媒体中，有的用户持有多个账号，只是围观但不发言，长期处于潜水状态；有的用户虽然只有一个账号，但是常常参与话题讨论，发表意见。基于这种情况抓取的网络数据，并不能代表所有用户。大数据在某些情况下可能只是诸多无效信息的无度膨胀。大数据所收集到的海量信息，很可能都是人类各种转瞬即逝行为的碎片或痕迹，而后者只是各种外部因素和内部因素，如情绪、欲望、从众效应等合力作用的结果，在很大程度上可能与用户的基本行为模式或者价值体系背离。① 因此，研究者必须对数据集有全面的了解。数以百万计的数据并不意味着它们就是随机的、有代表性的。要用数据来进行解释分析，就必须清楚地知道数据的出处。②

2. 大数据都是"真数据"

尽管大数据的价值显而易见，但它不是万能的，有时也只能揭示和解释某些现象或事件。数据所显示的仅仅是现象或结果，如果不做更深一步的调查，就无法把握产生这些现象或结果的背后原因。"是什么"和"为什么"是两个不同层次的问题。在知道"是什么"的基础上，仅仅通过主观推断"为什么"，很容易得出错误结论，并误导受众。因此，通过大数据分析来阐释真相，并不是一件容易的事。比如，央视的《据说春运》中有一期节目提到"80后过年九大怕：最怕被逼婚"。央视根据春运期间的百度指数，搜索"春运"的人群中80%是男性，20～39岁的人群占79%。搜索"相亲"的人群78%是男性，这其中20～39岁的人群占79%。由此，央视得出结论：春运期间回家过年的年龄处于20～39岁间的人群，心里在盘算

① 王馥芳. 从大数据危机到全数据革命 [N]. 中国社会科学报，2015-03-23.
② 郭晓科. 大数据 [M]. 北京：清华大学出版社，2013：103.

着如何躲过父母安排的相亲活动。明显的问题就出在解读数据时，主观性地认为"搜索相亲"就是为了自己应付"相亲"，年龄处于 20～39 岁间都是未婚的。大数据显示的往往是已经呈现的表面现象和结果，而隐藏在数据背后的真相，必须通过深入调查才能揭示。正如斯坦福大学的统计学教授特雷夫·哈斯蒂（Trevor Hastie）所说，在数据的干草堆中捞到有意义的"针"，其困难就是"许多干草看起来也像针"[①]。

大数据在很大程度上是外部事件驱动以及数据服务商商业模式主导的结果。大数据的代表性与用户搜索行为的代表性密切相关。一些有影响力的搜索主体，还会试图通过操控数据生成过程的方式来达到自己获取经济、政治或者社会收益的目的。在大数据产业链上，一个公开的秘密是，数据运营商时刻都在利用各种软件监控网民的搜索行为和习惯。这种监控越成功，用户的搜索行为越受到操控，最终得到的大数据也就越缺乏代表性。[②]数据来源多元化导致许多依据不同标准收集的数据混杂在一起，而数据量极大又造成人工排查的困难。同时数据的可靠性也难以保证，甚至鱼目混珠，致使数据分析结果很难确定。虚拟空间的匿名性特点为谣言的传播提供了条件，网络空间中充斥着大量假消息，一些消息甚至是许多未经专业培训的人难以分辨的，以这种数据出发而获得的分析结果也不具备真实性。[③] 因此，媒体在利用大数据时要充分认识到其局限性，数据的收集与分析都要注意选择合适的方法，使大数据尽可能地反映事实真相。

3. 大数据都是"客观的"

如今人们对大数据的期待，犹如当初认为摄影技术担负了真实再现客观世界的重任，而现实是，数据也同样不完全是客观存在的真实写照，数

---

① Lohr S. The Age of Big Data [EB/OL]. (2012 - 02 - 12) [2017 - 05 - 15]. http：// www. nytimes. com/2012/02/12/sunday-review/big-datas-impact-in-the-world. html？ _ r=0.

② 王馥芳. 从大数据危机到全数据革命 [N]. 中国社会科学报，2015-03-23.

③ 匡文波，黄琦翔. 大数据热的冷思考 [J]. 国际新闻界，2016 (8)：137-138.

据的统计方法、统计范围都包含着一定的价值判断和价值取向。哥伦比亚大学讲授"计算新闻学"的教师乔纳森·斯特雷（Jonathan Stray）认为，数据是由专门的人员或者机器出于特定的目的收集而来的，数据可能跟一些人的经济或政治利益有关。为了避免在数据采集过程中有失公允，他建议多问一些问题：

- 这些数字是哪里来的？
- 谁记录了这些数字？
- 怎么记录的？
- 出于什么目的收集这些数据？
- 我们怎么才能够知道数据是完整的？
- 这些数据的人口统计信息是什么？
- 用定量的方法解决这个问题是正确的吗？
- 这些数据中不包括什么？
- 这些数据的结果会对谁不利？
- 数据是始终如一的，还是由不同人统计的？
- 为了生成这些数据，需要做出哪些随意的决定？
- 这些数据与其他来源的数据相符吗？有谁已经分析过这些数据了？
- 数据有已知的缺陷吗？有多个版本吗？①

2010年，《卫报》曾经和维基解密合作，《卫报》的数据新闻团队根据伊拉克战争的秘密文件绘制了一幅"死亡地图"（如图5-6所示）。但是，这幅地图真的客观反映了伊拉克战争中的死亡事件了吗？地图刊发后有专家提出了三点质疑：第一，图中标注的只是被多国联合部队一方记录在案的死亡事件，而非发生在战争期间的所有的死亡事件；第二，对于死亡事

---

① 方可成. 记者在做报道时应如何解读数据［EB/OL］.（2014-01-19）［2017-05-15］. http://fangkc.cn/2014/01/drawing-conclusions-from-data/.

件达到记录在案的标准，各驻扎部队规定的标准不一致，战争前期与后期的标准也不一致；第三，期望通过所记录的死亡事件来反映战争全貌是有偏差的，因为针对平民的事件是否造成死亡是随机的。所以，希望受众通过这幅地图来认识伊拉克战争中暴力事件的特点和规律是不恰当的。①

图 5－6　《卫报》绘制的关于伊拉克战争的"死亡地图"

　　分析大数据就需要编写一定的算法，或者人脑直接对其进行进一步解释和分析。在这个过程中，人为主观性将可能导致事实客观性的偏颇，进而产生对新闻客观性的挑战。人们在翻译数据信息时存有偏见……记者群体容易滥用因果推理逻辑或相关性分析。记者群体的轻易归因，容易导致许多"假规律"的产生，反而让人难以发现事件背后的真正规律和问题。②可见，是否恰当地运用数据分析方法，影响着数据新闻报道的客观性。

　　4. 正确看待大数据与大数据技术

　　近年来，大数据备受关注，成为各行各业的热门话题，似乎任何难题在大数据面前都能迎刃而解。显然它的作用被夸大了。在大数据的背景下，

---

　　①　Shapiro J. Wikileaks Iraq. What's Wrong with the Data? ［EB/OL］. （2010 - 10 - 25）［2017 - 05 - 15］. http：//www. theguardian. com/news/datablog/2010/oct/25/wikileaks-iraq-data.

　　②　匡文波，黄琦翔. 大数据热的冷思考［J］. 国际新闻界，2016（8）：139.

相关关系大放异彩。通过应用相关关系，我们可以比以前更容易、更快捷、更清楚地分析事物。[①] 为了寻找相关关系，我们四处收集数据，在获得有效数据的同时，也收集到了大量无效数据，无效数据的体量甚至超过了有效数据。这种情况犹如在庞大的"干草堆"里寻找一根被隐藏的"针"。一方面，"许多干草看起来也像针"；另一方面，我们费尽心机找到的"针"未必就是我们想要的，或者对我们是有用的。事实上，有很多相关关系对于新闻传播毫无意义可言。

我们对大体量数据和数据技术（挖掘、可视化等）要持有一种理性的态度，挖掘数据也好，可视化数据也罢，都要以新闻理念和编辑思想为指导。数据技术只有在新闻价值的基础上运用才是适得其所。仅仅只关注数据或者过于依赖技术、可视化效果，再酷炫也只是一时的，没有实质内容和应用价值的形式主义终归难以持久。从表面看，似乎大数据技术否定了传统新闻生产中直觉、敏感及经验的存在价值，但在实际工作中，大数据并没有取代直觉，后者不仅作为前者的补充存在，而且二者之间的关系是连贯统一、相辅相成的。即使信息如潮水一般不断增长，对浩瀚的数据进行新闻价值判断，仍然离不开新闻直觉、新闻敏感和经验。

大数据是以大体量数据为依托的，这就决定了在一定范围内，数据含有的价值量是不高的。如果想从大数据中获得高含量价值，必须使数据的基数足够大。但现实情况是，新闻传媒获取与报道选题相关的所有数据难度极大，这就迫使媒体在已经掌握的数据上下功夫，或者有重点地收集数据，并力图发现内在关系和数据的意义。另外，数据自身的质量以及数据筛选、清理、提炼等环节中的任何问题都将影响最终的结论。鉴于此，新闻传媒不能完全依赖和彻底相信大数据技术的分析结果，新闻从业者在长

---

① 迈尔-舍恩伯格，库克耶. 大数据时代：生活、工作与思维的大变革［M］. 盛杨燕，周涛，译. 杭州：浙江人民出版社，2013：71.

期实践和阅历中培养起来的敏感性、洞察力乃至直觉，将自始至终对辨识数据信息的真实性、关联性等发挥着重要作用。

因此，只有新闻传媒及其从业者客观冷静地看待大数据、使用大数据，而不是陷入数据中心主义和唯技术论的窠臼，才能实现大数据中蕴含的新闻价值，才能更好地利用大数据技术来发展新闻传播业。

二、大数据应用中的逻辑障碍

1. 相关关系与因果关系

相关性这个术语通常用于描述事物（信息、事件、文档，也指思想、举措以及行动）与给定事件的关系密切程度或适用程度，如果某样事物对于特定目的有意义，则该事物为相关事物。在信息检索领域，相关性定义了特定的数据资料或数据元素与查询主题的匹配程度。①

数据自己不会说话，我们通过运算模型（算法）来分析数据，挖掘数据背后的意义，还原事实或现象，预测未来。大数据通常揭示的是事物之间的相关关系。相关关系的核心是量化两个数据值之间的数理关系。相关关系强是指当一个数据值增加时，其他数据值很有可能也会随之增加。相关关系弱就意味着当一个数据值增加时，其他数据值几乎不会发生变化。相关关系通过识别有用的关联物来帮助我们分析一个现象，而不是通过揭示其内部的运作。② 世界上有许多令人匪夷所思的相关性，例如冰激凌销量上升和谋杀案件之间、海盗数量减少与全球变暖之间、有机食品消耗量和孤独症患者数量之间、墨西哥柠檬进口量与公路死亡率之间、肥胖与债务

---

① Lucchetti S. 相关性准则：大数据时代的高效能之道［M］. 李芳，王卓，译. 北京：人民邮电出版社，2014：16.

② 迈尔-舍恩伯格，库克耶. 大数据时代：生活、工作与思维的大变革［M］. 盛杨燕，周涛，译. 杭州：浙江人民出版社，2013：71.

泡沫之间、Facebook 与希腊债务危机之间等等都呈正相关。① 当然，这种表面上看起来很强的相关关系也不一定能解释清楚两者之间的逻辑关系，犹如两个看上去很相似的事物，很可能只是巧合罢了。只问相关、不求因果的做法是有风险、且不可取的。如果在不清楚因果关系的前提下，以大数据分析的结果做新闻，便存在误导受众的潜在危险。

尽管如此，证明事物之间的相关关系相对耗资少，费时也少。我们可以借助于统计学方法、数据工具来找出、分析相关关系。找出可能相关的事物也就为研究因果关系奠定了基础。在大多数情况下，一旦我们完成了对大数据的相关关系分析，而又不再满足于仅仅知道"是什么"时，我们就会继续向更深层次研究因果关系，找出背后的"为什么"。……如果存在因果关系的话，我们再进一步找出原因。这种便捷的机制通过严格的实验降低了因果分析的成本。我们也可以从相互联系中找到一些重要的变量，这些变量可以用到验证因果关系的实验中去。② 当然，通过数据分析发现相关关系，进而去求证变量之间的因果关系，需要新闻从业者做更为客观的考察和严谨的判断。

2. "用事实说话"与"用数据说话"

对新闻传媒而言，"用事实说话"就是以事实作为信息沟通、交流、分享的基础，潜移默化地影响受众，增强说服力，实现传播目的。传统的新闻报道所采用的"用事实说话"用的是具体的、典型的个体性事实；数据新闻报道中的"用数据说话"则用的是抽象的、从大体量数据中提炼的"普遍性规律"。

大数据时代的新闻报道既要用事实说话，也要用数据说话。只有普遍

---

① The 10 Most Bizarre Correlations［EB/OL］.（2013 - 04 - 01）［2017 - 05 - 15］. http：//www. buzzfeed. com/kjh2110/the-10-most-bizarre-correlations.

② 迈尔-舍恩伯格，库克耶. 大数据时代：生活、工作与思维的大变革［M］. 盛杨燕，周涛，译. 杭州：浙江人民出版社，2013. 87-89

规律性的叙述，缺少鲜活的个体，将使报道索然无味，新闻报道只能沦落为"自说自话"，难以打动人、引导人。

　　尽管有受众觉得通过机器运算大量数据得出的结论，比通过实地采访获得的事实更可信，但需要说明的是，持有这种观点的受众忽略了有些数据的非原生态，以及有些数据在生成过程中被操纵的可能性。目前，我国媒体在数据新闻报道中基本上利用现有的成型数据，使用这类数据可以避免数据采集中遇到的麻烦，减少成本支出，但是，由于数据已经成型，这些数据是怎样来的、是否代表哪一方的利益、是否为了达到某种目的而故意隐藏和改变了一些数据，都需要使用者认真考虑其真实性、权威性与可信度。毕竟新闻工作者对其挖掘和分析的过程并不了解，一旦数据来源控制有误，整个报道就会失实。

　　丽莎·吉特曼（Lisa Gitterman）在《原始数据只是一种修辞》中写道："数据并不是原始存在的，它不是自然的产物，而是依照某些倾向和价值观念被建构出来的。我们最初定下的采集数据的办法已经决定了数据将以何种面貌呈现出来。数据分析的结果貌似客观公正，但其实如同所有新闻报道一样，价值选择早已贯穿了从构建到解读的全过程。"[①] 因此，对待数据也应该像对待事实一样，要持有质疑、求证的态度。

　　3. 大数据方法与传统的样本分析方法

　　在新闻报道中采用大数据方法，目的在于通过数据挖掘见人所未见，知人所未知，捕捉到数据背后的新闻点。在数据新闻的生产环节，常用的大数据方法从简单到复杂主要有三种：第一是以时间和空间为维度的数据罗列，只是单纯地展示数据的变化；第二是在比较的基础上加入变量，通过考察数据变化与重要因素之间的联系从而建立相关性；第三是将数据置于一定的背景中，通过背景所带来的特殊含义结合其他的辅助性手段进行

---

① 徐端. 大数据战略［M］. 北京：新世界出版社，2014：59-60.

复杂性解读。① 如果说数据的可视化增添了新闻产品的外在吸引力，那么，运用大数据方法挖掘信息、阐释意义则是数据新闻生产的核心与主导。就目前情况而言，大数据技术尚未成熟且人才缺乏，需要进一步的完善和发展，特别是大数据的一些特点，如"不求精确性、不求因果关系"等是否适用于新闻生产还有待验证，另外，还有数据的代表性以及生成中受到的外界干预因素等问题，因此，传媒界不能盲目地认为大数据方法可以取代传统调查方法。相反，新闻报道采用的传统的样本分析方法经历了时间的考验，积累了经验并形成了业界认同的操作规范，它能帮助人们高效地掌握样本的总体情况。

对于某一项调查而言，数据量并非越大越好，而应视情况而定；相比庞大的数据数量，数据质量更为重要。在保证数据质量的基础上，采用既规范又创新的分析方法能挖掘出数据本身的价值，帮助人们更好地认识世界，这才是大数据时代数据分析的核心所在。② 在大数据时代，传统的样本分析方法依然具有不可替代的价值。

三、数据新闻实践中的现实困境

1. 较难满足数据新闻生产中的时效性要求

时效性是新闻价值的构成要素之一，也是新闻报道成功与否的重要指标。快速生产、快速发布才能在竞争中脱颖而出、占据先机。

在考察了国内外的数据新闻作品之后我们发现，调查型数据新闻居多，选题重大是其主要特色。那么，无论是先有策划方案，然后收集数据、分析数据，还是先收集数据，在分析数据过程中寻找线索、策划报道，明确报道选题和安排报道进程等都是无法回避的工作。因此，即使大数据技术

---

① 申玲玲. 数据新闻生产的难点与创新研究［J］. 江淮论坛，2015（4）：104.
② 匡文波，黄琦翔. 大数据热的冷思考［J］. 国际新闻界，2016（8）：141.

再先进、数据处理能力再强大，也要和传统新闻报道一样，必要的生产程序和环节将占用生产时间，不能想当然地以为大数据技术能够大幅度提高新闻的时效性。

寻找数据需要时间，核实数据的可靠性需要时间，清理数据（清洗和格式化等）使其适合运算也需要时间，这些都增加了新闻从业者的工作量。此外，正如前文所述，大数据关注的是"相关关系"而非"因果关系"，经数据处理得出的结论仅能回答"what"层面的问题，而对"why"和"how"的深层解读则力不从心，这与新闻报道解疑释惑的职能相悖。单纯的、一维的数据分析很难发现新闻点，尽管数据分析软件等技术因素提高了数据处理的速度，而要从繁杂的多重数据中挖掘出有价值的东西，必然要耗费新闻从业人员的精力。如果因报道需要，组建数据库，或者实施数据的众筹，所用的时间将会更多。

2. 开发数据新闻的生产资源成为当务之急

除了生产时间上的限制，媒体资源的现状，如技术工具、专业人才、可支配的成本和法律支持等，也对数据新闻实践有一定的影响。

第一，技术条件的欠缺有待改善。为某次数据新闻报道而构建数据库，有专门的数据分析师来处理数据，应用 Python（爬虫）软件抓取数据，应用 Java Script、Tableau Public 和 HTML 等可视化数据，必要的时候还要研发一些程序来完成数据的处理和展示。对于实力雄厚的大媒体而言，尚可完成上述工作，而规模较小、缺乏技术条件的媒体更多的是采用一些免费的、便于操作的程序。技术工具的选择决定了可分析数据体量的大小和呈现方式（静态、交互等）。因此，改善技术条件是中小媒体发展数据新闻的前提之一。

第二，数据人才的匮乏亟待解决。近几年国内外的新闻院校开设了一些数据新闻课程，从理论到技能都为数据新闻培养了所需的生产者，然而这仅仅是院校的一厢情愿。媒体的发展现实是，一个媒体能否"供养"得起专门从事数据分析、数据可视化的程序员等专业人员，还要考虑自身的生产规模和实力。现实情况是，中小媒体更期望现有的采编人员能够对数据新闻感兴趣，通过自学或短期培训就能够掌握数据新闻的基本技能。但是，即使有这种情况的存在，为了稳定生产队伍，必然在分工和薪金等方面要做出相应的调整。

第三，制作成本的支出较难降低。制作成本高是数据新闻实践中难以摆脱的困境。在数据采集阶段，能否取得高质量的数据并不取决于媒体。公开数据的成本较低，但如果为降低成本而只依靠公开数据则会大大限制选题范围和数据类型。如果数据新闻的类型是调查类的，核心数据要么垄断在某些组织机构、商业公司或互联网企业手中，要么媒体自己耗费精力去采集。无论是哪种情况，都将增加生产成本。这就产生了一个和传统新闻业深度报道相类似的由成本造成的困境——成本因素限制了高质量数据新闻报道的数量。①

第四，法律资源的支持有待增强。数据新闻生产与法律的交集主要集中在数据采集阶段，具体内容包括因个人信息的泄露而导致隐私权被侵犯，还有数据采集过程中遇到的各种困难。前者是媒体极力避免出现的情况；后者是媒体竭力想解决的问题，从而实现数据的可得和可用。在采集数据过程中，尽管有公开数据可资利用，但是，具体到公开的程度，发布机构是否愿意配合新闻媒体进一步提供本该开放的数据，除了相关政策的支持外，有时还需要运用一定的法律资源来协调媒体与数据发布部门的协作。

四、伪数据产生虚假新闻

对于以数据为主要生产资料的数据新闻来说，数据的真伪决定着新闻的质量。媒体除了使用政府部门的公开数据之外，还有一些来自网民在互

---

① 陆新蕾. 数据新闻热中的冷思考 [J]. 当代传播，2016（5）：108.

联网上生成的数据。"真实是新闻的生命",时刻甄别数据的真伪,检验数据的可靠性至关重要。因此,数据新闻从业者要像在传统新闻报道中那样认真地核实信息,思考数据的代表性及适用范围。

伪数据不是突然就出现的,在数据生产环节、被采集过程中以及数据自身的适用范围等因素,都会影响数据的信度和效度。一旦打破了应有的规则,超出了一定的边界,势必产生伪数据。

第一,数据生成中的故意编造和数据采集中的人工干预都将导致数据失真。当下,人们做出决策前都会习惯性地参考一下其他人的评价,或者以数据作为判断的依据。一些机构出于商业利益或者其他目的,对某些方面的数据刻意造假,试图左右人们的选择和判断。常见的有网评造假、环保监测数据造假等,虚假数据势必会导致错误结论。数据在传播中的逐步失真,原因之一是人工干预的数据采集过程可能引入误差。由于失误导致数据失真与偏差,最终影响数据分析结果的准确性。此外,数据失真还有数据的版本变更的因素。在传播过程中,现实情况发生了变化,早期采集的数据已经不能反映真实情况。[①] 因此,在数据新闻实践中必须时刻注意考察数据生成的真实性,确保数据采集的客观性,掌握各项数据的可信度,这样才能保证分析结论的科学性。

第二,并未采集到全部数据,却被当作"全样本"。依照维克托·迈尔-舍恩伯格(Viktor Mayer-Schönberger)的观点,大数据是一种样本等于总量的全数据模式。基于目前的数据技术,只能说明所采集到的样本量超级大,而不是穷尽了所有的样本,还达不到理想中的"全数据"。事实上,样本采集量越大,出现数据统计上的遗漏和误差的概率越高,另外,混乱繁杂、真假难辨、可利用度低等问题也为数据解读设置了重重障碍,致使"样本=所有"只能是一种不切实际的愿望,而在数据新闻报道中,以为所

---

① 冯登国,张敏,李昊. 大数据安全与隐私保护 [J]. 计算机学报,2014 (1):250.

掌握的数据以及从这些数据中挖掘出的结论代表了所有同类样本的情况，则会犯"以偏概全"的错误。

第三，数据的代表性不够。目前，数据新闻报道的数据来源主要是互联网及其各种终端。国内学者对互联网数据的代表性提出了四点质疑：基于互联网生产的数据新闻主要资料来源为网民而非全体大众；非网民与网民之间存在较明显的差异；大数据分析的资料为活跃网民数据，而并不能代表全体网民；如果对网络数据进行抽样，传统抽样调查时存在的抽样误差和非抽样误差同样存在，这就进一步扩大了基于大数据进行新闻生产的风险性。[1] 此外，现在用户的搜索行为在很多时候都受到外部事件驱动，服务商还会根据各自的商业模式有意识地对用户的搜索行为进行诱导。[2] 这些因素使得数据新闻实践不得不面对数据源的"不完全代表性"的困扰。

在数据新闻实践中，拥有大体量的数据仅仅是第一步，应用数据技术进行数据的清理、过滤，去伪存真，提高数据的可靠性和准确性是完成数据挖掘的前提和保障。在传统新闻实践中已成体系的生产技术、积累的宝贵经验、成熟的新闻理念都能够与以新技术为特征的数据新闻实践形成优势互补，在人文情怀与技术创新上求得平衡。

---

[1] 苏林森，马慧娟，张东岳. 大数据对新闻生产的影响［J］. 科研信息化技术与应用，2014（3）：16-17.

[2] 王馥芳. 从大数据危机到全数据革命［N］ 中国社会科学报，2015-03-23.

第六章　新技术对数据新闻发展的影响

在信息时代，人们的社会活动主要依靠对信息资源的开发、利用，而信息资源的开发和利用则有赖于信息技术。从某种程度上说，机器增强了我们的体力，计算机及其智能化提高了我们的智力，传感器和无人机则延伸了我们的感知力。技术上的每一次进步都推动着物质生产和精神生产（包括新闻生产）的发展。

第一节　数据新闻发展中的新技术之一：传感器新闻

人们从外界获取信息凭借的是视觉、听觉、嗅觉、味觉、触觉这五种感觉器官，并通过神经将载有外界信息的信号传递给大脑进行分析、综合和判断，但是，单靠人自身的感觉器官在功能上有一定的局限性，于是，人类就不断地创造出一系列代替、增强和补充人类感官功能的方法和手段，产生了各种用途的人造感官。传感器（sensor）就是人类感官的"延长"，它是一种监测装置，能感受到被测量事物的信息，并能将其按一定规律变换成为电信号或其他形式予以输出，以完成信息的记录、传输、存储、显示和控制等，它具有微型化、数字化、智能化、多功能化、系统化、网络化等特点。在互联网时代，传感器无处不在，从电子芯片、GPS、智能手机到无人机、遥感卫星等。从本质上讲，传感器是一种收集数据信息的方式。

一、传感器的类别与传感器新闻的兴起

传感器在获取数据信息上"有助于让我们调查无法看到、听到或触摸的事物，这些工具为我们提供了新的感官"①。于是，一些新闻从业者开始尝试用传感器来获取数据信息，并据此撰写新闻报道。2013年6月，哥伦比亚大学托尔数字新闻中心（Tow Center for Digital Journalism）组织研发人员、技术人员和新闻工作者成立了"传感器新闻"工作小组，探索传感器新闻在业界的实践，以及由此引发的法律与道德伦理问题。2014年，该中心研究员弗格斯·皮特（Fergus Pitt）组织了十几位学界和业界专家，共同编写了《传感器新闻》（*Sensors and Journalism*）一书。依据该书，传感器新闻指的是利用传感器来生成或收集数据，然后进行分析、可视化，使用数据来支持的新闻报道。②它和数据新闻的区别主要在于前者利用传感工具创建数据，后者更多的是利用现有数据。

传感网络已经遍布我们周围，从管理使用的主体、安装布置的状态来看，结合新闻媒体的实际应用情况，传感器可以做如下两个类别的划分：一是从管理使用的主体看，政府部门和商业组织是传感系统的主要管理者和使用者；二是科研机构、公民个体等。明确传感器管理使用主体的身份关系到数据收集、访问权限和数据解释等关键问题。③虽然它们都可以作为传感器新闻的数据来源，但是政府部门、商业组织、科研机构都可能因为工作性质、规章制度，以及出于自身利益考虑，拒绝向媒体提供或者隐瞒一些数据信息。公民个体也存在隐私等方面的顾虑，而要建立新闻媒体主

---

① Washeck A. Tow Report: As Sensor Journalism Rises, Guidelines Needed [EB/OL]. （2014 - 06 - 25）[2017 - 05 - 15]. http://mediashift.org/2014/06/forging-a-path-for-sensor-journalism/.

② Pitt F. Sensors and Journalism [EB/OL]. （2014 - 12 - 03）[2017 - 05 - 15]. http://tow-center.org/research/sensors-and-journalism/.

③ A (Working) Typology of Sensor Journalism Projects [EB/OL]. （2014 - 10 - 07）[2017 - 05 - 15]. https://medium.com/@dangerbui/a-working-typology-of-sensor-journalism-projects-c0042a0410af.

导的传感系统将面临投入成本、专业技术等难题。从安装布置的状态看，除了布控在固定位置外，传感器还有两大类：一是遥感，它是指政府组织、商业机构安装在飞机、船只乃至人造卫星上的传感器。与地面传感器相比，遥感能够提供更频繁、大覆盖的数据信息，如监测包括海岸线的变化、森林覆盖面积的消减、二氧化碳碳汇①清除情况等。二是可穿戴式的传感器，包括嵌入移动终端，如智能手机的 GPS、加速计，以及能够记录温度、光效、压力、运动状况等的 APP。这些代表着时尚的可穿戴智能设备日渐流行，如 Fitbit Force 具有健身追踪功能，iWatch 可以记录心跳数据，Google Glass 内置了包括陀螺仪、加速计在内的传感器来识别佩戴者头部的运动方向和角度，其音响系统的骨导传感器可以根据环境声音在屏幕上显示距离、方向和温度。可穿戴设备代表的不仅是时尚，还是数据信息的收集、传输与计算的一种方式。

　　传感器新闻的悄然兴起主要缘于两个因素：一方面，新闻媒体是数据信息的重要应用者，在大数据时代对数据信息的需求大大增加，通过对传感数据的分析、挖掘可以发现常规新闻中不能发现的意义和价值，并从支离破碎的信息中发现规律和趋势。传感数据不仅有助于提升新闻传播的科学性和真实性，而且有助于引导受众在自主体验中获取信息。另一方面，随着科技产品的日益普及，传感器的硬件部分也越来越便宜，传感器不仅广泛应用于政府、企业和科研单位，就连日常生活中的智能手机也配置了定位感应器、录音摄像装置以及收集个人生理数据的感应 APP，使得通过传感器来采集数据信息的成本大大降低了。

---

　　① 碳汇（Carbon Sink）是指通过植树造林、森林管理、植被恢复等措施，利用植物光合作用吸收大气中的二氧化碳，并将其固定在植被和土壤中，从而减少温室气体在大气中浓度的过程、活动或机制。

二、传感器新闻的数据采集方式

传感器新闻发端于美国新闻界，主要应用于调查性报道。从操作实践看，传感器与新闻生产主要有三种结合方式：一是利用市面上已有的、成熟的商业设备，设计出适合自己的传感系统；二是从已有的传感资源中获得所需数据；三是设计原型传感系统来生产数据。① 目前，新闻媒体主要通过利用政府部门、公共设施中的现有传感系统，或运用"众包"方式，或购买、租用商业传感器等方式来收集数据信息。然后，媒体把通过传感器获取的数据进行整理、分析，或以可视化的方式予以呈现，或与传统报道方式相融合。以下结合美国业界的典型案例，对常用的5种传感器新闻数据采集方式进行剖析。

1. 借助公共设施收集传感数据

在美国佛罗里达州的多个城市，警察将公车开回家并且不用支付高速公路的过路费是一项长期的额外福利。该州警察一直被怀疑超速开车，并造成交通事故。《太阳哨兵报》的记者萨莉·克斯汀和约翰·梅因斯（Sally Kestin & John Maines）向警局索要警察开车数据，警局以数据公开将对警察构成安全威胁而拒绝。在一位热心读者的提醒下，记者得知收费公路的电子付费系统（Sunpass）可以自动记录路过的车辆。因为警察局给警车都配备了Sunpass标准无线射频识别（RFID）转发器，每一个转发器都有特定编号，每次行驶时，这个编号至少会被记录两次时间戳，而记录的位置也是可知的。记者可以用两地之间的距离，除以通过两地的时间差，得出平均驾驶速度。两位记者从Sunpass公司最终获得了110万行、超过250兆的资料。调查后的数据显示，在2010年10月至2011年11月之间警察有

---

① Pitt F. Sensors and Journalism [EB/OL]. (2014-12-03) [2017-05-15]. http://tow-center. org/research/sensors-and-journalism/.

6 000 次开车超速，有的车速高达 90 英里（约 145 公里）每小时（如图 6 -
1 所示）。2012 年 2 月报道发表后，佛罗里达州警察局共处罚了 9 个部门的
130 多名警察，此后，警察超速现象减少了 84%。在 2013 年，《太阳哨兵
报》凭借《超速警察》赢得了普利策公共服务报道奖。评委会的评语是：
"该报以无可辩驳的技术数据，对警察下班后无度超速行驶、伤及无辜市民
的详尽调查，使得社会对该现象进行了讨论和规约，并采取相应措施予以
消减。"① 在报道发表之前，对于警察超速的不满、抱怨都是抽象、不系统
的。《太阳哨兵报》凭借从公共设施中获得的传感数据，以精准的量化方式
印证了事实。虽然以往的调查性报道可以通过典型个案揭示真相，但借助
传感数据来描述普遍现象、展示事实，使报道更具说服力。

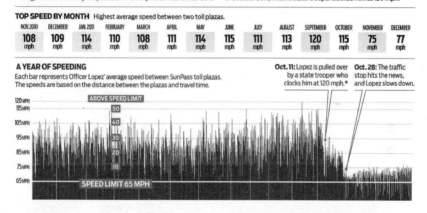

图 6 - 1 美国《太阳哨兵报》在《超速警察》报道中的数据图表

资料来源：Speeding-Cops [EB/OL]. (2012 - 02 - 10) [2017 - 05 - 15]. http：//www. sun-
sentinel. com/news/speeding-cops/.

2. 以"众包"方式收集传感数据

纽约公共广播电台在 2013 年初获悉，每隔 17 年美国东北沿海地区随着气温

① Pitt F. Sensors and Journalism [EB/OL]. (2014 - 12 - 03) [2017 - 05 - 15]. http：//tow-
center. org/research/sensors-and-journalism/.

回升，一种同步成长的蝉虫（magic cicada）将破土而出，雄虫在羽化后为了吸引雌虫，将连续数周发出独特的嗡嗡声。该电台的数据新闻编辑约翰·基弗（John Keefe）了解到，通过监测土壤温度可以预测蝉虫出土的时间，而用于监测的温度传感器并不复杂。该媒体以"蝉虫追踪"为项目，邀请听众利用传感器测量自家后院土壤的温度，并观察蝉虫的出土情况。为了更好地推介这个富含科学知识的活动，激发社区居民参与的动力和兴趣，报道团队在网站上公布了组装传感器的零部件及 29 个步骤。在线下，报道团队还设计制作了低成本的传感器，在一些活动中分发给听众。随着夏季蝉鸣季节的到来，报道团队开始连续对外发布参与者提供的蝉鸣声音和目击报告（总共收到 800 个不同地点的 1 750份温度报告）（如图 6－2 所示）。参与报道的大多数公众是第一次接触传感器，他们不仅了解了蝉虫生长周期与自然环境之间的关系，而且也体验了参与报道所带来的乐趣。传感器新闻的意义不一定是获取数据、论证事实，也可以是在新闻生产中引入"参与、互动"的理念，赋予参与者特定的体验，提升媒体的关注度和影响力，同时也提升了参与者的公民意识。

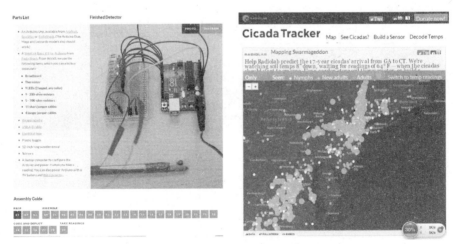

图 6－2　纽约公共广播电台网站在"蝉虫追踪"项目报道中

介绍组装传感器的步骤及发现蝉鸣的数据地图

资料来源：Cicada Tracker［EB/OL］．（2013－05－25）［2017－05－15］．http：//project.wnyc.org/cicadas/.

3. 媒体直接使用传感器采集数据

艾莉森·杨（Alison Young）从 1989 年至 2012 年，先后在 4 家媒体围绕环境问题展开了多次调查报道，并获得多个新闻奖项。2010 年 11 月她来到《今日美国》后计划写一篇全国范围的旧金属冶炼厂的调查性报道。土壤专家霍华德·米尔克（Howard Mielke）博士评估了她的设计方案，在编辑布雷克·莫里森（Blake Morrison）的协助下，新闻调查团队租用了Thermo Fisher 公司的 X 射线荧光分析仪，在居民后院、公立学校、运动场等处采集了 800 多份地表样本以及近 190 份额外的土壤样本，经杜兰大学米尔克实验室分析，被测的 13 个州的 21 个居民区内均呈现出铅浓度超标现象。在费城的居民区里，孩子们在铅浓度超过环境保护局标准两倍的地上玩耍，血液测试的结果表明，这些孩子血液中的铅浓度达到每升 0.075 毫克。根据相关医学研究，这种铅浓度导致儿童低智商、注意力缺陷、多动障碍的可能性较高。[①] 2012 年 4 月《今日美国》的网站用多媒体的形式发表《幽灵工厂：废弃工厂周边居民区遭受严重铅污染》（如图 6-3 所示），该报道还插入了政府文件，并配置了威廉姆·埃克尔（William Eckel）在 2001年开列的 430 座废旧金属厂的名单及地图。报道发表后，新泽西州、俄亥俄州、宾夕法尼亚州、罗得岛州、俄勒冈州、明尼苏达州的参议院要求环保部门调查所有的厂址，采取补救措施。2012 年 11 月，环保部门宣布将重新检测 460 家废弃的铅冶炼厂。

到目前为止，传感器主要用于调查性报道，尤其是对环保方面的报道相对成熟。传感器扩展了《今日美国》的调查范围，大大增加了数据样本。同时也表明，具有科技天赋的记者可以使用卫星和无人机，而那些不精通

---

① Eisler P，Young A. Some Neighborhoods Dangerously Contaminated by Lead Fallout〔EB/OL〕. USA Today，20 Apr. 2012〔2017 - 05 - 15〕. http://usatoday30. usatoday. com/news/nation/story/2012- 04-20/smelting-lead-contamination-soil-testing/54420418/1.

技术的记者则可以在较短的时间内学会使用负担得起的传感器设备，它们都可以提供科学有效的数据，揭露社会问题。①

图6-3 《今日美国》网站《幽灵工厂：废弃工厂周边居民区遭受严重铅污染》
报道中的废弃金属厂分布图

4. 从政府部门获得传感数据

《华盛顿邮报》记者大卫·菲利斯（David Fallis）从一位线人那里得知，警局在城市各个角落安装了音频感应器系统。这些感应器布置在屋顶及监控器附近，通过麦克风监听和记录枪声。当麦克风听到枪声就会激活录音机保存声音形成数据，并将数据发送回华盛顿大都会警察局的中央控制系统。通过数据对比和三角定位，能在几秒之内确定枪响地点。大卫·菲利斯和他的同事从警局获取了相关数据。2013 年 11 月初在《华盛顿邮报》的周日版和网站上刊发了《枪声监测》，报道长达 3 500 字，用专题、视频、图片及互动图表的形式向受众展示了"枪声监测"技术的发展历程，解释了麦克风的设置、安装，分析声波的软件，并以案例来说明"枪声监

---

① Mesich A. How Sensor Reporting Helps Journalists Find Data Where None Exist［EB/OL］.（2014-06-02）［2017-05-15］. http：//ijnet. org/en/blog/how-sensor-reporting-helps-journalists-find-data-where-none-exist.

测"系统已经成为警方调查案件的重要工具（如图 6 - 4 所示）。为了证明这
项系统在技术层面上的复杂性，报道团队还设计了一个小游戏，利用"枪
声监测"系统里的数据来测试受众对于枪声和烟火声的鉴别能力。[①]《枪声
监测》向受众阐明了什么是"枪声监测"系统，以及华盛顿警局是如何利
用其办案的，解释了近些年华盛顿特区枪击事件发生率降低及周边地区枪击
事件相对频繁的原因。传感器本身也具有新闻价值，像"枪声监测"这样的
传感系统对于大多数受众来说具有神秘感、新奇性。因此，借助传感器，并
结合受众的日常生活来讲新闻故事，能够增强报道的新闻性、趣味性。

图 6 - 4　《华盛顿邮报》网站《枪声监测》报道中的数据图表

5. 运用无人机收集传感数据

2013 年美国公共广播电台（NPR）策划了一期包含有互动纪录片的节目
《星球货币：制作一件 T 恤》。同年 10 月在拍摄密西西比州收割棉花的场景

①　ShotSpotter Detection System Documents 39，000 Shooting Incidents in the District［EB/OL］.
（2013 - 11 - 02）［2017 - 05 - 15］. http：//www. washingtonpost. com/investigations/shotspotter-detection-
system-documents-39000-shooting-incidents-in-the-district/2013/11/02/055f8e9c-2ab1-11e3-8ade-a1f23cda13
5e _ story. html.

时，为了展现4 000英亩（约1 619公顷）棉田不可思议的广袤及惊人的产量（足够制作940万件T恤），节目组与SkysightRC公司合作，使用旋翼无人机拍摄了棉田的场景和机械收割者的活动，展现了从近景到空中的过渡，对大场景周边的俯冲及移动物体的长距离跟踪等航拍技术。棉田的宏大画面赋予了观众愉悦的感官体验。① 该互动纪录片被传播到社交网站上，吸引了近60万的访问量，并且平均停留的时间为32分钟。在2014年，《星球货币：制作一件T恤》节目获得了美国国家新闻摄影师协会最佳多媒体奖项第二名，以及密苏里新闻学院年度摄影奖和新闻设计协会奖。传感器最擅长做的是监测物理世界的特征、属性，如光、热、声音、压力、振动、空气质量和湿度等。② 作为延伸人类视觉的无人机，由于其低廉的成本、广泛的实用性，也被列为传感器家族中的一员，并用于突发事件报道或专题报道中的图像拍摄。由于突发事件信息采集的特殊环境，无人机的操控往往由新闻从业者负责，而在追求高质量画面、高商业价值的专题报道时，雇用专业人士或许是最佳选择。

当前，安全和隐私是困扰传媒界推广无人机的两大难题。无人机在拍摄过程中如果出现故障，甚至坠毁，将对地面人员构成威胁，而在高空作业也难免危及载人飞机的安全。另外，由于视野的变化，无人机航拍存在侵犯隐私权、泄露机密等隐患。2015年1月，美国联邦航空管理局（FAA）批准11家新闻机构从事无人机新闻试验，希望能够评估无人机使用的安全性，以便制定无人机适用规则。③ 只有构建了无人机采集新闻的常态化法律

---

① Planet Money's T-Shirt Project [EB/OL]. (2013 - 12 - 06) [2017 - 05 - 15]. http://www.npr.org/series/248799434/planet-moneys-t-shirt-project/.

② How Sensor Journalism Can Help Us Create Data, Improve Our Storytelling [EB/OL]. (2014 - 04 - 17) [2017 - 05 - 15]. http://www.poynter.org/news/media-innovation/210558/how-sensor-journalism-can-help-us-create-data-improve-our-storytelling/.

③ Farhi P. Group of Media Organizations to Test New Role for Drone Aircraft: Newsgatherer [EB/OL]. (2015 - 01 - 15) [2017 - 05 - 15]. http://www.washingonpost.com/lifestyle/style/testing-a-new-role-for -drone-reporter/2015/01/15/309297f4-9cd8-11e4-96cc-e858eba91ced-story.html? utm-term=.7670614db243.

环境，这种"升级版的机器人"作为采集数据信息的智能手段才能发挥其应有的作用。关于无人机的使用，本章第二节会展开论述。

三、传感器新闻的应用特点、问题及对策

在美国新闻业界，用传感器收集实时数据，媒体再根据这些数据报道新闻，此举丰富了报道手段，扩展了传媒发展空间。在此过程中，传感器新闻也显现出一些应用特点。

1. 以量化方式收集、处理新闻信息

传感器新闻的基石就是用传感器收集数据。新闻信息的传统收集方法是通过记者自身感觉器官的观察、感受与印象来完成的，在某些问题的表述上，如在衡量空气、土壤污染的程度，人的健康程度，以及对某类事件、某种现象的跨时空对比时，人力报道的客观性、准确性略显不足，而将抽象的事物量化则是传感器的独特优势。传感器作为信息采集的技术保障，除了能够精确、细致、透明地记录原始数据，它的可查询、重复再现等技术特点，也有助于新闻从业者拓展出更多的报道方式。

2. 传感数据更易于计算机解读

传感数据可以轻易地被计算机软件直接读取、分析，并进行视觉化展示。通过传感系统获取的图像不仅仅是传统意义上的抓取场景、佐证事实，而且其成像开始被以像素为单位进行计算机分析；同时通过麦克风收集的音波，也可以作为分析某个新闻事件的音频数据。传感器的使用对新闻业而言，犹如"中西医结合"，在传统"望闻问切"的基础上融入了现代仪器的监测，不仅提高了采集数据信息的效率，而且拓展了原有生产模式的功能。

3. "众包"成为收集传感数据的有效方式

新闻媒体在收集数据时，除了借助政府机构、商业组织和科研单位的传感系统外，更多的是以"众包"方式来施行的，这与传感器新闻的选题

多数涉及公众切身利益密切相关。新闻媒体通过众包，动员社区力量，鼓励公民个体利用身边的传感设备（如嵌入在智能手机、笔记本电脑中的传感器），或者发放特定的传感器（由媒体自主设计研发），并指导公众完成传感器组装、数据上传。这就需要新闻媒体在社区中寻求帮助，让居民参与到传感系统中，并接受传感器的布控。传感器新闻是一种具有实验性质的新闻生产模式，为了消除公众对传感器的陌生感，并激发他们的参与兴趣，媒体需要保持一定的"开放性和透明度"，建立相互间的信任。

目前，传感器新闻处于起步阶段，在彰显特色、为新闻生产拓展路径的同时，也面临着一些困惑。

第一，传感数据的准确程度与是否采用了恰当的传感器、传感器自身的质量（精度、抗干扰性等）、传感器布控、测量指标与计算方法等有着密切关系。在无法获取专业权威数据的情况下，媒体不得不采用自主研发的传感器，而这种传感器的精度较低，加上受主体操作方法的影响，所获取的传感数据就会和专业监测机构的结果存在差距。《太阳哨兵报》的约翰·梅因斯和萨利·克斯汀为了获得警察超速的数据，用自购的"测速枪"在高速公路上收集数据，但是，他们很快就意识到，仪器的质量和操作方法都将引发公众的质疑。[①] 在我国，媒体所使用的数据主要来自政府部门、科研机构，为了体现科学性和严谨的专业态度，仪器设备、监测人员的资质都需要国家有关部门的认证，因为对传感器的误用或监测方法失当都将降低数据质量，自然不能作为报道的依据。

第二，随着社会文明的进步，人们越来越关注个人的生存空间，要求保护隐私权的呼声也越来越高。隐私权的"避免人知"与新闻报道的"广为人知"发生冲突的结果就是，一旦媒体公布了某些信息，公民的隐私权

---

① Pitt F. Sensors and Journalism［EB/OL］（2014－12－03）［2017－05－15］. http：//tow-center. org/research/sensors-and-journalism/.

将会受到侵害。通过各类传感器收集到的涉及公民个人的信息一旦被报道，公民的隐私将面临泄露，并由此带来不良影响。把传感器安装在公共场所，如公园、街角、广场、路口等处所采集到的音视频信息，也可能会侵犯公众的个人隐私。因为，从一些看似细小的信息中可以整合出清晰的个人形象。麻省理工学院的研究人员发现，只需掌握四个时空移动数据，就可以辨识出 95％的个人身份信息。[①] 当公民不知道传感器所采集的与自己有关的信息被如何使用，也没有机会选择不参与合作，或者没有机会纠正虚假的或误导性的数据时，那么他们的隐私肯定是被侵扰了。[②]

第三，"工欲善其事，必先利其器"。传感器的类型众多，性能、质量参差不齐，传感器新闻要求新闻从业者首先要了解传感器的测量特征、精度、值域范围、成熟度、运作距离以及能耗等，据此来找到满足需要的传感器。除了选对传感器之外，还要考虑传感数据的运算问题。新闻从业者不是程序员，这就需要与技术人员合作，对传感数据进行物理计算，使其产生更大的价值。需要什么样的数据，什么样的数据信息能够被传感，在采用传感器新闻之前就应该了然于胸。如果没有正确的选择，即使拥有合适的传感器，获取的数据信息也未必有用。因此，对新闻媒体而言，通过传感器搜寻数据、论证事实、评估价值，需要比较完备的人才结构，统计师、数据分析师、交互设计师、程序员等是不可或缺的。除了招募专业人士外，也可以鼓励新闻从业者发挥附加技能。因此，构建复合型的人才结构是当前中外新闻界发展的趋势。

第四，数字技术在很大程度上改变了新闻的采集、加工与扩散的方式，

①　Yves-Alexandre de Montijoye，et al. Unique in the Crowd：The Privacy Bounds of Human Mobility［EB/OL］. Scientific Reports，25 Mar. 2013［2017－05－15］. www. nature. com/srep/2013/130325/srep01376/full/ srep01376. html.

②　Solove D J. Nothing to Hide：The False Tradeoff between Privacy and Security. New Haven：Yale University Press，2011.

公众的概念也已不像原先那样狭隘，公众已不仅是新闻生产的目标，也逐渐成为新闻的生产者，媒体不得不考虑公众对新闻的影响。

传感器新闻涉及两类公众：需要从中收集数据的公众和那些帮助媒体获取数据的公众。利用公众的帮助来采集数据也引发了新的职业道德问题，即如何告知、引导公众做好准备并保护自己。新闻媒体需要考虑公众在收集数据过程中可能会遇到的一些涉及法律和安全等风险问题。让公众在牺牲自己安全的情况下为媒体采集信息或内容，或者是当他们选择承受风险时接受一些实质的结果，都是不合理的，是媒体不负责任的表现。媒体不仅要对新闻故事的主体和受众负责，它还要为在采集信息时提供了帮助的人负责。这就要求媒体不得不在报道之前考虑如何帮助和引导公众。

从交通摄像头到GPS定位系统再到遨游太空的人造卫星，传感器无处不在，我们就生活在传感器时代。现阶段，把传感器引入新闻生产领域还是比较新的探索，目前仅有美国的个别媒体在进行尝试。随着数据信息的重要性日益凸显，运用数据做新闻渐成趋势。生产、收集数据仅是传感器新闻最基本的应用，随着各类移动终端、可穿戴设备的定位传感器、生理传感器等的研发与开放，精准地向用户推送本地新闻和信息服务，实时地监测、反馈用户体验将不再困难。传感器新闻使得新闻信息的采集从公共场合单纯的人类观察转变为技术层面的全面监控，在为媒体提供更大发展空间的同时，也带来了安全、法律及伦理等有待解决的问题。

第二节 数据新闻发展中的新技术之二：无人机新闻

无人机是一种利用无线电遥控程序、搭载摄影摄像装置的无人驾驶飞行器。最初作为靶机用于空中侦察、电子对抗等军事目的，后来被广泛用于地质测绘、城市管理、气象、救灾、交通等民事领域。如今，随着计算机小型化、人工智能和机器人技术的发展，以及航空管制的逐渐放开，无人机民用的范围不断扩大,并开始进入新闻行业。

一、数据信息采集中的无人机

在 2011 年 3 月日本大地震及引发的福岛核危机和 2013 年菲律宾台风"海燕"的新闻报道中,我们欣喜地发现了媒体无人机的身影。在我国,2015 年 6 月的"东方之星"翻沉事件(如图 6-5 所示)和 8 月的天津滨海新区爆炸等报道中,无人机大显身手。被称为"上帝之眼"的无人机用于新闻报道,无疑也拓展了数据的采集范围,提高了数据的质量。

图 6-5 湖北日报社云图航拍中心对"东方之星"翻沉现场的报道

1. 无人机的优势及特点

首先,采集成本较低。航拍由来已久,由于其视角的独特与场景的宏大,早在传统媒体时代就已经备受青睐。在没有无人机的时代,新闻界主要通过记者搭载直升机来完成航拍工作。租用或者购买直升机,聘用飞行员等不菲的费用让众多媒体望而却步。而目前流行的小型多旋翼无人机,采购成本低,操作简单。2012 年 8 月,《武汉晚报》租用武汉直升机通用航空公司的商用直升机拍摄长江大桥沿线景观,飞行半个小时花费了 15 万元;

2014 年 3 月，该报进行空中跨江拍摄时，使用了看看湖北网的无人机，同样的飞行时间，花费仅 2 万元。[①] 较高的性价比和机动性，使得"无人机新闻"脱颖而出。

其次，保障采访的安全性。突发新闻事件现场往往环境恶劣，如火灾、爆炸、洪水、化学品泄漏等，对新闻工作者存在安全上的挑战。如果在这些情况下采用无人机实施信息采集，不仅能够实时获取所需信息，而且有效保障了记者的安全，所以说，无人机采集信息是一种相对安全的新闻生产技术。

再次，传播时效较快。无人机携带方便，操作简单，可以快速到达事发现场。如果在手机上安装相应的程序，就可以预览图像，并可以随时把预览内容上传互联网，实现同步传播，精简了传播环节，大大提高了新闻的时效性，使新闻在空间和时间两个维度都能够距离受众更近。如果觉得预览图像清晰度不高，可以编辑处理存储在 SD 卡里的高清原始素材。

最后，数据采集的多元高效。当前的无人机往往加载了摄像机、声音收集器或遥感设备等，在指定区域采集数据，无人机航拍系统实际上是一个高度集成的信息采集平台。它在 GPS 定位技术和 LBS 位置技术的辅助下，不仅可以拍摄高清图片和高清视频，而且在执行拍摄任务的同时，实时采集各项指标，提供多方面的详尽数据。比如看看湖北网无人机在航拍 2014 年中国越野拉力赛敦煌赛段时，可以同时采集赛车所在的经纬度、行驶轨迹、短距离行驶速度等信息。[②]

2. 无人机采集数据的过程

由于无人机（包括无人双翼飞机、无人直升机）具有机动灵活、成本

[①] 李少文，邱贻馨．无人机航拍，打开媒体生产新空间：来自看看湖北网的思考［J］．中国记者，2014（10）：69.

[②] 李少文，邱贻馨．无人机航拍，打开媒体生产新空间：来自看看湖北网的思考［J］．中国记者，2014（10）：69.

低、能进行高危地区探测和影像实时传输的优势，成为采集遥感数据的重要工具之一，是卫星遥感和载人飞机航空遥感的有力补充。

无人机采集数据的过程涵盖了前期准备工作、中期航拍和后期数据处理与分析三个阶段（如图6-6所示）。准备阶段包括定点勘查、面积勘查、飞行条件测试（天气预报、设备检测等）、传输飞行指令；中期航拍包括飞行控制与图像拍摄两个环节。无人机的飞行控制通过 GPS 定位系统操作，其自动驾驶系统则是根据当前位置计算飞行路线。无人机航拍一般选用高分辨率的数码相机作为主要遥感设备。这种相机体积小、重量轻、成本低，可替代性强，而且可以直接接入计算机进行处理，具有实时、快速的技术优点。中期工作需要飞手（控制飞行航线）和云台手（控制机上摄像机）协同工作。飞手不仅要有丰富的飞行经验，熟练掌握飞行器材，还要了解航空学、气象学知识和相关法律法规；而云台手则需要具有丰富的摄像、摄影经验。两者的技术水平与配合程度决定着航拍素材的质量。后期处理分析则包括数据下载、数据提取、图像处理、数据分析与数据应用等。

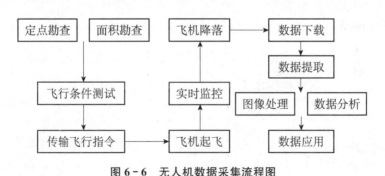

图6-6 无人机数据采集流程图

二、美国无人机参与新闻报道的历程

无人机新闻在美国的发展，与无人机技术上的进步、商业化抗争密不可分。技术进步为无人机新闻的发展奠定了物质基础，而商业无人机管制的松动则为其提供了广阔的发展空间。

1. 无人机新闻课程的开设与终止

实践往往先于理论研究。无人机用于新闻报道导致了无人机新闻（drone journalism）的出现。美国内布拉斯加-林肯大学的马修·怀特（Matthew white）教授认为，首先，无人机刚好迎合了民众对于独家视角及视频的期望。其次，无论是环境报道还是政治抗议活动，记者身临其境均受到限制。种种因素都让无人机成为新闻报道的理想选择。[①] 为此，2011年内布拉斯加-林肯大学的新闻与大众传媒学院开设了"无人机新闻"课程，同时建立了"无人机新闻实验室"（drone journalism lab），用于召集学生研究无人机在新闻报道中所涉及的法律和伦理道德等问题。

2012年密苏里新闻学院的教师斯科特·范（Scott Pham）申请到了该校的一项跨学科技术补助金，他与该校互联网技术项目的马修·迪克森（Matthew Dickerson）、新闻学院的比尔·阿伦（Bill Allen）合作，展开了"无人机新闻项目"的研究工作，旨在探索无人机在新闻行业中的应用：如何运用无人机生产真实的新闻素材，如拍摄新闻图片、视频，收集GPS数据等（如图6-7所示）。新闻学院的比尔·阿伦教授在项目研究的基础上，进一步开设无人机新闻课程。他说："我们的愿望就是帮助大家合法、负责、有道德、创新性地使用无人机新技术，把新闻业带入公共服务报道的前沿领域。"[②]

可以说，这两所大学不仅开展了无人机新闻的理论研究，还购置了无人机，讲授在实践中如何把这种先进设备用于实地的新闻报道中。除了这两所院校外，北卡罗来纳大学教堂山分校新闻与传播学院也为无人机新闻的学理研究做了大量工作。该校的媒介法律和政策中心为此建立"无人机

① 张楚楚. 浅析无人机技术在西方新闻应用中的利与弊：从"佩德罗·里维拉诉哈特福德警方案"谈起 [J]. 新闻世界，2015（6）：261.
② 龙鸿祥. 无人机新闻：美国新闻传播新景观 [J]. 编辑之友，2015（8）：110.

图6-7　密苏里新闻学院的斯科特·范在做无人机新闻的讲座

新闻和法律"专题网站，重点对无人机新闻的法律进行关注和研究。

　　遗憾的是，2013 年 7 月，美国联邦航空管理局（FAA）通知，按照相关的法律规定，无人机不得用于室外新闻采访，内布拉斯加-林肯大学和密苏里新闻学院这两所高校的无人机新闻课程及研究项目随即中断。

　　2. 美国无人机新闻的兴起

　　2014 年 6 月 23 日，美国有线电视新闻网（CNN）表示，为促使政府加快制定关于无人机采集新闻的政策法规，CNN 和佐治亚理工学院将合作研究如何安全有效地操纵无人机，并愿意将研究数据与美国联邦航空管理局共享，以便后者制定相关规章制度，允许媒体安全有效地操纵无人机。

　　2014 年 9 月 25 日，美国联邦航空管理局授权 6 家影视传播公司使用无人机，之前严格的民用航空管制体系开始松动，这一天成为美国无人机商业化之路的里程碑。

　　2014 年 11 月 22 日，美联社报道俄亥俄州辛克莱社区学院将耗资 500 万美元，在代顿市建造一所室内无人机飞行馆，供学生试飞无人机，当然也包括无人机新闻实训。

2015 年 1 月 12 日，美国有线电视新闻网与联邦航空管理局及佐治亚理工学院三方共同签署关于无人机新闻的《合作研究和开发协议》，加快将无人机用于新闻采集等领域的步伐。

2015 年 1 月 15 日，《华盛顿邮报》、《纽约时报》、甘尼特报团、先进出版公司、辛克莱广播集团、美联社等 10 家媒体与弗吉尼亚理工大学结成联盟，共同研究利用无人机技术开展新闻采访活动的可能性，即探索在偏僻、危险地区如何组织无人机图片报道、无人机视频报道。

2015 年 10 月，美国运输部宣布，将对个人无人机采取注册备案制，因为无人机已经影响航空安全。这个备案制度可以让无人机的卖家和拥有者向美国政府部门提交关于无人机的必要信息，一旦发生事故，政府将根据信息追查到无人机使用者。

三、我国无人机新闻的发展现状

技术发展与传媒变革如影随形，相得益彰。随着无人机价格的逐年降低及新闻报道的不断创新，一些眼明手快的媒体开始组建无人机航拍团队，使得新闻竞争由地面发展到了空中。

2012 年，重庆晨报社成立了无人机航拍工作室。

2013 年 3 月，湖北日报新媒体集团成立了云图航拍中心。

2013 年 9 月，长江日报报业集团与深圳迅雷网络科技有限公司组建了看看湖北网，为了增强其视频产品的竞争力，加入了无人机拍摄的成分。

2015 年 6 月 1 日，"东方之星"号客轮在湖北监利县大马洲水域翻沉，次日，央视、湖北广播电视台、《湖北日报》、武汉广播电视台、《南方都市报》、腾讯等多家媒体派出无人机航拍团队抵达现场。其中，《湖北日报》的云图航拍中心在第一时间对灾难现场、救援情况及船体扶正等进行了多角度、全方位的拍摄，除了在自家媒体集团刊发外，还被新浪、搜狐、网易、腾讯、人民网、新华网等多家网站和新闻客户端转载。

2015 年 6 月 15 日，新华网组建了首家全国性无人机报道编队，自成立以来，该报道编队频频亮相国内各重大事件报道中，深入救灾现场，为新闻报道提供实时、精准、权威的图片、视频和媒体资讯，推动了新闻报道形式和选题类型的创新。2016 年初，在第八届新媒体节·中国新媒体年度盛典上，新华网无人机团队获得"2015 中国新媒体融合创新项目奖"。

2015 年 6 月 29 日，搜狐新闻无人机频道在搜狐网和新闻客户端同步上线。

2015 年 8 月 12 日，天津港国际物流中心区域发生大爆炸，成为国内外媒体关注的焦点。无人机拍摄的灾情照片与录像特别引人注目。爆炸发生后，大批记者第一时间赶往现场，许多人随身携带了无人机，8 月 13 日清晨即开始无人机航拍。《北京青年报》《法制晚报》及《南方都市报》等媒体拍摄了大量爆炸现场鸟瞰图，将爆炸区域的总体情况以一种独特的视角呈现给受众。

2016 年 3 月，人民网正式启动无人机新闻报道战略，并携手美国高通公司、零度智控公司，三方共同组建无人机新闻报道团队，开启立体化新闻报道模式，以场景化、可视化的展现形式革新新闻表达。

近年来，我国主流媒体在加快转型变革的过程中，利用先进的科技成果来提升新闻生产的效率，创新新闻报道概念和模式蔚然成风。无人机技术在各种新闻报道中的运用，不仅给受众带来更多视觉体验，同时也加强了新闻业在公共服务报道中的作用。尽管我国一些媒体在加快布局无人机航拍的步伐，但无人机新闻目前仍属新事物。随着技术的进步、法律的完善，相信无人机技术将会应用于更为广泛的新闻传播领域。

四、无人机带来的问题

佩德罗·里维拉（Pedro Rivera）是美国 WFSB（哥伦比亚广播公司的附属机构）的一名摄影记者。2014 年 2 月 7 日，他因操控无人机拍摄车祸，被警方质疑和盘问。美国联邦航空管理局获悉后对这一件事情进行了调查。

同时，WFSB暂停里维拉一星期的工作，并配合警方一起调查里维拉是否违法。因为美国联邦航空管理局规定无人机不能为商家所使用，其中就包含新闻媒体。倘若警方最终确认佩德罗·里维拉操作无人机是为媒体拍摄车祸场景，那么其行为必被认定是违规的。而佩德罗·里维拉则声称自己只是WFSB的临时工，事发当天并不为WFSB工作，使用无人机所拍摄的录像也没有卖给该公司。因WFSB使其停工一星期造成了工资以及其他损失，里维拉起诉了哈特福德市警方。① 从"佩德罗·里维拉诉哈特福德警方案"中我们不难看出，将先进的科技用于新闻报道，不仅关乎科技本身的应用问题，也涉及传媒如何使用科技的问题。开发人员必须考虑科技在用户行为中扮演的角色以及技术在使用中所涉及的伦理维度。无人机技术在新闻中的使用，也引发了人们对科技"报复效应"的思考：科技的使用会带来许多人类意想不到的负面影响。②

第一，政策法规问题。为了填补长期以来无人机在行业标准和监管规范上的空白，一些国家推出了临时性、指导性的管理规定。就我国而言，2009年以来，陆续出台过《民用无人机空中交通管理办法》《关于民用无人机管理有关问题的暂行规定》《民用无人机适航管理工作会议纪要》等，特别是2013年之后又相继发布了《民用无人驾驶航空器系统驾驶员管理暂行规定》《轻小无人机运行规定（试行）》和《民用航空安全信息管理规定》。其中的《民用无人驾驶航空器系统驾驶员管理暂行规定》要求，从2014年4月起，无人机驾驶员资质及训练质量管理，由中国航空器拥有者及驾驶员协会（中国AOPA）负责，意味着无人机需要"持证驾驶"。③ 此前的2013

---

① 张楚楚. 浅析无人机技术在西方新闻应用中的利与弊：从"佩德罗·里维拉诉哈特福德警方案"谈起［J］. 新闻世界，2015（6）：260.
② 张楚楚. 浅析无人机技术在西方新闻应用中的利与弊：从"佩德罗·里维拉诉哈特福德警方案"谈起［J］. 新闻世界，2015（6）：261.
③ 王睿. 新闻，无人机采访的？［N］. 广州日报，2015-06-23.

年 12 月 29 日，北京某航空科技有限公司在无航拍资质、未申请空域的情况下，使用改装的无人机在首都机场以东空域进行航空测绘。后北京军区空军出动直升机将其迫降。为了配合军方对无人机的查处，首都机场十余班次航班延误起飞、两班次航班空中避让。北京军区空军组织各级指挥机构和部队共 1 226 人参与处置，2 架歼击机待命升空，2 架直升机升空，雷达开机 26 部，动用车辆 123 台。最终，该公司 3 名员工涉嫌以危险方法危害公共安全罪被判刑（如图 6-8 所示）。目前，关于无人机的法规还存在一些漏洞，比如没有对微型无人机（起飞全重 1.5kg）的运行做出具体适用的管理规定。因为当前无人机的一些主流产品，如精灵 Phantom3 和 Phantom4 的起飞重量都低于 1.5kg。也就是说，操纵此类无人机可以规避现有法规的约束，可以没有"民用无人驾驶航空器系统驾驶员合格证"，无须起飞许可

图 6-8 《法制晚报》关于"黑飞"的报道

资料来源：范博韬. 无人机"黑飞"老总获刑［N］. 法制晚报，2016-04-14.

审批，更不要适航证书，不要求投保地面第三人责任险等。因此，建立并完善法律法规是确保无人机安全操作的首要条件。

第二，安全问题。用于采集新闻信息的基本都是民用无人机，在技术指标上远达不到军用无人机的水平。例如，当前美国最先进的军用无人机续航能力达到 30 多小时，而民用的则在 20 到 30 分钟之间。特别是我国就无人机的生产尚未形成国家技术标准，存在诸多安全隐患，因此在使用民用无人机采访新闻时，要格外注意，防止产生次生安全事故。新加坡民航局明确提出：不飞入机场方圆 5 公里，飞行高度保持在 61 米内；只使用被允许的无线电波，避免扰乱飞机无线电波；不飞越人群、建筑、私人房地产和高速公路；只在民航局条例范围的空地遥控和操作；确保无人机一直在遥控者的视线范围内；确保无人机一直在无线电波范围内；不在恶劣天气中遥控和操作；确保电池充足以及状态良好等。从确保飞行安全考虑，新加坡的做法值得借鉴和推广。① 为了确保飞行安全，无人机起飞前要做如下检查工作：螺旋桨的安装是否牢固、指南针是否校准、信道情况是否正常、电池电量及电压是否正常、限高限远是否设定、返航设置和返航点位置是否确认，此外还需要观察并熟悉飞行空域及地面情况等。在飞行过程中需要关注的地方有：随时注意电池剩余电量、飞行高度、方向和距离、飞行器是否在目视范围内、是否有遮挡信号传输的障碍物等。

第三，监管问题。截至 2015 年 12 月 31 日，我国民用无人驾驶航空器系统驾驶员合格证总数为 2 142 个，主要分布在各民用无人机生产研发企业、相关应用单位以及大专院校。② 与此形成鲜明对比的是：2016 年国内消费级及航拍无人机出货量达到 39 万台。如此悬殊的对比印证了大量"黑飞"

---

① 陈怡. 媒体无人机：新闻采集的未来标配［J］. 军事记者，2014（11）：62.

② 民航局飞标司发布 2015 中国民航驾驶员发展年度报告［EB/OL］.（2016 - 03 - 17）［2017 - 05 - 15］. http：//mt.sohu.com/20160317/n440696157.shtml.

的存在，势必增加民航监管部门的工作压力。为了空域的安全及监管效率，民航监管部门在 2015 年推出的《轻小无人机运行规定（试行）》提出了一个新概念"无人机云系统"，即小型民用无人机运行动态数据库系统。该系统用于向无人机用户提供航行服务、气象服务等，对民用无人机运行数据（包括运营信息、位置、高度和速度等）进行实时监测，接入系统的无人机应即时上传飞行数据。2016 年 4 月 18 日，首家获得民航局批准的无人机云系统 U-Cloud（掌上优云）正式上线。U-Cloud 类似于 SIM 卡追踪管理，所有的无人机上都需要装一个 SIM 卡或者类似的装置。这样一来，每一台安装了 SIM 卡的无人机，飞行时的航迹、高度、速度、位置、航向等都会被实时纳入云数据库。根据采集到的数据，可以定位到无人机的"一举一动"。① 无人机云系统不仅能为各部门监督管理提供监控平台，而且有助于飞行计划的快速报批。除了加强无人机的外部监管之外，媒体内部的管理也要跟进。为了规范无人机的使用，有必要在新闻媒体内部建立无人机申请、审批制度，说明使用的原因、区域、时间等，前提是不能涉及国家机密，不能侵犯他人隐私，不能违反航空管制等，无人机均须经过主管领导审核方可使用。同时，使用无人机的采访过程需要飞手操作飞行和拍摄，尽管操作界面和方法已经智能化，但对操作人员进行必要的技术、安全方面的培训，进行一定程序的考核是非常必要的。

第四，侵权问题。新技术从来就不是那么容易被管控的，侵犯隐私权是无人机新闻发展过程中最受争议的问题之一。越界使用无人机技术，偷拍私人领域，侵入私人空间，报道一些原本属于私密性的内容，这样的做法必定为世人诟病。2010 年就有不良记者使用无人机偷拍正在度假的好莱坞名媛帕丽斯·希尔顿（Paris Hilton），并获得不雅图像，此举被认为是无人机新闻侵犯隐私权的典型案例。由越来越智能的电脑芯片以及越来越灵

①　U-Cloud 正式上线，无人机监管迈出一大步 [EB/OL]．（2016－04－18）[2017－05－15]．http://news.sohu.com/20160418/n444757265.shtml.

敏的红外线或无线电感应器等高科技设备武装起来的新一代无人机，能轻而易举地透过云层、浓密树叶甚至建筑物厚墙窥探千家万户的私生活，其精准、清晰程度可达到展现一颗衬衣纽扣的所有细枝末节，或地面人员使用手机的型号。① 发达的技术无疑也增加了人们对隐私保护的担忧。媒体应对无人机采集的素材进行认真审核，看其内容是否涉及保密区域，是否侵犯公民隐私。只有通过审慎的筛选，才能对素材进行编辑处理。无人机采访侵犯隐私的根源在于操作人员的素养和职业道德。目前的无人机飞手有两种情况：一是本就在媒体任职的采编技术人员，经操作技术培训后成为无人机记者，其职业道德和专业素养一般问题不大；二是纯粹的无人机技术人员，技术好，但是之前并无新闻从业经验，未经过相关专业素养和职业道德的培训，他们在采集新闻素材时就有可能触犯职业道德的底线。

第五，技术问题。近年来，无人机产业市场规模呈井喷态势，但是无人机生产专业标准体系的制定却是严重滞后。准入门槛低，行业技术标准不统一，使得无人机产业呈现出野蛮生长的态势。目前用于新闻采访的民用无人机不仅续航时间短，而且由于多为小型多旋翼类型，对飞行条件要求较为苛刻，主要是对天气状况的适应能力较差。无人机的飞行速度快，升空速度可达 6～10 米/秒，飞行速度可达 15～25 米/秒，操作时稍有不慎，就会因"失控"导致严重后果。续航能力不足则是当前最大的技术障碍，而电池供电不足、导航偏位、系统瘫痪等问题容易引发摔机事故。加上无人机在感知和避让方面的技术还不成熟，伤人事件时有发生。2015 年 1 月，一架无人机摔落在白宫草坪，造成美国官方的紧张。② 2012 年 9 月 27 日，厦门巷南中学门口，一部价值 30 万元的无人机与一辆汽车发生剐擦后撞到

---

① 无人机从战场飞入民间 或对公民隐私权造成侵犯［EB/OL］. （2013 - 05 - 11）［2017 - 05 - 15］. http：//news. sina. com. cn/o/2013-05-11/152927093548. shtml.

② Schmidt M S, Shear M D. A Drone, Too Small for Radar to Detect, Rattles the White House［Z/OL］. （2015 - 01 - 27）［2017 - 05 - 15］. http：//www. nytimes. com/2015/01/27/us/white-house-drone. html.

行人。① 引发上述事故，综合起来主要有以下原因：一是地面控制人员操作不当，无人机维护和飞前检查不到位；二是天气条件恶劣，电磁干扰；三是无人机本身的续航能力差，对飞行条件要求高。此外，无人机在新闻报道中存在交互性差等局限性，无人机主要用于拍摄大场景，同时为了安全，需要脱离现场人群，无法和现场当事人沟通交流，必须事后配以旁白，否则会显得内容空洞，所以，在某些情况下，无人机采集的数据信息只能作为新闻报道的一种补充。

近几年，无人机新闻日益普及，受到广大新闻从业人员与受众的欢迎，如同照相机、录音笔、掌上电脑，无人机有望成为新闻工作者的标配。但是，无人机使用所带来的道德问题，也将随着其应用频率的加快和应用领域的扩大而逐渐增多。加快完善无人机的法规建设和操作人员的技术培训，提高其职业道德素养势在必行。只有在新闻报道中合理、安全、高效地运用无人机技术，才能更好地拓展新闻生产的空间。

第三节　数据新闻发展中的新技术之三：自动化新闻

2016 年 3 月，谷歌旗下人工智能公司 DeepMind 开发的人工智能程序 AlphaGo（阿尔法围棋）和韩国职业围棋选手李世石九段进行了 5 次人机大赛。该程序利用"价值网络"去计算局面，用"策略网络"去选择下子，最终使得获得 18 个围棋世界冠军的李世石以 1：4 告负。20 年前的 1997 年，美国 IBM 公司的"深蓝"超级计算机以 2 胜 1 负 3 平战胜了当时世界排名第一的国际象棋大师卡斯帕罗夫（Garry Kasparov）。尽管两次人机比赛所运用的人工智能有较大差别，但其本质都体现出了人工智能超

---

① 吕寒伟，房舒. 厦门一无人飞机价值 30 万元 失控迫降撞汽车［N］. 海峡导报，2012-09-27.

凡的数据计算能力。与之类似，机器人新闻也是依靠计算机的数据运算完成的。机器人新闻（robot journalism）是拟人化的称谓，它是指运用算法对输入或收集的数据进行加工处理，从而自动生成新闻稿件的计算机程序，其最大的特征就是新闻生产的自动化。实际上，"自动化新闻"应该是更为贴切的称谓。美国哥伦比亚大学新闻学院的托尔数字新闻中心在《自动化新闻指南》中把这一概念表述为：在初期算法编程完毕后，不经人为干预，运用软件或算法来自动生成新闻故事的过程。一旦算法确定，从收集和分析数据，到撰写和发布新闻，新闻生产的每个环节都可以自动完成。[①]

一、自动化新闻在国外的发展

自动化写稿程序可以追溯到 2006 年 3 月。信息供应商汤姆森金融公司开始运用电脑程序来替代财经记者，自动撰写经济和金融方面的新闻。该公司称，它的"机器人记者"可以在公司发布信息后的 0.3 秒内提取有效数据，迅速分析整合成新闻稿件。2009 年，美国西北大学研发出了一个软件 Stats Monkey，此软件可以从网页中自动抓取大学棒球比赛的数据，并在 12 秒内生成赛事报道。

2010 年，美国叙事科学公司（Narrative Science）开发出一款自动写作软件 Quill，它可以将数据转化为描述性文字。该软件可以将人工智能与大数据进行技术融合，生成简短的文字表述或有固定模式的行业性文章，如体育报道、财经报道、房地产分析报告、地方性社团相关文章等。2011 年，这款写稿软件崭露头角，该软件不仅受到《福布斯》、《财富》、瑞士信贷、USAA 等知名企业客户的肯定，更获得 20 余家媒体的青睐。

---

① Guide to Automated Journalism［EB/OL］. (2016 - 01 - 07)［2017 - 05 - 15］. http：// towcenter. org/research/guide-to-automated-journalism/.

2014 年 3 月 18 日，美国加利福尼亚州发生 4.1 级地震，《洛杉矶时报》通过 Quakebot 生成系统，在收到美国地质勘探局电脑发出的地震信息后，自动将数据输入模板并提交采编系统，在 3 分钟内率先发布了地震报道。[①] 美联社于 2014 年 7 月开始与自动化洞察力公司（Automated Insights）合作，使用其写稿软件 Wordsmith 平台撰写财报文章，每个季度撰写三四千篇，相当于人工同类报道的 14 倍。Wordsmith 每周撰写数百万篇新闻报道。[②] 借助美联社的影响力，自动化新闻广为传播，一些知名媒体如《纽约时报》、《洛杉矶时报》、《赫芬顿邮报》、雅虎新闻等也纷纷引入写稿软件。

目前，自动化新闻的适用范围主要集中在财经新闻、体育新闻、灾害报道、犯罪新闻、房地产和医疗卫生资讯等方面，这些题材的共同点是内容通常涉及大量数据，经过量化分析，可以数据可视化的方式呈现，此外，从内容到结构有相对固定的标准和模式，易于生成新闻稿件。

二、我国传媒界的自动化新闻实践

自动化新闻在我国新闻传媒界起步较晚，但在传统媒体和新媒体上均取得了进展。2015 年 9 月 10 日，腾讯财经发布了一篇报道《8 月 CPI 同比上涨 2％创 12 个月新高》（如图 6-9 所示）。该报道不但引用了 CPI 的数据，还援引了 4 位相关专家和业内人士的分析，对文中的专业术语进行了简要的介绍。该文署名为自动化新闻写作机器人 Dreamwriter。

2015 年 10 月 14 日，根据国家统计局发布的 9 月 CPI 数据信息，腾讯财经写作机器人 Dreamwriter 撰写了"精要""研判""民生"三个版本的报道，标题如下。

---

① 徐曼．国外机器人新闻写手的发展与思考［J］．中国报业，2015（23）：33.
② 陈昌凤，李宏刚．人机大战时代，媒体人价值何在［J］．新闻与写作，2016（4）：45.

腾讯财经 | 证券 港股 美股 宏观 国际 金融 公司 消费 理财 财经资讯

8月CPI同比上涨2.0% 创12个月新高

宏观经济 | 腾讯财经 [微博] 2015-09-10 09:30 | 我要分享▼   ★ 💬 902

***。

【本文来源：Dreamwriter，腾讯财经开发的自动化新闻写作机器人，根据算法在第一时间自动生成稿件，瞬时输出分析和研判，一分钟内将重要资讯和解读送达用户。】

扫描二维码收听腾讯财经官方微信

中国用户量最大的网络财经媒体

图 6 - 9　腾讯发布首篇自动化新闻作品

精要版：9 月 CPI 涨幅回落　降准降息可能性增大。

民生版：9 月 CPI 涨幅回落　住房租金保持上涨。

研判版：9 月 CPI 涨幅回落　货币政策或维持宽松。

每个版本的写作模式和具体内容都有所不同，反映出自动化写作在不同新闻叙事模式和语言特色上的差异。同时，对三个版本的网络调研也体现出腾讯在改进自动化写作、推送更个性化产品方面所做的尝试（如图 6 - 10 所示）。

2015 年 11 月 8 日，一条《"快笔小新"上岗了！84 岁新华社启用"机器人记者"》的消息（如图 6 - 11 所示），引起了众多媒体人的关注。"快笔

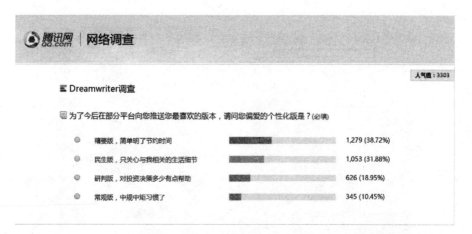

图 6 - 10　腾讯对三个不同版本的自动化写作稿件进行网络调研

资料来源：Dreamwriter 调查结果见 http：//panshi. qq. com/vote/10423771/view? type＝result。

小新"不是传统意义上的"机器人"，而是一个计算机程序，它具备了数据挖掘、机器学习等技术，可以自动写作新闻稿件。这个"快笔小新"现"供职"于新华社的体育部、经济信息部和《中国证券报》，主要负责撰写体育赛事报道和财经新闻。"快笔小新"的写稿流程分数据采集、数据加工、自动写稿、编辑签发四个环节，技术上通过根据各业务板块的需求定制发稿模板、数据自动抓取和稿件生成、各业务部门建稿编审签发"三步走"来实现。①

2015 年 12 月 20 日，新华网发布国内第一代生物传感智能机器人 Star。这款机器人是由新华网融媒体未来研究院与荷兰国家数学计算机中心、北京航空航天大学机器人组等机构联合研发的。② 其最大特点是"有感而发"。新华网的生物传感智能机器人不仅打破了财经、体育、气象等报道领域的

---

① 余晓洁，吴丹妮."快笔小新"上岗了！84 岁新华社启用"机器人记者"［EB/OL］．（2015 - 11 - 07）［2017 - 05 - 15］. http：//news. xinhuanet. com/politics/2015 11/07/c _ 128402900. htm.

② 刘胜男．Star 是谁？这个生物传感机器人要当传媒人的助手［J］. 中国传媒科技，2015（12）：9.

图 6-11　新华社启用"快笔小新"自动写稿软件

限制，而且可以通过生物传感器采集用户体验信息，转化为数据后，运用多种算法完成分析、报道、交互等工作，并根据用户需求生成各种产品。

三、自动化新闻的技术与生产

顾名思义，自动化新闻指的是新闻生产的全自动化。在具体的新闻生产过程中，人并不是新闻生产的主要劳动力，新闻生产的主体实现了由人向机器（智能软件）的转变。

1. 自动化新闻的技术特征与生产方式

自动化新闻实际上是一种稿件自动生成软件，通过这种软件实现机器取代人力，提高发稿的速度和数量。经研究发现，当前自动化新闻的技术主要有三类：一是对采集到的数据进行结构化处理，形成质量高、好处理的关系型数据集，然后采用全量抽取或增量抽取的方式，对数据分析统计之后，依据事先设置的模板自动生成稿件；二是应用知识概念模型技术，通过收集、整理新闻稿件，分析写作者的行为特征，将其知识经验、思维逻辑等转换出可供计算机识别和处理的数据，建立能够查询、存储，并可挖掘分析的专家数据模型；三是结合智能语义分析技术形成框架，模仿专家的行为在海量数据中发现、挖掘有价值的信息。自动生成的新闻信息除了包含浅层的 5 个 W 之外，还包括原因、结论、预测等深度信息。自动化新闻的生产方式主要有三种：一是利用结构化数据生成稿件，在掌握大量整合好、便于计算机读取的结构化数据的基础上，参照行业专家提供的计算公式、判别规则，在预先设置的新闻模板中生成新闻稿件，当前主要用于财经报道、体育报道和医疗卫生报道等；二是在挖掘用户数据的基础上生成个性化稿件，对用户的阅读内容、阅读习惯等进行分析、挖掘，或者根据用户自定义的标签，将同一稿件生成多篇不同角度、不同风格的稿件，为用户推送个性化产品，增强用户黏性；三是利用记者数据模型智能化生成稿件，将采集到的文字、图片、语音、视频等素材，以及其他背景资料，与某个记者的数据模型相结合，通过软件运算自动生成符合该记者风格的稿件。

2. 自动化新闻的生产流程

如同人工新闻生产一样，自动化新闻在生产方式上同样需要遵循一些固定流程：

第一步，采集撰写新闻稿件所需要的各种数据。采集数据是撰写新闻的依据。依据关键词、时间或数据指标等，通过应用数据抽取和挖掘技术，采集与报道客体相关的资料、数据库等素材以及有关用户的各类信息，这个过程类似于搜索引擎对网页的抓取。

第二步，对数据进行结构化处理和分析。撰稿之前要对获得的数据进行优化分类，通过结构化处理形成高质量的结构化数据，进而对结构化数据进行抽取、计算、统计和分析，梳理撰稿所需的素材，发现其中的变化和趋势，将运算结果与已经设定的新闻点标准进行比对，以确定报道选题。

第三步，判定新闻价值，提炼新闻点。在初步分析结果的基础上选择新闻点，通过剖析各种数据的内在关联性，结合用户（受众）数据所呈现的新闻消费模型，人工智能会提出一些建设性的创作意见，写作软件据此生成各种类型的稿件。在这一过程中，可能需要人工协助，来判定新闻价值和提炼新闻点。

第四步，运用算法，套用已有模板生成规范的新闻稿。据报道，美国自动化洞察力公司的 Wordsmith 平台拥有 3 亿种新闻写作模板，智能选择词汇生成报道，撰写速度已经达到每秒 1 600 篇短文。通过 Wordsmith 的专利语言可以建立各种各样的业务算法，这些算法决定每篇新闻报道的选题是什么、语气和语调、写作形式，以及如何运用词汇生成最终文章。①

第五步，对自动生成的新闻稿进行润色。从目前的实操案例看，自动化新闻在发布前需要润色、审核，以增强稿件的"温度"，目的就是让算法生成的枯燥文字变得更加可读。有的算法会在报道文本的生成过程中加入随机因素，选择多种复杂的叙事语气（如"冷漠的""自信的""悲观的"和"充满激情的"等）以让文本显得更多样。有的算法能根据主语的单复数而配套使用相应的动词形式，或者变换使用同义词，从而使文本读来不那么枯燥。②

四、自动化新闻的优势及发展趋势

互联网提供的日益庞大的数据库是自动化新闻生产的基础，编程软件及算法为自动化新闻的发展提供了技术支持。大数据技术促使自动化新闻成为数据新闻的延伸。

---

① 郭苏妍. 机器人也可以写"新闻报道"？［N］. 第一财经周刊，2014-08-06.
② 邓建国. 机器人新闻：原理、风险和影响［J］. 新闻记者，2016（9）：12.

1. 自动化新闻的优势分析

自动化新闻是信息技术进步的结果。尽管自动化新闻不能完全替代具有专业素养的新闻从业者，但是对新闻生产流程的优化有着重要意义。自动化新闻的优势主要表现在以下几个方面：首先是生产速度快。高速的计算加上预先设置的模板，自动化新闻几乎可以实现同步播发，如 2014 年 3 月 18 日《洛杉矶时报》关于加州地震的报道，仅需 3 分钟，报道就刊发了。其次是视野广阔。自动化新闻实际是通过程序软件运算来发现新闻点的，突破了人的视野以及时间和精力的限制，能从海量的数据信息中挖掘出具有一定新闻价值的话题。再次是有效地推荐新闻。自动化新闻的程序可以在分析现有媒体报道的基础上，计算出受众所关注的话题，并能够自动将其分类汇总，提升传播效果。最后是指导个性化新闻的生产。个性化新闻的生产离不开对受众的阅读倾向和兴趣点的分析，这个计算量是巨大的，超出了新闻编辑的能力，而这正好是数据运算程序所擅长的。自动化新闻在满足受众需求的基础上，能够有效激活受众阅读和再传播的能量，扩大新闻的覆盖面。

目前来看，并不是所有的新闻题材都适用于自动化新闻。适用于自动化生产的新闻往往以事实为主，且存在有效的、结构化的、可靠的数据可供使用。只有满足这些条件，算法才能够生产大批量的新闻内容，并针对每个读者做出个性化处理。显然，自动化新闻主要适用于通过计算机、数字算法进行整理、推算而写出的新闻题材，特别是那些以各种图表的分析、数据的测算为基础的新闻。无论是《洛杉矶时报》的地震新闻、犯罪新闻，还是美联社的体育新闻，都是运用自动化手段获取信息，根据数据的运算，依据预先设置的模板来写作新闻稿的。从本质上看，这些自动化新闻报道都是建立在大数据技术和人工智能基础上的新闻报道。由此，我们也可以看出自动化新闻与人工新闻之间的区别（如表 6-1 所示）。

表 6-1   机器人（自动化）新闻与人类记者报道的区别

	机器人（自动化）新闻	人类记者报道
内容	基本信息	深入分析
方法	定量	定量、定性
速度	第一时间	耗时较长
材料	结构化数据	调查、访谈、模糊信息
条件	设定模板、更新数据后可大量发稿	需要一定时间和条件
感官	视觉	通感
特征	重复、定时、规范、机械	探索性、关联性、创新性、挑战性
优点	错误较少，精确、客观、定制化	可读性较强、主观、抓住情绪
目标	社会事实	社会意义
范围	财经报道、体育比赛、天气预报、自然灾害、犯罪事实	需要更深入分析和探究意义的主题

资料来源：叶韦明. 机器人新闻：变革历程与社会影响［J］. 中国出版，2016（10）：17.

2. 自动化新闻的发展趋势

自动化新闻（作为一种写作软件）从出现至今已有十年，真正火爆并引发公众关注只是在最近两年。尽管自动化新闻技术还不够成熟，处于初始阶段，但表现出几个明显的发展趋势：

首先，自动化新闻在整个新闻报道中的比重将会越来越大。叙事科学公司的创建者克里斯蒂安·哈蒙德（Kristian Hammond）曾经预测，新闻报道最终将为自动化新闻所主导，份额将超过 90%。之所以得出这个结论主要源于两点：一是由于撰写软件加入新闻生产，新闻报道的总体数量将会大幅度增长；二是随着大数据时代的到来，我们的生活将日益数据化，越来越多的数据将在互联网上产生和流动，这就为写作软件的运行提供了内容资源和技术便利。

其次，自动化新闻的稿件质量将会日益提升。众所周知，现在的自动化新闻主要应用的是数据挖掘和人工智能技术，囿于目前的技术水平，自动化新闻主要被限制在以结构化数据统计为基础的新闻内容上。随着技术升级，自动化新闻将摆脱现有的局限性，结构化和非结构化数据信息都可以成为自动化新闻生产的素材，从而创作出内容更丰富、逻辑更合理、更有人情味的新闻报道。

再次，报道领域与报道选题将更加广泛。随着技术的成熟，自动化新闻的报道领域将不断扩展，从最初的体育新闻、财经新闻，逐步扩展到了灾害报道和犯罪新闻，下一步将会延伸到医疗卫生等众多领域。

最后，报道内容的订制与个性化将有望实现。2015 年 10 月，自动化洞察力公司的 Wordsmith 内容生成平台推出了公众版本，个人可以注册测试版，正式版本也将很快推出。该应用软件可以帮助个人用户组织文字，用户套用个性化模板，自动生成稿件，之后需要做的就是更新数据而已。[1] 由此可见，自动化新闻写作软件类似于个人数据处理程序，所生成的新闻稿也许只有软件使用者本人阅读。

3. 自动化新闻对新闻传播的影响

新闻媒体与新技术的融合发展由来已久，特别是在近些年，智能化不仅体现在媒体平台的建设上，而且深入到了新闻生产领域。智能化技术在提升新闻产品质量的同时，也推进了新闻传播的变革。哥伦比亚大学托尔数字新闻中心在《自动化新闻指南》中提出了"自动化新闻"的四象限图（如图 6 - 12 所示）。从宏观层面、微观层面、新闻业与公众的维度，论述了自动化新闻对记者、新闻消费者即受众、新闻组织者和社会的深远影响。首先，自动化新闻最先影响记者，"机器人解放记者还是对抗记者"的纷争一时之间充斥传媒业。就常规性、重复性报道而言，记者难以在速度、准确性上与写作软件匹敌。一些学者因此提出让"机器人"承担常规任务，把记者转移到深度分析、评论和调查性工作上，这样的调整有助于提高新闻的质量。其次，自动化新闻影响新闻消费者即受众。尽管自动化新闻能够提供个性化内容，但受众依然关心新闻的质量和算法的透明度问题。比如，受众很想知道，自动化新闻算法的目标和意图是什么，谁开发和控制这些算法，谁对这些内容负责，最终产品在发表前是否有人工编辑审阅等。

---

① 徐曼 . 国外机器人新闻写手的发展与思考［J］. 中国报业，2015（23）：34.

再次，由于自动化新闻有助于减少生产成本、增加新闻发稿量，越来越多的新闻组织者即媒体可能采用自动化内容生产方式。在体育和财经选题的基础上，自动化新闻可能被用在更具挑战性的公众利益主题上，如政治和社会议题。当自动化新闻涉及批判性议题时，问题的准确性、内容的质量以及数据和程序的透明度变得愈加重要。最后，对社会而言，自动化新闻"能够快速、便宜、大量和按需生产内容，可能从本质上增加了新闻的数量。这样的变化可能有望满足人们对信息的需求，但同时也增加了人们寻找相关内容的负担，搜索引擎和个性化新闻聚合也愈发任重道远"①。

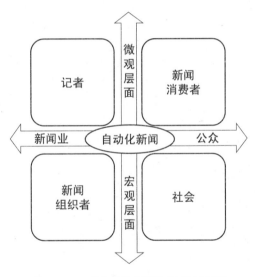

图 6-12　"自动化新闻"的四象限图

资料来源：Guide to Automated Journalism［EB/OL］．［2017-05-15］．http：//tow-center. org/research/guide-to-automated-journalism/.

自动化新闻经常被误认为是对传统新闻生产的威胁。其实，人力新闻报道和自动化新闻生产可以紧密结合，人机共生、人机协同的融合局面是新闻业的发展趋向，理性地认知和关注自动化新闻带来的变革是非常必

---

① 叶韦明. 机器人新闻：变革历程与社会影响［J］．中国出版，2016（10）：19.

要的。

第一，自动化新闻有助于提升新闻产品的质量。传统新闻生产除了靠各种硬件外，还要靠人的精力和智慧，但是人的主观能动性是有限度的，而人工智能技术恰恰能够弥补人在这方面的欠缺，使得媒体不再仅仅是靠人力制作内容和进行传播。以云计算、大数据为基础的人工智能增强了新闻媒体在产品创新、产业升级等方面的能力，有利于媒体在抢占技术高地的同时，充分发挥自身优势，加强内部改革创新，提升核心竞争力。

第二，自动化新闻加快了新闻从业者的转型。凭借云计算和智能技术的优势，自动化新闻生产程序对传统新闻生产造成极大压力，新闻从业者深切感受到转型的紧迫性，面临要么职业转型要么能力转型的选择。前者意味着换工作，彻底离开新闻领域；后者意味着必须提高新闻专业素养和数据应用能力。目前看，所谓的自动化新闻写作程序的应用范围有限，作品也仅限于新闻信息的浅层传播，基于深度分析和独立判断的报道短时间内非写作软件所能胜任。为此，新闻从业者需要重新定位自己在媒体中的核心价值，在提高技能和素养的基础上，将目光投向调查研究和深度报道，创作出更具个性化特色的新闻产品。这不仅是免于被媒体淘汰出局，也是促进行业领域保持创新性的举措。

第三，自动化新闻促进了传统新闻生产状态的改变。所谓的人工智能离不开大数据和云计算，这些高科技拓展了媒体的原有功能，重构了新闻的生产方式。在新闻生产上，数据挖掘和分析不仅降低了传统新闻内容生产的重要性和必要性，而且减轻了新闻生产中劳动密集型生产环节的工作压力。同时，智能化程序在处理类似财经、气象、体育、案件等选题的新闻资讯时，在数量、速度等方面显示出超乎想象的效率。一些媒体为了保障新闻信息传播的精准性和个性化，在程序软件处理的基础上，又融入了人工操作的环节，这种新闻生产模式改变了传统的生产流程和运行框架，重构了媒体业态。

机器人撰写软件不是要替代新闻从业者的职能与作用，而是充当帮手，优化生产程序，提高新闻报道的产出效率，以实现路透社数据新闻总编雷金纳德·蔡（Reginald Chua）所说的"人机联姻"（man-machine marriage）：大数据算法负责数据分析，寻找有趣的新闻选题，撰写新闻初稿；采编人员则负责稿件的深度分析，采访关键人物，整合核心信息以及做一些幕后工作。新闻从业者必须在时代的大发展中审时度势，积极探索、创新报道模式，使人工写作与机器人智能撰写系统深度融合，相互补充，共同发展，创作出比单靠人类劳动效率更高的人机结合报道。

第七章　数据素养与数据新闻教育

大数据本身不是新闻报道，想要在庞大的数据中寻找到新闻线索，单靠程序员和设计师是不够的，仍需要专业新闻工作者的判断和筛选。对新闻传播业来说，大数据所带来的变化不仅仅是催生了"数据新闻"，更是报道理念和技术上的进步。利用数据做新闻报道在互联网时代之前就已经存在，其目的在于增强新闻信息传播的可信度和易读性。而在大数据时代，对大型数据进行抓取与清理、挖掘与分析，深度揭示新闻事实，并以适度的可视化方式加以呈现，则成为当下新闻从业者具备高素养的体现，因此，培养这种高素养的新闻人才也成了业界和学界的共同目标。

第一节　大数据环境对新闻从业者的影响

大数据的本质在于"以一种前所未有的方式，通过对海量数据进行分析，获得有巨大价值的产品和服务，或深刻的洞见"①。随着大数据时代的向前发展，传媒生态、新闻传播活动不仅受到深刻影响，新闻从业者的业务素养、编辑能力和工作理念等方面也得到了进一步的扩展，这些都有效地推进着新闻生产、传播方式的各项变革。也就是说，现在讲故事也该靠数据了，而讲故事的人必须具备一定的素养才能把故事讲好。

---

① 迈尔-舍恩伯格，库克耶. 大数据时代：生活、工作与思维的大变革［M］. 盛杨燕，周涛，译. 杭州：浙江人民出版社，2013：4.

一、新闻从业者的角色转换

数据新闻是大数据技术趋势下的产物，目前看，大数据技术对新闻领域的渗透在逐渐拓展和深入，它不仅在一定程度上改变着新闻的生产流程，而且也影响着新闻从业者。作为数据时代的新闻工作者必须与时俱进，调整自身的角色，尽快适应传媒环境的每一步变革。

传统的新闻记者采集信息或新闻素材，往往需要进入现实社会各阶层，与各色人等进行交流，而新闻事件发生地的多样性决定了采集地点的千变万化，同时，也因为新闻事件的不同特征，导致采集新闻的方式多种多样。虽然这些获取新闻素材的方式仍然在使用，但是，作为信息时代的新闻记者同样需要一定的数据素养，对数据具有敏感性，清楚在什么地方获取数据，包括一些特殊领域或行业的数据。同时也为了更好地配合新闻编辑在新闻生产后期的分析、整理工作，应当知道获取哪些数据更具有价值。

传统的新闻编辑所处理的稿件，从单稿到稿群或栏目，加工处理的无非包括文字、照片或音视频，而今则要梳理庞杂的数据，并经过整合、清理等环节，以静态或动态的数据图表来呈现更加丰富的内容。这对传统新闻编辑而言，除了以前的把关、策划、组织报道等功能以外，又提出了新的要求，其角色从单纯的把关者和编辑转变为数据信息的解读者、阐释者。因此，必须进一步提高业务技能，才能够借助数据工具，从大量数据中分析、发现和筛选出令人关注的信息，并帮助受众了解数据背后的深意，乃至当前社会发展阶段所发生的事情与即将发生什么，进而在提升业务技能过程中完成其角色的转换。

二、数据新闻从业者的基本业务素养

数据新闻从业者虽然产生于大数据时代，但是也属于新闻行业，理所当然要具备传统意义上的新闻素养，无论是业务能力、职业理念，还是工作意识，都要有传媒行业的职业特质。

1. 判断新闻价值的预见力

无论是做新闻报道，还是做知识信息的传播，对其进行新闻价值、知识价值或社会影响力的判断、分析都是重要环节。对于新闻从业者而言，准确判断传播客体的价值，是其所有素养中的关键与根本。这种判断不仅基于新闻事实自身的各种要素，而且还要考虑到传播对象、媒体属性和功能，乃至传播环境、传播时机和传播政策等。本人曾经访谈过一位新华社图表编辑室的编辑，他硕士毕业入职新华社之后先到地方分社当了一年记者，然后才回到图表编辑室。这种基层工作经历实际上就是在帮助新闻编辑积累现场的实地采访经验，使其对新闻操作理念、新闻基本要素、新闻采访过程有个全面的认知。另外，通过大量采写实践，从宏观上说，让人了解了本单位稿件的报道思路；从微观上看，也让人对新闻发生的地点、地形、地貌环境特征，新闻当事人的外在表现以及事件进程清晰明了，进而提高了对新闻信息的理解能力。严格说，作为数据新闻采编人员要和传统的新闻采编人员一样，按照重要性原则，能对本媒体即将刊发的新闻进行排序，能对重要事件的新闻点做出罗列和陈述，能对近几年或许更早的主要新闻事件有认知上的积累，能对新闻发生的主要区域以及领域有宏观的认识。也只有这样，数据新闻从业者才能在新闻生产中目光敏锐、胸怀全局。

2. 呈现新闻产品的表现力

数据可视化完全依靠软件或者编程将存在一定的风险。可视化的目标是实现受众的"悦读"和理解，而要做得赏心悦目，必须具备一定的设计理念。从专业背景来看，国内媒体（新华社、各类报社、各类网站）的图表编辑主要来源于美术、设计专业和计算机专业，而来自新闻传播专业的则居少数。之所以出现这种专业结构，说明一定的艺术素养、视觉化的形象思维在可视化设计和制作中占据着重要位置。特别是创意构思的想象能力，即图表编辑对新闻稿件所涉及的场面、人物、过程等明了之后，在脑海中想象新闻发生过程的连续场景，根据新闻的重点、文字描写的角度和新闻客体所处的空间位置，确定某个特定的画面。图表编辑的艺术素养体现在两个方面：第一，具有一定的见识，不仅在平时注意收集数据可视化的中外精品，还要在头脑中对这些作品进行任意的拆分组合，并形成自己的风格；第二，较好的视觉思维，把现实中复杂的新闻要素、难以呈现画面的抽象事物以相应的形象符号表现出来，并通过构图、色彩、线条、字体字号等审美技巧，表现新闻要素的主次并展示其重点。数据可视化作为新闻信息的呈现方式，讲究色彩搭配、统一均衡，只有将新闻、技术与艺术完美结合，才能体现出数据新闻的魅力。

3. 开发新闻产品的受众意识

数据新闻从业者的受众意识主要体现在两个方面：一是拓展信息内容。信息社会的受众已不再仅仅满足于了解简单的新闻事实，还迫切需要了解事件的来龙去脉。因此，数据图表在设计制作时，需要对主体新闻在时空维度进行深度、广度、高度的挖掘。通过解释和剖析主体新闻的背景、起因、波及影响和发展趋势，让受众全面、立体、多角度地了解事件全貌和意义。二是把握受众视觉心理。视觉心理是一种外界影像通过视觉器官引起的心理机理反应。当受众观看、浏览某些信息的图像、图形时，将由此激发新的信息需求或者可视化的需求。众所周知，新闻传播既是一种信息生产和传播，也是一种知识生产和传播。虽然新闻报道中也会有纯粹的知识普及，但是新闻报道本身毕竟是要依赖新闻事件的。在一个社会的知识系统中，媒介知识的生产和传播扮演着重要角色。① 在"东方之星"翻沉事件报道中，新华网使用了图表解析的方式梳理数据，对新闻进行了可视化处理。在首发沉船事件之后，继而发布科普图表"一旦轮船发生事故，我们该怎么做"。随后又补充了"龙卷风的成因和危害"。随着救援工作的进行，根据切割情况发布

---

① 刘宏．"东方之星"号客船翻沉事件报道中的知识传播［N］．光明日报，2015-06-10.

了"什么是船体切割救援"，一系列的数据新闻作品不但帮助受众了解了沉船事件的全貌，而且使之学习了相关知识（如图 7-1 所示）。

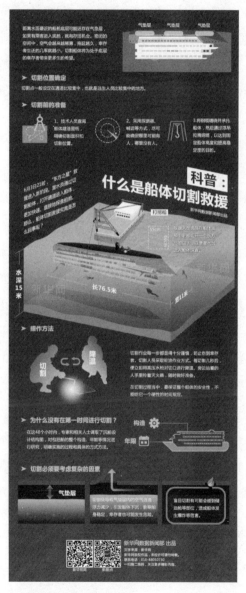

图 7-1　新华网数据新闻部为"东方之星"翻沉报道制作的科普图表

4. 应有的职业操守和团队精神

数据新闻工作者在进行数据收集、数据分析的过程中，要坚持对传统新闻工作者所要求的职业操守和伦理原则，并具有一定的科学精神和道德勇气。对采集数据、处理数据和呈现数据中所涉及的职业道德、社会伦理问题，要有充分的认识，同时，也要将数据的局限性清楚地告知受众，以免使受众由此得出错误的结论。不能隐瞒采集数据、分析数据时发现的问题，而成为某些利益集团的合谋者。

所谓团队精神就是大局意识、协作精神和服务精神的集中体现。团队精神的基础是尊重个人的兴趣、特长和成就，核心是协同合作，以明确的协作意愿和高效的协作方式保证目标的实现。数据新闻是大数据时代的一种新的报道样式，从目前的业界实践来看，数据新闻的生产少有单兵作战，多是团队合作的结果。在整个团队中，新闻采编人员居于主导地位，数据分析与挖掘、视觉设计与制作则作为配角，这就要求新闻采编人员熟悉相关的专业术语、专业知识，能够和数据分析师、视觉设计师进行顺畅的交流沟通，提出明确的要求，带领整个团队顺利开展数据新闻报道。在 2014 年 3 月央视《两会大数据》的制作过程中，除了要联系提供数据源的百度、优赞普等数据公司之外，在央视内部就需要新闻中心、视觉艺术部和制作部等三个部门的通力协作。其中，新闻中心经济新闻部作为牵头单位，负责稿件，协助搭建虚拟模型，协助演播室录制；视觉艺术部负责搭建虚拟模型，和制作部门交接好模型输入；新闻制作一部负责演播室灯光、模型调整以及录制工作。三者缺一不可。[①]

三、数据新闻从业者的数据素养

随着当前社会中各类信息的剧增和计算机处理能力的提高，大数据挖

---

① 姜秋镝，岳群．央视《两会大数据》报道解析［J］．电视研究，2014 (5)：28．

掘与分析成为可能，也促使数据新闻报道成为传统新闻生产的有益补充。胜任数据新闻工作除了需要传统新闻工作者的基本业务素养之外，还要有与之不同的数据素养，即懂得如何搜集数据，发现其中蕴含的问题或趋势，分析其可靠性和价值等，这些是做好数据新闻报道的核心业务能力。

1. 数据素养的概念及其研究现状

关于"数据素养"的定义，目前尚未达成统一的共识。根据目前掌握的文献，较早明确提出这一概念的是 2004 年发表的《信息素养、统计素养和数据素养》一文。① 有的学者称之为"数据信息素养"（data information literacy），即理解数据的意义，包括如何正确地读取图表，从数据中得出正确的结论，以及能够指出数据被错误或不恰当使用。② 也有学者称之"科学数据素养"（science data literacy），即在科学研究中收集、加工、管理、评价和利用数据的知识与能力。③ 综观现有的数据素养定义，一是基于科研数据管理视角，二是基于数据利用视角。如果说"数据信息素养"的概念更适合于受众，那么，国内学者孟祥保、李爱国给数据素养所下的定义则更适用于数据新闻从业者。他们认为，数据素养是指"具有数据意识，具备数据基本知识与技能，能够利用数据资源发现问题、分析问题与解决问题"④。

密苏里新闻学院的大卫·赫佐格（David Herzog）长期从事计算机辅助报道和数据新闻的教学工作，擅长分析数据，将数据转换成故事。2015 年

① Shields M. Information Literacy，Statistical Literacy and Data Literacy ［J］. Iassist Quarterly，2004，28（2/3）：6 - 11.

② Carlson J，Fosmire M，Miller C C，et al. Determining Data Information Literacy Needs：A Study of Students and Research Faculty ［J］. Portal-Libraries and the Academy，2011，11（2）：629 - 657.

③ Qin J，D'Ignazio J. Lessons Learned from a Two-Year Experience in Science Data Literacy Education ［EB /OL］.（2010 - 06 - 22）［2015 - 09 - 07］. http：/ / docs. lib. purdue. edu /cgi/viewcontent. cgi? article ＝ 1009&context ＝ iatul2010.

④ 孟祥保，李爱国. 国外高校图书馆科学数据素养教育研究 ［J］. 大学图书馆学报，2014（3）：11-16.

他出版了《数据素养》（*Data Literacy：A User's Guide*）一书，主要内容包括：数据是什么，它不是什么；如何开发一个数据库；如何收集、评估数据；如何清理"脏数据"；如何可视化数据和使用数据分析和可视化工具等。[①] 很明显，该书是为那些缺乏数据分析与统计知识的新闻从业者所写，指导他们掌握数据的识别、获取、评价、清洗与可视化等技能，以提升数据素养，更好地从事计算机辅助报道和数据新闻工作。

2. 数据素养中的数据意识和数据处理能力

所谓的数据意识（data awareness）也就是对数据的敏感性，是新闻从业者在生活、工作中表现出来的关注和发现相关数据的意识和兴趣，是发现数据价值的本能反应。数据意识类似新闻敏感，是新闻工作者对数据的一种直觉，是对数据的批判、反思意识。面临大数据的冲击，一些新闻工作者持有两种截然相反的态度，要么深信不疑，要么嗤之以鼻。深信者以为数据就是科学、客观；排斥者认为数据缺乏人情、枯燥。这些都是不可取的职业态度。我们应该正确认识数据，了解数据的特点、功能和局限；也要像对待其他信源一样，对数据保持适度的谨慎和清醒。

数据处理能力包括获取数据、解读数据和呈现数据的能力。数据是数据新闻报道的基础，获取数据（data collection）包括获取一手数据和二手数据，意味着数据新闻报道的开始。在获取数据时，不仅要考虑其关联性、代表性和价值，也要考虑数据的广度与深度。另外，还要重视与数据源建立良好的供给与需求合作，主动与一些数据供应商、专业数据公司建立合作关系。分析数据（data analysis）是对各种形式的数据的理解、解读和整理、分析、解释。数据正变得越来越重要，这并不是因为数据量的巨大，而是因为我们拥有了工具和能力去分析数据，找出模式、结构并揭示趋

---

① Herzog D. Data Literacy：A User's Guide [M]. Los Angeles：SAGE，2016：Preface.

势。① 但是，如果新闻从业者缺乏洞察力，那么再好的数据、再便利的处理工具也无法提升新闻产品的品质。在分析数据时，我们常常需要考虑以下问题：数据是如何收集的？样本符合统计显著性的要求吗？你对因果关系的理解正确吗？你的结论能推而广之吗？② 呈现数据（data visualization）是指将大体量数据以图形图像形式来表示，并利用数据分析和开发工具发现其中未知信息的处理过程。数据图表是当前最常用的可视化表现方式，报道者不仅要清楚可视化工具的适用范围，还要具备一定的审美能力，准确把握受众的视觉心理和阅读习惯。

　　总之，作为大数据时代的新闻从业者，首先，为使所收集的数据信息更精准，除了会使用搜索引擎的高级检索功能，还要会查找中外文数据库、政府和非政府数据库，并且要知道如何通过网络论坛、网络调查来获取数据。其次，整合数据不是简单堆砌，挖掘的前提是清理，去除干扰信息，统一数据格式。为了从数据中挖掘出具有新闻价值的事实，必须掌握一定的统计和数据分析方法，因为解读数据的方法是否合理，关系到结论的科学性。最后，许多统计软件、绘图软件、交互软件都可以实现数据的可视化和交互性。在互联网上呈现数据图表，需要掌握基本的编程技术，以实现动态、交互等视觉效果，这就需要新闻从业者熟悉每个软件的特性，以便根据选题的内容、数据的类型，来选择呈现方式，绝不能只为追求画面的酷炫而可视化。

四、数据素养的培养路径

　　2012 年，哥伦比亚大学的托尔数据新闻中心发布了一份关于后工业化时代新闻工作者所应该具备技能的报告，提出了九项技能，其中包括三项

---

① 方洁，颜冬. 全球视野下的"数据新闻"：理念与实践［J］. 国际新闻界，2013（6）：76.
② 方可成. 记者在做报道时应如何解读数据［EB/OL］.（2014 - 01 - 19）［2017 - 05 - 15］. http：//fangkc. cn/2014/01/drawing-conclusions-from-data/.

软技能和六项硬技能。① 三项软技能包括：良好的心态和精神状态，成为具有企业家精神的记者；成为网络化的个体；培育具有正直和良好的判断力的公众形象。六项硬技能包括：具有专业知识，成为专家型记者；熟悉数据和统计知识；了解用户分析工具，更好地理解受众；熟悉基本编码知识；会讲故事；懂项目管理。从报告内容不难看出，社交媒体、数据分析、编程设计等实操能力将可能成为新闻从业者的标配。另外，从目前的一些数据新闻经典案例来看，项目管理能力也是新闻工作需要的素养，数据新闻的整个生产流程体现出的就是团队作业，不求每个人十八般武艺样样精通，但在懂得数据、软件和新媒体的前提下，新闻生产环节的采编人员、技术人员和设计人员应能够沟通顺畅，恰如其分地呈现和传达新闻信息。梳理国内外新闻传媒中从事数据新闻报道的工作人员，除了接受新闻院校相关专业、课程培训外，其业务成长路径大致还有如下三种：

1. 新闻从业者的自我完善

随着数据新闻的快速发展，新闻传媒因为缺乏专业人才的储备，在涉及数据、设计、编程等复合型人才上显得捉襟见肘。同时，新闻院校的人才培养从教学方案的设计、确定到实施、完成，有一个相当长的周期，无法短时间内解决业界人才的迫切需求。现实情况是"大多数记者和专业教师数据科学技能较低，高技能的人非常少。专业新闻院校缺乏教授计算新闻学所需的算法和高级课程的人才，也没有多少专业教师能够站在职业需要的角度去教他们需要学习的知识"②。为此，自学成了新闻从业者提升自身数据素养的主要途径。通过学习相关书籍，比较重要的如《数据新闻手册》，还有一些基础性编码、网页设计等方面的书籍，来获得专业知识和相

---

① Columbia Journalism School，Tow Center for Digital Journalism（2012）．Post-Industrial Journalism：Adapting to the Present [EB/OL].（2014－12－03）［2017－05－15］．http：//tow-center. org/wp-content/uploads/2012/11/TOWCenter-Post＿Industrial＿Journalism. pdf.

② 刘银娣. 欧美数据新闻人才培养路径探析 ［J］．中国出版，2016（1）：49-50.

关技能。此外，利用网络资源也不失为便捷的渠道，例如慕课（MOOC）网站提供了比较全面的与数据挖掘、数据呈现相关的技术课程。一些勤奋好学的新闻从业者还经常性地登录国内外的知名媒体网站，研究它们的数据新闻作品，分析这些数据产品的制作情况，寻找差距，进而从中获益。

2. 社会组织提供的网络教学资源

以新闻传播为主导的社会组织发现了传媒界对数据开发的极大需求，他们积极应对，试图为有志于数据新闻报道的新闻工作者提供一个高效的学习平台。美国奈特基金会在数据新闻兴起之初就着手筹备网络公开课程，来满足有志于数据新闻报道而未受过专业训练的新闻从业者的需求。① 2014 年 5 月，欧洲新闻中心（EJC）上线了系列数据新闻公开课（doing journalism with data），教授记者如何使用数据来提高报道水平。该课程由 5 个模块组成：媒体的数据新闻、寻找数据支持报道、用数据分析法寻找新闻、处理杂乱数据、可视化报道方式。课程由视频讲座、辅导、作业、阅读和讨论组成。授课教师皆为业内资深人士，如《卫报》前编辑西蒙·罗杰斯和普利策奖获得者史蒂夫·多伊格（Steve Doig）等。课程的顾问团队包括来自《纽约时报》、ProPublica、推特等多个机构的编辑记者。截至 2015 年初，约有 3 万人注册了该课程。② 开设网络教育也是高校的长项，2013 年，美国的得克萨斯大学开设了培养数据新闻技能的网络课程，吸引了大量用户。

3. 各种数据新闻训练营和研讨会

密苏里新闻学院有两个久负盛名的组织"计算机辅助报道全国协会"（The National Institute of Computer Assisted Reporting，NICAR）和"调

---

① Knight Center for Journalism in the America. Knight Center's Innovative MOOC, "Data-Driven Journalism: The Basics," Comes to an End [EB/OL]. [2014-04-30]. https://knightcenter. utexas. edu/00-14421-knightcenter％E2％80％99s-innovative-mooc-data-driven-journalism-basics-comes-end.

② Doing Journalism with Data: First Steps, Skills and Tools [EB/OL]. (2015 - 03 - 31) [2017 - 05 - 15]. http: //www. datajournalismcourse. net/course. php.

查报道记者和编辑组织"（Investigative Reporters and Editors，IRE）。NIC-AR 每年都招募各类媒体的新闻工作者，为他们举办与计算机辅助报道、数据新闻等相关的训练营，尽管培训内容以新闻报道的专业技能为主，但其间也夹杂着相关职业伦理的研讨。近几年，IRE 也不时和 NICAR 合作，共同举办各类与数据新闻相关的训练营。

2016 年 6 月，美国知名数据新闻团队 ProPublica 推出了为期 10 天的数据新闻互动工作坊，讲授在新闻报道中如何使用数据、设计和编程，旨在让更多的记者获得生产数据新闻的技能，并促进新闻编辑室的多样性。ProPublica 的整个数据新闻团队，包括数据新闻编辑、数据分析记者、新闻应用和可视化设计师及开发者作为主讲。在课程结束时，ProPublica 希望学员在三个方面有所收获：一是数据新闻调查和分析方法。包括进行数据研究和评估数据的可靠性，清理数据和分析数据集的有趣趋势，防范数据中的常见陷阱和不一致性，新闻报道中最常用的统计技术等。二是设计。包括为单个项目实施多重设计，并评估出最好的方案；学会如何使用颜色，排版和布局；掌握如何通过实际用户来测试设计效果并吸纳反馈信息；制作清晰和干净的可视化产品，帮助读者理解复杂的信息。三是编程。包括了解基本的编程概念，使用 HTML、CSS 和 Javascript 创建自己的网站，学会使用 Ruby 或 Python 语言，知道自己如何继续学习。①

第二节　我国数据新闻人才培养模式考察

新闻教育已经有了近百年的历史，最早的新闻学院就是为培养新闻从业者而创办的。新闻媒体对其从业人员的专业要求，成为新闻院校学科建

---

① ProPublica Summer Data Institute［EB/OL］.［2017 - 05 - 15］. https：//projects. propublica. org/graphics/summer.

设、课程设置的重要依据。因此，培养专业人才是新闻教育的传统与目标。当前，各类信息的剧增和计算机处理能力的提高，使得大数据挖掘与分析成为可能，也促使数据新闻报道成为传统新闻生产的有益补充。

一、国内数据新闻教育的发展现状与教学特征

目前，国内数据新闻的实践和教育尚处在学步阶段，开设数据新闻课程的院校主要有中国传媒大学、清华大学、北京大学、中国人民大学、复旦大学、武汉大学、河北大学、华东师范大学等，这些院校在强化课堂教学的同时，积极与业界建立联系，加强合作，期望所培养的新闻人才能跟上业界的发展步伐。

中国传媒大学新闻学院是较早开展数据新闻教学的教育单位。2014年，该院从全校范围内选拔出18名大三学生，组成全国首个数据新闻报道实验班，率先开展数据新闻的教学、科研与人才培养的探索。到了2015年，中国传媒大学在普招专业的新闻学专业中正式增加了数据新闻报道方向。为了实现培养数据新闻专业人才的目标，2016年，教育部批准中国传媒大学新闻学专业在2016年的自主招生项目中加入该专业方向。

中国人民大学新闻学院于2015年春季学期开设了"数据新闻基础"，作为新闻学专业的选修课，针对大三同学开设（教学大纲见表7-1）。选修该课程的同学基本上已经学习过了"新闻采写""新闻编辑"和"信息图表编辑"等专业课程，以及通识课"SPSS基础与应用"，为进一步学习打下基础。"数据新闻基础"以讲授数据新闻报道的基本规律和方法为主，包括基本业务理论和操作方法：什么是数据新闻，到哪里找数据，从新闻的视角看数据，新闻编辑室里的数学，如何应用数据可视化等。通过案例教学、课内外练习，使学生掌握并能够熟练运用数据新闻报道的基本技能，以适应大数据时代的新闻工作的需要。

复旦大学新闻学院则在本科教学中开设了2学分的"计算机辅助新闻业

务"课程，该课程是传播学专业必修课，是新闻学、广播电视新闻学专业的选修课。针对数据新闻的教学，该学院采用的是短期工作坊的形式。在2015年5月为期5天的短训中，主要讲授数据挖掘、抓取、分析的基本技术，数据可视化原则、工具使用以及网页开发等内容。该培训邀请数据新闻网、哥伦比亚大学新闻学院"数据新闻"课程主讲教师等数据新闻领域的知名专家联合授课。培训对象为来自一线的新闻工作者、程序员、设计师以及在校学生等，该培训规模小、人数少、时间短，对本院学生的培训力度有些不足。

华东师范大学传播学院的"数据新闻"是一门为全院学生开设的全英文专业选修课程，安排在大一下学期（教学大纲见表7-2）。该课程以培养学生的数据素养为主要教学目标，在实操上以R语言为主。通过对该课程的学习，学生基本具备展开数据新闻报道的能力：掌握数据新闻的基本概念、特点，与精确新闻报道之间的关系等；了解如何进行数据新闻报道的选题策划、报道资料采集、报道资料分析、报道写作；报道可视化及相关伦理问题等。

总的来看，目前国内"数据新闻"课程的授课形式，主要以一位教师为主导，采用系统化的讲授，以案例教学为主，实践操作为辅，设置课后作业，是逐步进阶式的教学模式。

1. 课程设计先理论后技术，遵循生产流程

数据新闻的教学目标是帮助学生了解业界的前沿动态，培养基本的数据素养和掌握专业操作技能，使学生掌握并能够熟练运用数据新闻报道的基本技能，适应大数据时代新闻工作的需要。梳理人大、复旦、华东师大等院校数据新闻的课程大纲发现，业务课的传统风格先基本理论、后技术操作得到体现，即课程内容都是从介绍数据新闻产生的背景、概念入手，然后按照数据新闻的生产流程，从数据获取、数据清理到数据分析和数据可视化逐次展开，反映出在设计该课程的内容时，大家都不约而同地以数据新闻的生产流程为内容讲授的顺序。

表 7－1 　　　　　中国人民大学新闻学院"数据新闻基础"教学大纲

章节名称	讲授内容
第一章 什么是数据新闻	了解数据新闻产生的背景与意义。熟悉国内外数据新闻的发展历史和现状，熟练掌握数据新闻的基本特征及其构成要素。熟悉数据新闻的报道理念。
第二章 到哪里找数据	熟练掌握信息搜索技能；了解数据的来源，能通过政府信息公开条例获取信息；熟悉如何通过社交媒体获取数据。
第三章 从新闻的视角看数据	熟练掌握如何从记者的视角，对获取的数据进行新闻价值的判断；熟悉数据在不同报道中的运用，了解数据文件的不同类型，能将之导入 Excel 中。
第四章 新闻编辑室里的数学	熟练掌握新闻业界常用的数学概念。熟悉新闻业界常用的基本数据分析。熟练掌握用 Excel 删除冗余数据，对数据进行事实检查，在 Excel 中使用公式。熟悉新闻报道中经常出现的"数据陷阱"，了解如何避免错误的、不科学的数据新闻。
第五章 如何应用数据可视化	熟悉不同类型报道中数据可视化的应用。熟悉数据可视化在报道中运用的准则。了解可视化工具，能根据报道类型构思、选择恰当的可视化方式。熟练掌握一般信息图表的制作。

表 7－2 　　　　　华东师范大学传播学院"数据新闻"教学大纲

章节名称	讲授内容
第一讲 绪论	1. 什么是数据新闻 2. 数据新闻的历史与现状 3. 数据新闻报道的社会功能
第二讲 数据新闻报道选题策划	1. 新闻与新闻价值 2. 选题的来源与确定 3. 报道计划的制订
第三讲 数据新闻报道资料采集	1. 社会调查法 2. 内容分析法 3. 实验研究法 4. 社会网络分析法 5. 相关访谈法

续前表

章节名称	讲授内容
第四讲 数据新闻报道资料分析	1. 资料的整理 2. 描述统计 3. 推断统计 4. 访谈资料整理
第五讲 数据新闻报道写作	1. 报道的基本原则和要求 2. 报道结构的安排 3. 标题的制作 4. 导语的写作 5. 数据的使用
第六讲 数据新闻报道的可视化	1. 基本的可视化工具介绍 2. 数据新闻如何运用可视化 3. 新闻客户端的制作
第七讲 数据新闻报道的伦理问题	1. 抽样问题 2. 隐私与数据安全

上述两个学院的课程内容设计都比较系统，循序渐进，理论讲授占的课时量较多。技能学习以课外自学为主，教师只是提出建议，不作具体要求。调查发现，教师推荐的软件主要有 Excel、Google Refine、Tableau Public 以及 Adobe 系列等。软件类型倾向于可视化的，对于需要具有统计学基础才能掌握的软件较少涉及。尽管编程写代码不在培养方案的要求范围之内，但鼓励学生自学或者搜索一些对代码可以稍加调整即可达到目的的应用软件，如 Echarts 等。但是，凡事总有例外。2015 年南京大学开设的数据新闻课程在内容设置上有明显的技术倾向（如表 7-3 所示）。16 周的课时中，只有第一周属于理论导入内容。技术部分涵盖了 R 语言、Python、H5、Javascript、D3、Echarts 等，并且占据了绝大多数的课时，课外大量作业也是编程练习。①

---

① "数据新闻"教学大纲［EB/OL］.［2017-05-15］. http：//computational-communication.com/2015/12/.

表 7 - 3　　　　　　南京大学 2015 年"数据新闻"教学大纲

周数	内容	周数	内容
1	数据新闻简介＋课程简介（新闻编辑室的逻辑）	9	信息图设计 AI
2	数据新闻编程工具 Python 和 R	10	地图可视化 Tableau
3	开放数据源列表	11	HTML5 和 JavaScript 简介
4	数据获取 Python	12	Processing 简介
5	简单统计分析 R	13	Echarts
6	网络分析初步 Gephi	14	数据诠释
7	文本挖掘简介 R	15	因果关系
8	数据可视化简介（理论篇）	16	学生作品展示

2. 授课以本院校教师为主，辅以外请专家讲座

国内新闻院校里同时拥有编程、统计和新闻传播学科背景的教师寥若晨星。各院校限于人才引进制度，主要以本院校的教师承担课程，偶尔邀请业界人员做少量的专题讲座。在新闻传播院校的学科中，与数据新闻关系较为密切的主要有舆情分析、社会调查、信息图表等。因此，从事该课程教学的教师大部分具备传播学、统计学、媒介市场经济或者社会研究方法等背景，这些学科背景直接左右了数据新闻课程的内容结构。表 7 - 4 列举了中国传媒大学数据新闻课程的师资情况。

表 7 - 4　　　中国传媒大学新闻学专业（数据新闻报道方向）核心师资

教师	主要研究领域
刘昶	国际新闻报道，大众传播与国际关系，媒体融合，数据新闻报道实务等
丁迈	应用统计，传播心理测量，抽样调查，精确新闻报道
沈浩	传播学研究方法，应用统计学和市场研究，结合分析，满意度分析，抽样设计，多变量分析，市场细分和数据挖掘等
严军琦	社会动力学，网络学，计算机报道
王锡苓	传播研究方法，传播效果研究，社会科学研究方法，基础统计学，SPSS 软件应用，媒介与社会变迁

资料来源：中国传媒大学. 全国首个数据新闻专业方向自主招生启动［EB/OL］.（2016 - 03 - 09）［2017 - 05 - 15］. http：//mp. weixin. qq. com/s？ _ _ _biz＝MzI0NTA1NTA0OQ＝＝&mid＝404943822&idx＝1&sn＝e104770c9bff0c9adb469967ca307379&scene＝1&srcid＝03099ZdTY6r7DO6U3UZQBmXM&from＝groupmessage&isappinstalled＝0#wechat _ redirect.

如果主讲教师具有计算机学科背景，其主讲内容往往侧重于互联网行业发展和操作技术。具有新闻业务背景的教师在讲授从数据中如何发现新闻时，往往比较细致，但对于操作技术，如数据分析、编程等的讲授则显得力不从心。因此，一些具有新闻业务、研究方法、媒介市场研究等教学背景的教师，涉及技术问题时更多的是讲述经典案例，而更具体的软件操作则倾向于鼓励学生去自学或者选修其他院校的相关课程。开设数据新闻课程的院校，偶尔也邀请业界人员做专题讲座。受限于外请人员课酬的多寡、任课教师的工作量要求，以及业界专家的业务水平、时间安排等多种内外因素，外请业界专家授课仅能偶尔为之。他们多以讲座的方式介绍自家媒体的产品，分析一些国内外的典型案例等，很难形成稳定的、系统的合作授课模式。

3. 课程体系体现先基础后专业的教学顺序

国内新闻教育长期以来形成了理论、历史和实务的固定框架，这一教学传统同样体现在数据新闻的教学体系中。无论是作为专业方向还是专业课程，新闻院校的本科生在大一、大二所接触到的均为传统基础课程，如新闻传播的史论和采写编评摄等。有关数据新闻的专业课程、核心课程多安排在大三阶段。分析比较几家院校的本科培养方案，可以清楚地看出其培养模式上优先夯实理论基础和业务基础，再发展专业教育的特点。比如中国传媒大学的数据新闻报道方向，大三开始进入"网页抓取与数据处理技术""可视化软件工具与应用""数据新闻报道"与"数据实践项目"的学习与实践（如表7-5所示）。中国人民大学新闻学院开设的"数据新闻基础"作为专业选修课也是安排在大三的下学期。数据新闻所涉及的新闻理论、职业伦理法规，以及新闻要素的采集、整合等基础技能，乃至信息图表的设计制作，选课同学大多已经在大二和大三的上学期选修过了，这就为日后更精专的学习打下了基础。从教学方向上看，国内数据新闻的教学顺序是从基础课程开始，逐渐转向专业课程和专业实践，遵循的是从理论到实践的原则。

表 7-5　　中国传媒大学新闻学（数据新闻报道方向）专业培养计划

培养环节	学习内容	学期分配
基础教育	形势与政策 1 思想道德修养和法律基础 高等线性代数 B 大学文科计算机 体育 1 大学生涯规划指导	大一上学期
	形势与政策 2 马克思主义原理 网页设计及制作 数据库基础与 Access 应用 体育 2	大一下学期
	形势与政策 3 社会学通论 中国近代史纲要 体育 3	大二上学期
	形势与政策 4 毛泽东思想和中国特色社会主义理论体系概论 思想政治理论课综合实践 体育 4	大二下学期
	当代世界经济与政治 大学生就业指导	大二下学期
专业教育	新闻理论 新闻传播学导论	大一上学期
	新闻采写 新闻史 社会科学研究方法	大一下学期
	全球新闻传播实务 新闻编评 基础统计学	大二上学期
	新闻伦理与传媒规制 图片新闻报道	大二下学期

续前表

培养环节	学习内容	学期分配
专业教育	新闻学专业英语 网页抓取与数据处理技术 可视化软件工具与应用 传播学概论	大三上学期
	新媒体理论与实践 数据新闻报道 数据实践项目	大三下学期
	学术论文与写作指导 用户体验和交互设计 舆情分析与社会计算	大四上学期

4. 各类工作坊发挥了师资培训的作用

比较早的工作坊当数 2013 年 12 月初由华媒基金会（后更名为财新公益基金会）在广州举办的第一届"数据新闻工作坊"，第二年 4 月、7 月和 12 月又相继举办了三届工作坊。学员主要来自都市报、网媒、财经媒体的记者、美编或网络技术人员，第四届有少数高校教师参加。为期五天的工作坊主要讲授数据新闻技术及应用策略，旨在提升学员们数据收集、分析和可视化应用方面的能力。2015 年 4 月，清华大学新闻与传播学院联合美国国际研究与交流协会（IREX）共同举办了一期"数据新闻工作坊"。学员为在校教师和博士后，工作坊结合实际案例，针对数据新闻的基本概念、生产流程进行了讲解，内容涉及数据搜集与挖掘、数据清理与理解、基础统计学、基础代码编辑（Html/Css/Java Script）、可视化等。同年 5 月，复旦大学新闻学院也主办了一期数据新闻工作坊，招募了一批来自一线的新闻工作者、程序员、设计师以及在校学生，讲授内容包括数据挖掘、抓取、分析的基本技术，数据可视化原则、工具使用以及网页开发等内容。这些工作坊在培训内容上有着高度的相似性，不仅邀请来自国外知名院校的专业教师或业界专家来讲授理论与操作方法，同时设计了实操环节，让学员们通过实际练习，加深对数据新闻生产过程的认识和理解。每一期工作坊的时间虽然短暂（仅 4～5 天），但是对从业者、教师而言，既开阔了视野，又增强了技术能力。

二、我国数据新闻教学上的宏观问题

数据新闻人才培养能否跟上传媒业的发展，实现与媒体的无缝对接，是当前新闻教育界日益关注的话题。考察我国目前的新闻教育，从宏观角度来审视，可以明显发现存在脱节与危机等问题。

1. 过于夸大数据新闻人才的社会需求量

过于夸大数据新闻在新闻传播领域的重要性，缺乏对该类专业人才需求的理性研判。自 2013 年数据新闻兴起以来，各类文章、学位论文如过江之鲫，一些媒体和新闻院校视之为新闻业发展的新宠和未来方向，在对我国新闻业的发展情况缺少调研的前提下，过于乐观地认为就业市场将出现数据新闻人才的严重供不应求。在这种观点的左右下，一些新闻院校强调以培养职业技能为目标，忽视了通识教育、基础学科和专业教育。《华尔街日报》《今日美国》和《纽约时报》可以说是美国的顶级大报，这些报纸是数据新闻的实践先锋，但是对于中、小媒体而言，数据新闻的实践则是非常有限的。在挪威只有有限的新闻编辑室在实践数据新闻；在瑞典，数据新闻是相当不普及的；而在比利时的法语区，关于数据新闻的实践，讨论的比做的多。① 从被称为大数据元年的 2013 年至今，我国新闻传媒界也仅有百度、财新传媒、四大门户网站和央视、新华网等少数媒体在数据新闻的实践上有所尝试，何况一些打着"数据新闻"旗号的产品也不属于真正意义上的大数据范畴。实际情况是，数据新闻的实践并没有想象的那么"无处不在"，数据新闻人才的需求量也被无端夸大了。因此，以冷静的头

---

① 李煜. 数据新闻：现实逻辑与"场域"本质［J］. 现代传播，2015（11）：48.

脑去看待数据新闻的发展与人才培养问题是非常必要的。

2. 自主学习的网络共享平台开发不足

教学方式单一，网络共享资源缺乏，限制了数据素养的学习与推广。近年来，"慕课"（MOOC）等在线开放课程和知识共享平台迅速兴起，在拓展教学空间的同时也扩大了优质教育资源的受益面，为普通人自主学习提供了便利。在此趋势下，中国大学 MOOC（爱课程网）上线，这是教育部"十二五"期间启动实施的以大学生为主要服务对象，同时面向社会公众免费开放的高等教育课程资源共享平台。通过课程关键词搜索发现，与大数据相关的课程仅有两门：暨南大学开设"开启'智慧生活'的大数据"和西南财经大学开设的"经济数据探秘"，而在新闻传播类中也没有发现与数据新闻相关的课程。与数据新闻关系密切的网络学习平台仅有数据新闻中文网（djchina.org）一家，这是由一群热爱新闻又热爱数据的志愿者创办，以数据新闻为主题的中文信息平台，面向国内的新闻从业者、新闻传播教育者以及对传媒感兴趣的设计师、程序员的网站。该网站定期分析海内外优秀的数据新闻作品，报道数据新闻业界会议，翻译授权的学习课程及资料，组织线下的讲座培训等。当前我国数据新闻的教育模式主要还是依靠传统的课堂教学，自主学习数据新闻的方式还不够丰富多彩。充分利用网络资源共享平台，有助于为媒体从业者和新闻学子提供更自由的学习空间和更丰富的课程内容。

3. 学校教学资源亟待整合

随着移动互联网时代的到来，传统媒体向数字化转型，传媒之间的介质差异正逐步打破，媒介融合的发展趋势日益明显，传统的新闻人才培养模式越来越显得不能适应传媒业发展的需要。随着业界的变化，近几年我国新闻院校也进行了一定程度的改革，但总体看，过细的专业划分，却削弱了学科的相融性与开放度。数据新闻报道具有鲜明的媒介融合特征，它同样需要的是跨学科的复合型人才，而仅凭新闻院校一己之力难以完成复合型人才的培养。媒体融合时代从表面上看需要的是人才的技术适应性，实际上更需要的是人才的内容适应性，需要的是在某个领域、某个学科有较深造诣的专才。这样的专才仅仅靠新闻传播学院的教育资源难以培养，也无法靠一般性的通识教育来完成。① 这就需要突破传统的办学模式，在跨学科联合培养方面进行探索。新闻传播学院可以考虑和统计、视觉设计、信息管理等学院合作办学，在学校层面整合资源，加强学院之间、专业之间的沟通融合，创新课程体系。

4. 师资队伍建设缺乏业界工作经验

以本院校教师为主干的教学队伍往往缺乏媒体工作经验，即便采用案例教学法，在讲授实操环节（数据抓取、数据分析和可视化）的软件应用时，难免捉襟见肘。而要从根本上解决问题，引进业界师资是最佳途径，但这又非学院层面所能操控。因为，根据高校的人事制度，新闻院校在引进业界师资时，依然要比照其他学科的进人条件，如是否有博士学位、第一学历是否为 211 院校和业界职称能否为高校所认可等。在业界没有名气的，学校相不中；而在业界有名气、有职称、有职务的，未必愿意来高校；长期在新闻业界摸爬滚打的名记名编们也未必适应得了各种科研考核、教学考核，最后的结果是从业界引进人才实属凤毛麟角。新闻专业人才的业务技能除了依靠长期的实习，另外一条捷径就是业界名师的言传身教。纯院校背景的教师带出来的学生往往缺乏实战经验，他们一旦接触实际问题，便会觉得没有专业优势。在业务课程的师资建设方面，美国西北大学梅迪尔新闻学院、密苏里新闻学院的做法值得国内新闻院校借鉴。这两所学院都非常注重新闻业务课程教师的业界经验，密苏里新闻学院讲授数据新闻、计算机辅助报道课程的教师均来自业界，学院所看重的是他们丰富的工作

---

① 蔡雯. 新闻传播教育的使命与创新：基于中国人民大学新闻学院教改实践的思考［J］. 青年记者，2016（1）：61.

经验，除了课堂教学外，这些老师还带领学生在媒体实验室、《密苏里人报》的网站进行数据新闻的报道，帮助学生在实践中实实在在地感受如何做新闻，如何运行媒体，并在实践中发现问题、解决问题，有针对性地提高学生的业务能力。

5. 盲目追求教学效果，忽视对专业理念和技能的培养

从 2012 年至今，数据新闻在国内新闻传媒业可谓突飞猛进，一些新闻院校不仅把数据新闻看作未来新闻业发展的方向，也是吸引生源的"利器"。在这种理念的左右下，无视师资现状，盲目开设数据新闻专业或方向的院校不在少数。为了凸显教学效果，一些院校不惜舍本逐末，放松了基础学科和专业教育，以这种方式培养出来的学生往往缺乏真正过硬的业务技能、严谨的职业规范和自律精神。新闻人才的需求是多层次的。在 2002年"21 世纪新闻教育峰会"上，《北京青年报》前总编辑张延平把新闻人才概括为三种人，即"能跑而又有学问的优秀记者。那种有新闻冲动，追赶突发新闻但是稿子深度不够的记者和那种有了几年实践经验，自认为了解了一个领域，开始往专家路上靠，不愿写新闻的记者，都不可取……会管版面又会管人的人，不仅业务拔尖而且在协调周围优秀人才发挥合力方面有独到的功夫，这样的人会发展成为大编辑和媒体的高层人员；懂媒体也懂经营的人才，是加速媒体产业化必不可少的"。尽管说这段话的语境过去十几年了，传媒业态也发生了天翻地覆的变化，但是，其蕴含的深意对当前的新闻人才培养依然具有借鉴价值。

三、我国数据新闻教学上的微观问题

数据新闻无论作为专业方向，还是一门课程，都是比较年轻的，处于不断建设和逐渐完善的阶段。传媒业在移动互联网的挤压下，积极寻找生产领域的发展路径。新闻院校作为生产力的培育基地，也在顺势而变，做出相应调整，但是，因缺乏现成模板可以参考，多数院校都是简单地依据

业界生产情况和自身的教学资源来设置课程内容，构建教学体系，这样难免会出现一些问题。

1. 过于强调技术技能，弱化专业意识

数据新闻的生产说到底需要的是团队作业，不能苛求一个从业者能够包办所有的工作任务。在实际工作中，不同工种各司其职，且能够顺畅地沟通，挖掘出数据信息所蕴含的新闻价值、社会意义，并以可视化的方式恰如其分地呈现出来，这就意味着报道的顺利完成。但现实情况是某些院校在教学理念上把培养数据素养简单地理解为操作技能，在实际教学中过多地分配了编程训练时间，而相对削弱了分析数据，压缩了从中提炼新闻点的训练时间，忽视了培养学生在线搜索数据的能力、以图表图形讲述新闻故事的能力。新闻院校培养的是新闻人才，不是"程序猿"，更不是"码农"。值得注意的是，尽管传播环境中技术因素的影响日益深远而巨大，但传播新闻信息的总体方向没有改变，发现新闻线索、整合新闻信息、寻找新闻真相、呈现新闻事实主导着新闻专业的发展，而非全盘数据化。

2. 过于专注软件操作，忽视平台建设

梳理国内数据新闻教学实践，笔者发现，排除因理论讲授部分所占用的课时后，大量时间被用于数据可视化软件及其操作练习。可以想象，学生要在不足一学期的时间内熟悉从 Python、Tableau Public 到 Google Fusion Table、D3、Echarts、Tagxedo 等软件有多么困难，但问题是很多院校以为只有绚丽的可视化作品才能体现教师和学生的成绩。教与学的关注点都集中于技术软件，但社会现实是，不同的受众获取新闻信息的平台存在着一定的差别。从总体看，受众，尤其是年轻受众，获取信息的渠道已经从传统媒体向移动互联网转移，特别是当前的社交媒体平台，更是有着后来居上的趋势。新的传播平台在不断涌现，它们有着一个共同特征，即个性化精准传播，它们都在致力于满足受众获取新闻信息和各种资讯的个性化需求。同时，细分数据新闻产品也不难发现，除了在新闻报道中嵌入一些可视化数据图表外，相当数量的数据新闻产品侧重于知识性、资讯类的信息传播。鉴于当前的技术发展，掌握平台特点，从受众个性化的角度来思考数据新闻的生产，从平台建设的角度来考虑数据新闻生产，对于有针对性的数据新闻教学有着特殊意义。

3. 过于集中课堂教学，缺乏媒体实践

目前，我国的数据新闻教学多以专业选修课的方式开展，囿于教学方案调整、修改的周期性，只有较少的新闻院校将数据新闻作为专业方向来开展教学活动。多位教师各展所长，共同承担课程的情况属于少数，多数情况是一位教师承担数据新闻的全部教学任务。涉及技术部分，授课教师或者动用私人关系，请业界技术人员来客串，或者自学某些软件带领学生上机练习。由于我国新闻教育长期以来注重的是在传统媒体的实习训练，对新兴的数据新闻还缺乏认识，在教学环节、实习平台建设上力度不足；再加上许多新闻院校既没有相应的学生媒体平台，也缺乏日常教学与社会媒体的实践对接机制，难以与数据新闻教学同步，导致学生在数据新闻实践上比较匮乏。课堂上的操作练习与业界实际工作状态无法相比，这种脱节状况的直接后果是，媒体需要的新闻人才，高校供应不上；高校大量培养的，媒体却不需要了。

数据，尤其是大数据，对于缺乏专业知识的公众而言几乎没有实际意义。因此，数据新闻的作用就是从数据中发现"故事"，寻找出对公众有意义、有价值的新闻。从运作程序看，数据新闻整合了从统计到新闻、从编程到设计等多个专业，毫无疑问，这对培养数据新闻从业者的新闻教育提出了更高的要求，特别是对课程体系建设和教学模式改革提出了新的挑战。

第三节 中美高校数据新闻教学模式比较研究

美国不仅是科技大国，也是传媒大国，在新闻教育方面也走在世界前列。为了应对传播科技的迅猛发展以及大数据时代的到来，美国也开始对本国的新闻教育体系进行了变革。我国的新闻教育同美国的新闻教育有着千丝万缕的联系。系统研究和考察美国的数据新闻教学模式有助于我们取人之长，补己之短，有利于跟上时代发展的步伐，培养适应未来社会需要的新闻人才。

一、美国高校数据新闻教育的现状分析

自从数据新闻兴起以来，美国一些新闻院校闻风而动，在本科和研究生阶段开设与之相应的课程，而且建立专业方向，开展数据新闻人才培养，可谓如火如荼。2016 年 3 月，在奈特基金会的资助下，哥伦比亚大学新闻学院托尔数字新闻中心的研究员查尔斯·贝雷特（Charles Berret）和斯坦福大学数据新闻课程的教师谢里尔·菲利普斯（Cheryl Phillips）对美国新闻院校的数据新闻教育进行了调查，并发表了 98 页的报告《数据和计算新闻学的教学》（Teaching Data and Computational Journalism），如图 7 - 2 所示。

两位学者在调研中发现，113 所新闻院校中有 59 所至少提供了 1 门数据新闻的课程。其中 18 所开设 3 门及以上的数据新闻课程，14 所开设 2 门课程，27 所仅仅开设 1 门课程（多为基础课程）。

两位学者通过分析相关课程的教学大纲发现，计算机辅助报道主要致力于全面培养学生的批判性思维和通过数据发现故事和讲故事的理念。在实践教学中，电子表格是首选，其次是结构化查询语言，接着是绘制和统计有关概念，还有一些课程讲授数据可视化，涉及 Tableau Public 或者谷歌

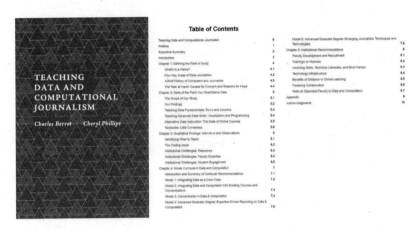

图 7-2　托尔数字新闻中心发布的《数据和计算新闻学的教学》调研报告

Fusion 等软件。仅有少数院校讲授 SQL、Python 和 R 等编程语言，以及 web 框架开发工具，如 Django、Ruby on Rails。多数教师认为，数据新闻的从业者必须至少明白编程的工作原理，这是开启计算思维的第一步。从网页中抓取数据需要运用一些简单的 Python 编码，但是因为很多数据并不是以表格形式呈现的，所以，要在网站和其他数据库里寻找数据还需要懂一些编程的解决方法。

上述新闻院校在教学内容的安排上表现出较高的一致性，起初是提供数据给学生分析；接着让学生自己去寻找、获取所需要的数据，并提交公共记录的申请；最后的成果会以备忘录或者故事的形式体现，进一步帮助学生进行批判性思考，帮助学生提高故事讲述的技巧。

众所周知，数据新闻在呈现环节离不开用户体验的设计，但是，美国新闻院校通常都将关注点放在基本的设计原理、网站综合设计或者静态图表上，很少有教授学生设计交互式的数据可视化产品和创建 APP 的做法。尽管数据新闻的教师们在表述数据新闻相关概念和技能培养方面高度一致，但是在教材问题上却莫衷一是。事实上，大多数课程都不使用教材，而是仅仅提供一系列的选读材料。如萨拉·科汉（Sarah Cohen）的 *Numbers in*

the Newsroom：*Using Math and Statistics in News*，布兰特·休斯敦
（Brant Houston）的 *Computer-Assisted Reporting*：*A Practical Guide* 和
The Data Journalism Handbook 等。①

1. 哥伦比亚新闻学院的教学模式

2011 年秋季，哥伦比亚大学新闻学院下属的托尔数字新闻研究中心推
出了新闻和计算机硕士双学位项目（Journalism & Computer Science），在
培养学生新闻报道与写作技能的基础上赋予其计算机科学和软件设计的工
作背景，此举可谓是融合数据分析与新闻报道的一次变革。这个项目由新
闻学院和工程学院承担，历时 4 个学期，比单纯的计算机项目多 1 个学期，
比新闻学项目多两个学期。但是，申请该双学位要求有出色的计算机学科
背景，广泛的数学或工程训练，另外，申请者还要有优秀的写作技巧并熟
悉新闻报道的基本原理。学习期间，基础工程和应用科学学院负责技术培
训，范围从数据挖掘、数据库系统设计、高级软件工程、用户界面设计到
计算机图形学、安全和网络等，从而使学生掌握合成原始数据的技能，为
受众提供具有吸引力的、丰富多彩和实用的阅读内容。在第二学年，学生
们要参加比较前沿的计算新闻研讨课，这是专门为双学位设置的。研讨会
主要探讨直接与计算机科学领域相关的新闻学。讨论话题涉及信息推荐系
统、数据过滤，统计分析的原则，网络分析及其在新闻调查中的作用，可
视化技术和可视化的认知效果等。②

由于哥大双学位项目提供的是研究生阶段的计算机课程，对于许多在
计算机方面零基础或者基础薄弱的学生来说，直接进入计算新闻学的学习
困难较大。为此，新闻学院推出了名为 Year Zero 的新项目。这个项目实际

---

① Berret C, Phillips C. Teaching Data and Computational Journalism [EB/OL]. [2017 - 05 - 15]. ht-
tps：//www. gitbook. com/book/columbiajournalism/teaching-data-computational-journalism/details.

② Journalism & Computer Science：Explore the Frontiers of Journalism with Cutting-Edge Tools and
Techniques [EB/OL]. [2017 - 05 - 15]. https：//journalism. columbia. edu/journalism-computer-science.

上是双学位的第一年的先修过渡。2014 年 3 月，哥大新闻学院正式宣布了这个项目，并且改名为 The Lede Program。该项目通过培养学生的计算技能，使其具备将数据转化为叙事的能力。新闻和计算机硕士双学位项目的第二年有一门核心课程计算新闻学，该课程以介绍计算机科学中与新闻有关领域的最新研究和发展为目标，不仅教授怎样用技术辅助个人进行新闻报道，还会教授如何设计相关软件系统，如可以每天提供信息的搜索引擎等。课程重点不在教授算法或者编程，而在于以应用为导向的研究和设计之上。①

哥伦比亚大学数据新闻硕士项目（Data Specialization）在课程设置上体现出较强的实践特色。参与此项目的学生要求除了掌握记者的所有基本技能之外，还要学习如何使用编程语言和数据分析工具，在数据采集、数据清理和分析，写作和可视化数据报道等方面接受严格的训练。秋季学期学习如何用数据来写作，春季学期选修一些数据新闻系列课程。在两个学期中，他们被要求参加一个数据工作坊，涵盖了构建一个数据故事，从获取、收集、提取、清理到可视化数据的每个环节。②

数据新闻硕士项目的核心课程 Reporting 共 7 周，主要讲授数据收集技能以及如何检索和处理数据，教会学生把数据运用于经典的新闻报道技术中，并从量化、质化的源头来构建一种叙事方式，以及如何批判性地思考。Written Word 共有 7 周的课时，要求学生学会用数据来写作，在这门课上，学生熟练掌握采用定性和定量方法来进行观察和分析，以及在故事中运用计算和推论，所提交的新闻作业包含定量分析并对采写中使用的计算方法予以说明。Data Workshop 是一门跨越整个学年的动手实践课程。在这个工

① 洪烨林. 走进哥伦比亚大学新闻学院：计算新闻学 [EB/OL]. (2013-11-23) [2017-05-15]. http://djchina.org/2013/11/23/compjour/.
② M. S. Data Specialization：Turn Data into Compelling Stories [EB/OL]. [2017-05-15]. https：//journalism.columbia.edu/ms-date-soecialization.

作坊里，学生将学习用各种编程语言和工具进行数据提取、清洗和分析，也学习写作报道和可视化新闻故事。尽管是硕士项目，但数据新闻硕士不要求必须提交学术性的毕业论文，而以毕业设计来体现项目的培养方向和特点。

　　2. 密苏里新闻学院的课程体系及其实习平台

　　1908 年，密苏里新闻学院（Missouri School of Journalism）由沃尔特·威廉姆斯（Walter Williams）创建，是世界上第一所新闻学院。面对数据新闻的兴起，这所新闻教育的著名学府认为，数据新闻的教学目的就是帮助学生掌握数据报道的技巧，培养学生在新闻生产中主动分析数据、挖掘数据、更好地呈现数据的思维和能力。因此，围绕着数据新闻共开设了五门课程：

　　● 计算机辅助报道（computer-assisted reporting）

　　1989 年，密苏里新闻学院聘请了记者埃利奥特·加斯平（Elliot Jaspin）来负责计算机辅助报道研究所的工作，为了拓展研究成果，学院开设了"计算机辅助报道"。随着传媒业的发展，该课程的教学内容也发生了变化。目前，计算机辅助报道指的是对公共记录存储数据的分析，帮助学生掌握如何识别、获取、评估、清理、分析和可视化数据，并将具有新闻价值的数据用于报道。教学内容涉及电子表格、数据库管理、文本编辑器和数据清理等软件的学习，除了要求学生正常听课、上机练习和在《密苏里人》报实习外，还要求学生阅读《纽约时报》和《今日美国》上的数据报道，以及它们的交互式网页；并要求经常浏览 IRE（美国调查性报道协会）的网站，分析那些采用了计算机辅助报道手法的新闻。

　　● 地图和信息图表制作（mapping for stories and graphics）

　　2009 年秋季，"地图和信息图表制作"作为 2 学分、时长 8 周的课程进入这所学院教学体系。作为"计算机辅助报道"的延伸，该课程主要讲授地图的设计原理，掌握如何识别、评估数据，发现可以用于新闻故事的素材。该课程要求学生能够使用地图软件、电子数据表和数据库，利用地理信息系统（GIS）绘制数据地图。目前，越来越多的专业记者、网络研发人员和信息图表师在使用 GIS。该课程的考核要求学生必须采访一位数据新闻记者，写一篇关于如何学习制作地图、如何在工作中使用地图的 1 500 字左右的博客，该博文将被刊发在 IRE 网站的数据新闻版块上。

● 信息图表（information graphics）和信息图表的应用（using info-graphics）

数据可视化的目的就是使数据更好地被理解并在交流中被顺畅地运用，为了实现这一目标，密苏里新闻学院推出了"信息图表"和"信息图表的应用"等相应课程。通过学习信息图表的概念、功能、制图技能和基本的设计原理，在理解信息传播视觉化价值的基础上，掌握如何在纸媒、网媒上编辑和呈现信息。制图技能方面的教学主要由《华盛顿邮报》和其他媒体的优秀图表师承担。另外，选修该课程的学生要求在《密苏里人》报每周工作 6 个小时，主要是从记者稿件或者数据库中提炼信息，制作可以在报纸及其网站上刊发的图表。经过助教或导师批准，作品也可刊发在其他出版物或网站。虽然该课程没有教材，但是 *The Wall Street Journal Guide to Information Graphics* 是指定的必读书籍。

● 数据报道基础（fundamentals of data reporting）

2012 年秋季学期，"数据报道基础"作为一个新课程开始教授，2014 年春季学期正式成为 1 学分课程（在两天半的集中授课时间内，完成理论讲授和上机操作）。该课程强调公共数据的重要性，以及如何使用 Excel 对数据进行分类、过滤，并从中寻找新闻故事。设立这门课程主要是为没有时间选修"计算机辅助报道"的新闻专业的学生提供一次学习机会，帮助他们掌握数据新闻的基本技能。技术方面，该课程与"计算机辅助报道"在 Excel 的使用上有部分重叠。但是，"计算机辅助报道"更侧重于对数据库的分析与处理，常用软件是 MySQL（关系型数据库管理系统）。如何访问数据库、如何做数据调查和数据清理等是其主讲内容。

上述五门课程之间存在着递进或互补的关系，它们的产生都和互联网的发展及其对传媒业的影响、新闻业务的改进有着密切关系，由此反映出新闻教育的革新与传媒业的变革息息相关。

密苏里新闻学院的首任院长沃尔特·威廉姆斯认为，实践是学习新闻的最好方式。只有实际操作才能让学生真正了解书本上的知识及其在现实中的作用。为实现这一教育理念，建院同年，他就创办了《大学密苏里人》报（*University Missourian*），即《密苏里人》报（*Columbia Missourian*）的前身，作为实习基地。该报不仅报道校园新闻，更是一份商业化的社会公共媒体。2010 年，《密苏里人》报进行了一次重大改版，确立优先发展报纸网站的方针，并通过调整人员结构，把更多的人安排到网站工作。报纸的出版周期从以前每周 7 天改为 5 天。改版后，报纸成为网站的附属品，发行量降为 3 000 份。

在《密苏里人》报的编辑平台，有一块"领地"专门用于数据新闻报道。周一到周日都有选修"计算机辅助报道"、"数据报道基础"或者"信息图表"课程的学生在此坐班，每次 3 至 5 人。从报道选题的类别上看，市政新闻和专题新闻（犯罪、医疗、事故、选举、环境、财经等）需要数据支持的概率较大。记者（学生）在决定用数据做报道之后，要和编辑（教师）沟通，编辑会指导记者去政府数据库或者专业网站搜索所需要的数据。获得数据之后，记者要对数据进行处理，简单些的就用 Excel，涉及数据库的则用 MySQL。在写作稿件的同时，记者还要提交制作图表的申请，助教（teaching assistant）就会把任务分配给制图编辑，并提出制图建议和要求。制图过程中，制图编辑和记者之间会有几次沟通和协商，完成的图表首先要经过助教把关，助教通过后，再由制图编辑交给编辑台（copydesk）审核刊发。《密苏里人》报在数据可视化阶段主要使用的是 Adobe 公司的 Illustrator 图形软件，扇形图、柱状图和线性图是最常见的图表类型，在报纸网站上不时有动态图表刊发。在工作中，制图编辑需要解决三个问题：首先是如何选择的问题，考虑的是哪些数据以图表方式呈现更易于受众理解；其次是如何呈现的问题，考虑的是在设计制作图表时，采用何种类型的图表易于受众解读内容；最后是如何美化的问题，即采用哪些辅助图形元素更易于表现内容，增强视觉效果。

本人分析了《密苏里人》报网站上的数据新闻作品之后发现，该报数据新闻的报道手法主要有三种。第一种，纯粹是数据库，供人查阅。如"2012 Mid-Missouri Campaign Finance"就是一个典型的关于捐款去向的互动数据库。第二种，在完整报道之后附上相关文件，供人检验核实。"Columbia Discussed Revenue Guarantee with United Airlines for Chicago Flights"在报道哥伦比亚市与美联航之间就地方机场与芝加哥奥黑尔国际机场之间新航班的税收保障问题时，附带了 4 个相关文件。第三种，先用数据描述现象，根据现象得出结论，在结论的基础上再用数据进行分析。如"Columbia Public Schools MAP Results Best in Five Years"是关于哥伦比亚市公立学校参与密苏里州评估项目的报道，数据和文本之间相互配合，每一个结论都是既有当事人的看法又有数据补充，数据穿插在叙述里。在互动图表中，只要选择正确的属性选项就能看到哥伦比亚市的各个区域在各科目方面的评估结果。另外，还有一个关于密苏里州评估项目的数据库，作为超链接嵌入该报道供查阅，从而增强了报道的接近性和说服力（如图 7 - 3 所示）。

在美国，报纸比其他媒体更倾向于在报道中使用数据分析，报纸的网站更是数据新闻的积极倡导者、推动者。数据新闻就是让记者从那些大得惊人、难以分析出现实意义的数据库里挖掘出精彩的故事，不仅把复杂而庞大的数据，以便于理解的方式呈现给受众，甚至还可以帮助受众通过挖掘自身的数据"讲述自己的故事"。

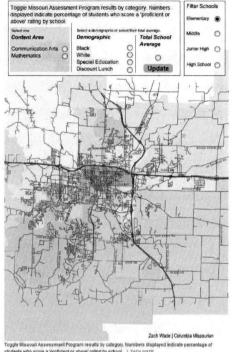

图 7-3　《密苏里人》报网站关于当地公立学校参与州项目的报道

二、美国数据新闻教学的特色分析

中美高校新闻教育的差异性也表现在数据新闻人才的培养上，这些差异表现在教学体系设置、课程内容设计、教学资源开发等方面，相对于国内高校的教学情况，美国数据新闻教育主要有四个方面的特色。

1. 教学次序先实践后理论，"本硕"教学并重

与国内新闻教育的课程序列相反，美国新闻院校的课程设置体现出明显的先实践后理论的特色。以密苏里新闻学院课程为例，在其选课系统中，大一、大二主要为实践性强的业务课程，而史论、伦理法规类则安排在大三、大四。另外，硕士研究生阶段依然设置了大量实践为主的课程，并非像国内新闻院校侧重于理论研究。2014 年之前，密苏里新闻学院开设的与数据新闻相关的课程主要有 5 门（前面已经详述），这些课程之间存在着递进或互补的关系，并且无论是本科生还是研究生，每学年都有两次选修的机会。2014 年秋季，该学院开设了"数据新闻"硕士项目，其核心课程包括融合新闻报道、计算机辅助报道、高级数据新闻、多媒体策划与设计、信息图表、地图和图表制作、调查性报道等，体现出较强的实操特色（如图 7-4 所示）。

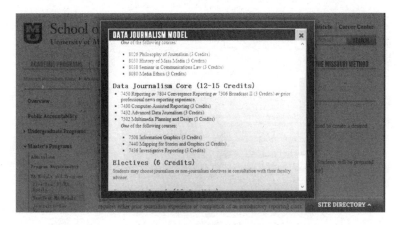

图 7-4 密苏里新闻学院"数据新闻"硕士项目的核心课程

2. 重视技能训练，强调实践能力

美国的新闻教育有着较强的培养业务实践能力和新闻职业化的传统。在哥伦比亚大学新闻学院推出的新闻和计算机硕士双学位项目中，基础工程和应用科学学院负责技术培训，旨在帮助学生掌握把原始数据合成到相关内容中的技能。略有理论色彩的计算新闻研讨课，其讨论话题也多涉及技术领域：信息推荐系统、数据过滤，统计分析的原则，网络分析及其在新闻调查中的作用，可视化技术和可视化的认知效果等。[①] 该学院的"数据新闻"硕士项目要求学生了解如何采集和清理数据，掌握编程语言和数据分析工具，体现出较强的实践特色。密苏里新闻学院的"数据新闻"课程除了讲授 Python 语言、API 接口、Django 网络应用外，还包括了 MySQL 数据库的应用等（"高级数据新闻"的课程安排如表 7 - 6 所示）。选课学生有在《密苏里人》报实习的任务，或者通过各种项目把学生安排在《华盛顿邮报》《纽约时报》等社会媒体实习。

表 7 - 6　　　　　　密苏里新闻学院"高级数据新闻"教学大纲

课程目标	学习如何使用 Python 语言以及 Flask 网页框架进行编码，并将这些技能应用于实践。学生将学习数据清理、网页抓取以及将数据库转化成交互式在线体验所需的相关概念、理论和实际编程技能。
教学任务	1. 利用 Python 基础知识进行基本的数据清理，这是新闻编辑室很常见的工作。 2. 制作一个简单的网页爬虫工具，能从网页或网站收集数据。 3. 制作一个简单的用于网页应用的 HTML 布局结构。 4. 网页应用本身，这个练习代表最终的设计成果。
课时安排	第 1 周：课程综述，软件安装。 第 2 周：复习数据库及 CAR，编程如何应用到新闻编辑中。 第 3 周：简要介绍 Python，排列，数据结构。 第 4 周：关于 Python 的更多内容，数据处理任务。 第 5 周：简要介绍网络抓取。

---

① Journalism & Computer Science：Explore the Frontiers of Journalism with Cutting-Edge Tools and Techniques [EB/OL]．[2017 - 05 - 15]．https：//journalism. columbia. edu/journalism-computer-science.

续前表

课时安排	第6周：如何创建网站及其组成部分。 第7周：关于网络抓取的更多内容，网络抓取任务。 第8周：简要介绍 Bootstrap。 第9周：关于 Bootstrap 的更多内容，基础数据可视化，布局设计任务。 第10～16周：利用 Flask 及 Django 进行网页开发。

3. 开发网络教学资源，提供自主学习的便利

随着互联网技术的日益发展，网络教育已成为一种新型的教育形式，它是知识经济、信息社会背景下人们获取知识的一条重要途径，加上网络平台具有开源的特性，促进了教学内容的共享与公开。波因特新闻大学（如图 7-5 所示）是全球最具创新性的在线新闻和媒体培训项目之一，开放给任何想要提升新闻技能的人。其在线讲座和课程涵盖从多媒体技术到新闻写作、报道以及更多相关议题。关于数据新闻的课程，有讲制作可视化的"用 Silk.co 制作数据新闻"和"适用于移动端可视化的数字工具教程"，也有像"谷歌研究工具：检索、趋势、建立相关性和公共数据的探索器"

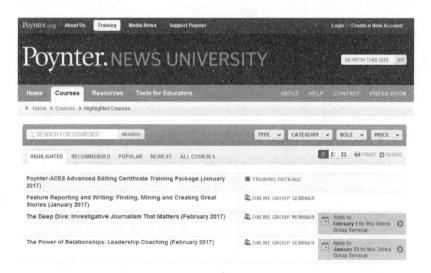

图 7-5　波因特新闻大学的在线培训项目页面

这样主要讲检索数据方法的课程。① 除以上这些平台外，不少科研机构与高校也都提供与数据新闻相关的课程或资源，如奈特数字媒体中心、奈特美洲新闻中心、哥伦比亚大学的托尔数字新闻中心、加州伯克利高级媒体研究所、西北大学麦迪尔新闻学院等。这些教学科研机构利用互联网交流的便利性与传播符号的多媒体性，整合各种优秀资源，大大提升了数据新闻人的自主性学习概率，激发了新闻从业者的创新能力和意识。

4. 举办数据新闻训练营，提高从业者的技术水平

密苏里新闻学院的"计算机辅助报道全国协会"（NICAR）致力于训练记者的数据素养和数字技能，培养记者利用计算机技术和互联网查找资料，分析数据。如今，该协会的工作重点已经从计算机辅助报道转到数据新闻。NICAR 每年多次举办训练营（boot camps），招募美国各类媒体的新闻从业者、相关课程的教师来接受培训。训练内容涉及计算机辅助报道、数据新闻生产流程的方方面面。训练营的类型主要有：

● 计算机辅助报道训练营（CAR boot camps）一年组织多次，主要帮助学员掌握获取数据信息，学会应用表单和数据库分析信息，把数据转换为新闻故事。

● 地图训练营（mapping boot camps）指导学员如何应用地理信息系统（GIS）软件，以数据地图的方式呈现新闻故事，学员需要事先有 Access 或 MySQL 等关系数据库的基础知识。

● 统计训练营（statistics boot camps）旨在强化学员的统计分析技术，增强其讲故事的深度和信度。学员需要事先了解数据库的管理应用。

● 编程项目训练营（coding for journalists）由美国调查性新闻协会和《洛杉矶时报》合办，讲授如何从网络上抓取数据，把数据解析成可辨识的

---

① 全球数据新闻在线课程精选 ［EB/OL］．（2016－03－10）［2017－05－15］．http：//cn.gijn.org/ 2016/03/10/.

形式，以及如何清理数据集，为分析数据做准备。①

数据新闻训练营的举办让更多的记者和教师获得了生产数据新闻的技能，在数据新闻调查和分析方法、项目设计与方案评估、了解基本的编程等方面有所收获，并知道自己如何继续学习。②

三、美国高校数据新闻教育对我们的启示

数据新闻作为新闻传播样式上的一种新变化，在给传媒业带来新鲜空气的同时，也为新闻人才的培养提供了新思路。美国新闻学院围绕数据新闻所采取的各项举措，对当前我国新闻教育的课程设置、实践模式等方面有着一定的借鉴价值。

1. 课程设置层次分明，实践教学互通互融

在美国，新闻专业人才指的就是记者，而密苏里新闻学院被称为"美国记者的摇篮"，因此，高尚的新闻职业精神和卓越的新闻业务能力，毫无疑义地成为新闻人才的培养目标。在密苏里新闻学院，新闻人才的培养以本科生为主，其次是硕士研究生。博士生主要用来培养新闻院校的教师或者科研人员。因此，在《密苏里人》报的实践平台上，所看到的都是年轻的面孔。课程设置是高等教育体系的核心，设置什么样的课程决定了培养什么样的人才。密苏里新闻学院的课程设置，从横向看，突出了细分化；从纵向看，突出了层次化。该学院不仅设置了常规的新闻业务课程，而且有如下特色课程："宗教报道与写作""科学、健康与环境写作""参与新闻学""多媒体体育新闻""社区报纸"等。不仅有入门级别的，还有中级、高级的，层层递进。以摄影课为例，既有"新闻摄影基础""高级新闻摄影"，还有"电子新闻摄影"和"微纪实新闻摄影与摄像"等。《密苏里人》

---

① CAR Boot Camps [EB/OL]. [2017 – 05 – 15]. http：//ire. org/events-and-training/boot-camps/.
② ProPublica Summer Data Institute [EB/OL]. [2017 – 05 – 15]. https：//projects. propublica. org/graphics/summer.

报是一个融媒体的实践平台，集中了报纸、网站、手机报和社交媒体等。学生需要掌握新闻报道的各种方式和技术，尤其是树立融媒体的理念。而这种理念不是音视频报道与文字报道的简单相加，而是在新的传播环境中，如何满足受众的需要，如何提供高品质的新闻内容，如何实现最佳的传播效果，基于这样的理念去选择传播渠道或报道手法。应当说，该校为培养新闻人才，在课程设置和教学实践方面为学生创造了优越的条件。

2. 增加实践机会，充分利用社会资源

密苏里新闻学院在教学大纲中明确要求新闻专业的学生到实践平台工作，并且与成绩、学分挂钩。在《密苏里人》报实习平台讲授的"新闻报道"（news reporting）是 3 学分的必修课，实习的同时兼修该课程。两位教师（专职编辑）每周二、周四的上午在编辑平台主讲两个小时的采编业务，内容包括"提高写作水平的 8 种途径""在报道中如何使用社交媒体""怎样及何时运用信息公开法获取公共信息""新闻框架：我们在新闻源、写作、摄影等方面做出的决定如何影响受众的知觉"等。实践结束并取得较好成绩者，学院可以推荐到华盛顿、纽约等地的媒体继续实习。密苏里新闻学院实行的是开放式的新闻教育，尽管许多业务课教师来自实践一线，但随着从教时间的增加，脱离一线的时间也在增加，而解决这一问题的有效方式是把一线的新闻工作者"请进来"。被"请进来"的不仅有大牌媒体的老总、获得过大奖的名记名编，更有在传媒业从事着具有创新工作的新锐，以及相关行业的精英。在"计算机辅助报道"的课堂教学中，任课教师从警察局、市政厅请来了负责数据库、信息发布的工作人员，给大家讲解如何从他们的数据库里获取所需的信息（如图 7-6 所示）。"信息图表"的部分教学则是媒体的图表编辑采用视频在线讲解和网络互动等方法，帮助学生掌握图表的设计与绘制（如图 7-7 所示）。专职教师在理论讲授结束后，则把工作重点放在组织教学和指导实习上，业界学界的"共同培养"使教师们各自的专长得到了发挥，而学生成为最大的受益者。

图7-6　密苏里新闻学院在"计算机辅助报道"课堂上

邀请警察和市政厅工作人员讲解如何使用数据库

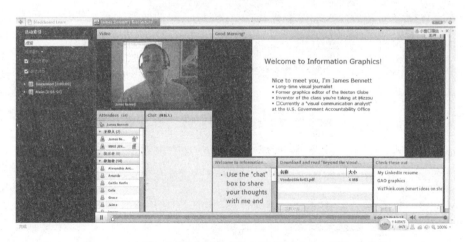

图7-7　密苏里新闻学院在"信息图表"课堂上的在线教学

3. 处理好"坚守"与"变革"的关系

　　随着互联网通信技术的进步，以及出于降低新闻采集制作成本的需要，媒介资源的整合、融合已经成为传媒业发展的趋势。培养适合媒介融合趋势的新型新闻人才，也成为当前新闻院校教育改革的目标。从数据新闻课程体系的不断丰富与完善中，我们看到了密苏里新闻学院的应变意识和责任意识。本人在《密苏里人》报实践平台调研时，除了看到融媒体技术和理念的融会贯通，更感受到了职业精神、专业素养在新闻生产环节中的渗透。教师在指导学生利用数据库、分析数据、提炼信息、制作图表的过程中，依然强调要反复核实新闻源、如何判断新闻价值，以及如何恰如其分地呈现新闻等。无论媒介形态发生何种变化，必备的职业精神和必要的专业素养，是从事新闻职业的基本条件，而这才是新闻教育的核心。任何课程建设、教学内容、教学模式的改进，无不围绕着这个核心展开。媒介融合是一种媒介发展的策略，数据新闻也仅仅是一种报道新闻的方式，它们都不是新闻传播的本质与核心。培养服务大众的职业理想，保证新闻真实、客观、公正的职业道德，以及为实现这些理想、秉持这些道德信念所必备的职业素养和职业能力，依然是新闻教育在媒介融合时代的根本，是以不变应万变的铁律。

随着大数据逐渐向人们日常生活的渗透，具有数据意识、用数据讲故事，不失为变革新闻传播方式的一种新思路。特别是在新闻传播的专业性不断受到挑战的信息社会，受众对信息的需求更加挑剔，直观性的呈现、分层次的解读和预测性的分析往往超出传统的新闻业务能力，因此，新闻教育适时而变，与时俱进，培养大数据时代的新闻从业者不仅是突破，更是责任。

参考书目

中文著作：

毕书清．新时期的媒体融合与数字传播[M]．南京：江苏凤凰科学技术出版社，2015.

蔡雯，许向东，方洁．新闻编辑学[M].3 版．北京：中国人民大学出版社，2014.

陈振平．报纸设计新概念[M]．福州：福建人民出版社，2004.

陈国权．报业转型新战略[M]．北京：新华出版社，2014.

陈为，沈则潜，陶煜波．数据可视化[M]．北京：电子工业出版社，2013.

陈绚．大众传播法规案例教程[M]．北京：中国人民大学出版社，2009.

方洁．数据新闻概论[M]．北京：中国人民大学出版社，2015.

甘险峰．新闻图片与报纸编辑[M]．福州：福建人民出版社，2008.

高钢．传播边界的消失：互联网开启文明再造时代[M]．北京：中央广播电视大学出版社，2016.

郭晓科．大数据[M]．北京：清华大学出版社，2013.

黄楚新．新媒体：融合与发展[M]．北京：人民日报出版社，2016.

胡婷婷．媒介素养教育研究[M]．北京：电子工业出版社，2016.

李本乾．大数据时代的传播创新[M]．上海：上海交通大学出版社，2016.

李建新，郭立群．当代密苏里新闻传播教育的实证研究[M]．北京：中国书籍出版社，2015.

　　李德伟，顾煜，王海平，等．大数据改变世界[M]．北京：电子工业出版社，2013.

　　刘晓璐．经典报纸版式设计[M]．广州：广东人民出版社，2008.

　　刘义昆，董朝．数据新闻设计[M]．桂林：广西师范大学出版社，2015.

　　闵大洪．数字传媒概要[M]．上海：复旦大学出版社，2003.

　　南方传媒学院．南方传媒研究第四十四辑：新闻可视化[M]．广州：南方日报出版社，2013.

　　南方传媒学院．南方传媒研究第四十九辑：融合路径[M]．广州：南方日报出版社，2013.

　　新京报传媒研究院．新京报传媒研究第四卷：数据新闻[M]．广州：南方日报出版社，2014.

　　新京报传媒研究院．新京报传媒研究第五卷：突破与蜕变[M]．广州：南方日报出版社，2015.

　　任悦．视觉传播概论[M]．北京：中国人民大学出版社，2008.

　　孙皓琼．图形对话：什么是信息设计[M]．北京：清华大学出版社，2011.

　　单亿春．下一个出口：纸媒的革命之路[M]．北京：新华出版社，2015.

　　万丽萍．大数据时代媒介集团的发展研究：基于对汤森路透的考察[M]．北京：中国社会科学出版社，2016.

　　童兵，陈绚．新闻传播学大辞典[M]．北京：中国大百科全书出版社，2014.

　　田秋生，肖桂来．数字化浪潮中的报纸新闻生产[M]．广州：暨南大学出版社，2016.

　　唐绪军，黄楚新，王丹．中国媒体融合发展现状（2014—2015）[M]．北京：中国社会科学出版社，2015.

涂子沛. 大数据：正在到来的数据革命[M]. 桂林：广西师范大学出版社，2012.

涂子沛. 数据之巅：大数据革命，历史、现实与未来[M]. 北京：中信出版社，2014.

伍刚. 传统媒体和新兴媒体融合发展的愿景与路径[M]. 北京：社会科学文献出版社，2014.

王波. 计算机辅助新闻学概论[M]. 北京：新华出版社，2000.

王忠. 大数据时代个人数据隐私规制[M]. 北京：社会科学文献出版社，2014.

许正林. 媒体融合时代的新闻传播教育[M]. 上海：上海交通大学出版社，2015.

许期卓. 美国报纸视觉设计[M]. 北京：中国人民大学出版社，2008.

许向东. 信息图表编辑[M]. 北京：中国人民大学出版社，2015.

肖明，丁迈. 精确新闻学[M]. 北京：中国广播电视出版社，2002.

肖勇，张尤亮，图雅. 信息设计[M]. 武汉：湖北美术出版社，2010.

新华社新闻研究所. 传媒发展与未来规划[M]. 北京：新华出版社，2007.

余志鸿. 传播符号学[M]. 上海：上海交通大学出版社，2007.

姚鹤鸣. 传播美学导论[M]. 北京：北京广播学院出版社，2001.

喻国明，李彪，杨雅，等. 新闻传播的大数据时代[M]. 北京：中国人民大学出版社，2014.

喻国明. 媒介革命：互联网逻辑下传媒业发展的关键与进路[M]. 北京：人民日报出版社，2015.

张咏华. 媒介分析：传播技术神话的解读[M]. 上海：复旦大学出版社，2002.

张向春. 新闻仿真图[M]. 北京：清华大学出版社，2008.

张桂萍. 转型与升级：传统媒体的互联网＋[M]. 广州：南方日报出版

社，2015.

章永宏，黄琳．重建客观：中国大陆精确新闻报道研究[M]．北京：中国书籍出版社，2013.

周志平．媒体融合背景下数字内容产业创新发展研究[M]．杭州：浙江工商大学出版社，2015.

曾秀芹，张楠．新闻传播统计学基础[M]．厦门：厦门大学出版社，2015.

译著：

迈耶．精确新闻报道：记者应掌握的社会科学研究方法[M]．肖明，译．北京：中国人民大学出版社，2015.

罗杰斯．数据新闻大趋势[M]．岳跃，译．北京：中国人民大学出版社，2015.

迈尔-舍恩伯格，库克耶．大数据时代：生活、工作与思维的大变革[M]．周涛，译．杭州：浙江人民出版社，2013.

迈尔-舍恩伯格．删除：大数据取舍之道[M]．袁杰，译．杭州：浙江人民出版社，2013.

菲德勒．媒介形态变化：认识新媒介[M]．明安香，译．北京：华夏出版社，2000.

尼葛洛庞帝．数字化生存[M]．胡泳，范海燕，译．海口：海南出版社，1996.

希尔曼．数字媒体：技术与应用[M]．熊澄宇，崔晶炜，李经，译．北京：清华大学出版社，2002.

鲍德温．大汇流：整合媒介信息与传播[M]．龙耘，官希明，译．北京：华夏出版社，2000.

帕夫利克．新媒体技术：文化和商业前景（第2版）[M]．周勇，张平锋，景刚，译．北京：清华大学出版社，2005.

Yau N. 数据之美：一本书学会可视化设计[M]. 张伸，译. 北京：中国人民大学出版社，2014.

Krum R. 可视化沟通：用信息图表设计让数据说话[M]. 唐沁，周优游，张璐露，译. 北京：电子工业出版社，2014.

阿恩海姆. 视觉思维[M]. 滕守尧，译. 成都：四川人民出版社，1998.

阿恩海姆. 艺术与视知觉[M]. 滕守尧，朱疆源，译. 成都：四川人民出版社，1998.

布鲁克斯，平森，西索斯. 编辑的艺术（第8版）[M]. 李静滢，刘英凯，译. 北京：中国人民大学出版社，2009.

莱斯特. 视觉传播：形象载动信息（第2版）[M]. 霍文利，史雪云，王海茹，译. 北京：北京广播学院出版社，2003.

科斯特尼克，罗伯茨. 视觉语言设计[M]. 周勇，译. 北京：中国人民大学出版社，2005.

弗兰德，查林杰，麦克亚当斯. 美国当代媒体编辑操作教程（第2版）[M]. 展江，霍黎敏，主译. 广州：南方日报出版社，2008.

萨马拉. 设计元素：平面设计样式[M]. 齐际，何清新，译. 南宁：广西美术出版社，2008.

萨马拉. 完成设计：从理论到实践[M]. 温迪，王启亮，译. 南宁：广西美术出版社，2008.

鲍尔斯，博登. 现代媒体编辑技巧[M]. 李蠹，等译. 北京：新华出版社，1999.

门彻. 新闻报道与写作[M]. 展江，主译. 北京：华夏出版社，2003.

里奇. 新闻写作与报道训练教程（第3版）[M]. 钟新，主译. 北京：中国人民大学出版社，2004.

鲍尔斯，博登. 创造性的编辑（第3版）[M]. 田野，宋珉，等译. 北京：中国人民大学出版社，2008.

吉布斯，瓦霍沃. 新闻采写教程：如何挖掘完整的故事[M]. 姚清江，刘肇熙，译. 北京：新华出版社，2004.

Spence R. 信息可视化交互设计[M]. 陈雅茜，译. 北京：机械工业出版社，2012.

外文著作：

Gray J，Chambers L，Bounegru L. The Data Journalism Handbook：How Journalism Can Use Data to Improve the News[M]. Sebastopol，CA，USA：O' Reilly Media，Inc.，2012.

Mair J，Keeble P L. Data Journalism：Mapping the Future[M]. Suffolk，UK：Abramis Academic Publishing，2013.

Cohen S. Numbers in the Newsroom[M]. Columbia，MO：Investigative Reporters and Editors，Inc.，2001.

Lafleur J，Lehren A. Mapping for Stories：A Computer-Assisted Reporting Guide[M]. Columbia，MO：Investigative Reporters and Editors，Inc.，2005.

Cuillier D，Davis C N. The Act of Access：Strategies for Acquiring Public Records[M]. Washington，DC：CQ Press，2011.

Lankow J，Ritchie J，Crooks R. Infographics：The Power of Visual Storytelling[M]. Hoboken，New Jersey：John Wiley & Sons. Inc.，2012.

Pitt F. Sensors and Journalism[EB/OL]. (2014-12-03) [2017-05-15] . http：//towcenter. org/research/DonaM. Wong.

Wong D M. The Wall Street Journal Guide to Information Graphics：The Dos and Don'ts of Presenting Data，Facts，and Figures. [M]. New York，N. Y.：W. W. Norton&Company Inc.，2013.

Meyer E K. Designing Infographics [M] . Indianapolis, Indiana: Hayden Books, 1997.

Smiciklas M. The Power of Infographics [M]. Indianapolis, Indiana: Pearson Education, Inc. , 2012.

Yau N. Visualize This: The Flowing Data Guide to Design, Visualization and Statistics [M] . Indianapolis, Indiana: Wiley Publishing, Inc. , 2011.

Mass B. The Best of Newspaper Design. [M]. 29th. Rockport, Texas: Rockport Publisher Inc. , 2009.

Byrne D, Cook G. The Best American Infographics: 2013 [M]. New York: Houghton Mifflin Harcourt Publishing Company, 2013.

Brooks B S. Journalism in the Information Age: A Guide to Computers for Reporters and Editors [M]. Needham Heights, MA: Brian S. Brooks, Allyn & Bacon A Viacom Company, 1997.

后 记

记得 2012 年某次"信息图表编辑"课后,一位大三的同学问我:"老师,现在有人在研究数据新闻了,您研究了吗?您觉得数据新闻的发展前途怎么样啊?"现在记不清是如何答复那位同学的了。但是,数据新闻刚刚在国内新闻学界崭露头角时,确实引起了我的关注。当时正忙于出国前的培训,就大数据与新闻传播之间的关系问题,我请教了正好一起参加培训的统计学院的老师,也许是囿于专业差别,他觉得大数据研究属于商学院和统计学院的科研范畴,似乎和新闻传播"不搭界"。当时的请教只是泛泛而谈,没有深究。

2013 年被诸多文章、报告称为"大数据元年"。也正是在这一年的暑假,我赴美访学,目的地是久负盛名的密苏里新闻学院。在选修课程时结识了一位复旦大学新闻学院来此读研的同学,她明确表示,来密苏里新闻学院就是冲着这里的数据新闻来的。于是,我不仅选修了自己讲授的"信息图表",而且还选修了"计算机辅助报道""数据新闻基础"等课程。

从 2014 年至 2016 年的 3 年间,国内外的数据新闻实践不断创新,推出了许多令人耳目一新的作品。与此同时,学界对数据新闻的研究也日趋成熟,不仅表现在研究成果的数量增多,在质量上也有明显的进步。一些新闻院校在课程设置上也随之进行了不同程度的调整,数据新闻及其相关课程受到了新闻学子的欢迎。数据新闻不仅成了一个新的科研方向、新的报道方式，也成为新闻圈里的"新现象""新事物"。目前，这个"新现象""新事物"到底成长得怎么样了？它将会朝着什么方向发展？在发展过程中它将会遇到哪些问题？这些都是众多新闻工作者所关注的话题。我认为，梳理数据新闻的"过去"，考察其"现在"，展望其"未来"，具有一定的学术价值和现实意义。

尽管写书是一种遗憾的艺术，无法尽善尽美，但是，我依然在本书的写作过程中反复思考这些问题：本研究的价值如何，全书的结构是否合理，选择的案例是否有代表性，对某些话题的研究是否深入，所得出的结论是否过于武断，等等。这种思虑不仅渗透在写书的整个过程中，即使在成稿后的修改阶段，依然挥之不去。也许正是这种"小心翼翼"的心态在催促着自己不断努力。因此，我努力使本书对数据新闻的来源、兴起、现状、问题和发展趋势等有一个较全面的梳理、展示和探索，试图取彼之长，融为我用。但限于个人能力与学养，本书仅作为引玉之砖，其中难免有疏漏和不当之处，敬请读者包涵、指正。

感谢蔡雯教授的指导和点拨。在繁忙的工作之余，她还把看到的相关学术文章转发给我，并提醒我认真阅读，勉励学生再接再厉，深感师恩的厚重。

感谢人大出版社翟江虹老师的指导、帮助，在此表示诚挚的谢意。

书中引用的文献来自诸位专家学者的辛勤研究，在此表示由衷的敬意和感谢。

研究生刘轶欧和郭萌萌同学利用课余时间协助我核实文献来源，查找相关图片，翻译外文资料，谨表衷心感谢。

许向东

于中国人民大学新闻学院

图书在版编目（CIP）数据

数据新闻：新闻报道新模式/许向东著 . —北京：中国人民大学出版社，2017.5
（新闻传播学文库）
ISBN 978-7-300-24292-7

Ⅰ.①数… Ⅱ.①许… Ⅲ.①新闻报道-研究-中国 Ⅳ.①G219.2

中国版本图书馆 CIP 数据核字（2017）第 057832 号

新闻传播学文库

数据新闻：新闻报道新模式

许向东 著

Shuju Xinwen：Xinwen Baodao Xinmoshi

出版发行	中国人民大学出版社		
社　　址	北京中关村大街 31 号	邮政编码	100080
电　　话	010 - 62511242（总编室）	010 - 62511770（质管部）	
	010 - 82501766（邮购部）	010 - 62514148（门市部）	
	010 - 62515195（发行公司）	010 - 62515275（盗版举报）	
网　　址	http://www.crup.com.cn		
	http://www.ttrnet.com（人大教研网）		
经　　销	新华书店		
印　　刷	天津中印联印务有限公司		
规　　格	170 mm×240 mm　16 开本	版　　次	2017 年 5 月第 1 版
印　　张	19.5 插页 2	印　　次	2019 年 3 月第 2 次印刷
字　　数	253 000	定　　价	59.80 元